Grubauer u. a. (Hg.)
Subjektivität – Bildung – Reproduktion

D1704318

Studien zur Philosophie und Theorie der Bildung
Band 18

Herausgegeben von
Otto Hansmann und Winfried Marotzki

Subjektivität – Bildung – Reproduktion

Perspektiven einer
kritischen Bildungstheorie

Herausgegeben von
Franz Grubauer, Jürgen Ritsert,
Albert Scherr und Martin Rudolf Vogel

Deutscher Studien Verlag · Weinheim 1992

Über die Herausgeber:

Franz Grubauer, Dipl. Soz., Dipl. Päd., Jg. 53, ist Wissenschaftlicher Mitarbeiter bei den Evangelischen Akademien in Deutschland e. V.

Jürgen Ritsert, Prof. Dr., Jg. 35, ist Hochschullehrer am Fachbereich Gesellschaftswissenschaften der Universität Frankfurt.

Albert Scherr, Prof. Dr., Jg. 58, ist Hochschullehrer an der Fachhochschule Darmstadt, Fachbereich Sozialpädagogik.

Martin Rudolf Vogel, Prof. emer. Dr. phil., Jg. 22, ist Hochschullehrer an der Universität Frankfurt.

Die Deutsche Bibliothek – CIP-Einheitsaufnahme

Subjektivität – Bildung – Reproduktion : Perspektiven einer kritischen Bildungstheorie / hrsg. von Franz Grubauer . . . –
Weinheim : Deutscher Studien Verlag, 1992
   (Studien zur Philosophie und Theorie der Bildung ; Bd. 18)
   ISBN 3-89271-332-4
NE: Grubauer, Franz [Hrsg.]; GT

Druck nach Typoskript (DTP)

© 1992 Deutscher Studien Verlag · Weinheim
Druck: Druck Partner Rübelmann, 6944 Hemsbach
Seriengestaltung des Umschlags: Atelier Warminski, 6470 Büdingen 8
Printed in Germany

ISBN 3 89271 332 4

INHALTSVERZEICHNIS

Vorwort

Der vorliegende Band diskutiert den Bildungsbegriff in der Tradition kritischer Theorie. Er versammelt eine Reihe von Arbeiten, deren Autoren einem langjährigen Diskussionszusammenhang angehören, der an der Universität Frankfurt von J. Ritsert und M.R. Vogel inspiriert wurde. Den gemeinsamen Arbeitsschwerpunkt stellt das Projekt einer dialektischen Gesellschaftstheorie dar. Auf diesem Hintergrund soll Subjektivität als gesellschaftlich bestimmt und zugleich als Prinzip der Selbstbestimmung gefaßt werden.

Der Begriff Subjektivität steht in unserem Verständnis nicht allein für die individuell-persönliche Dimension der Erfahrung und des Empfindens, sondern auch für einen ausgezeichneten normativen Bezugspunkt kritischer Theorie: Subjektivität wird als das Sich-auf-Sich-Beziehen in den Dimensionen von Selbsterhaltung, Selbstgefühl, Selbstbewußtsein und Selbstbestimmung verstanden. Sie bedeutet nicht nur eine Eigenschaft menschlicher Lebenspraxis, sondern impliziert den Anspruch, daß Selbstbewußtsein und Selbstbestimmung zur Grundlage sozialer Vernunft im gesellschaftlichen Zusammenleben werden sollen.

Den verbindenden Impuls und den interpretationsleitenden Gedanken kritischer Theorie sehen wir in einer Form der theoretischen Auseinandersetzung mit gesellschaftlichen Herrschaftsverhältnissen, die insofern als Kritik bezeichnet werden kann, wie sie gegen Strukturen und Prozesse begründeten Einspruch erhebt, in denen die individuelle Lebenspraxis und natürliche Reproduktionsvorgänge Zwecken der Erhaltung und Perfektionierung von Herrschaftsverhältnissen instrumentell unterworfen sind.

Das Interesse der AutorInnen richtet sich zum einen auf eine sozial-philosophische und sozialwissenschaftliche Weiterentwicklung der v.a. durch die Linie Kant, Hegel, Marx und Adorno repräsentierten Theorietradition. Gerade die gegenwärtige Konjunktur systemtheoretischer und poststrukturalistischer Dekonstruktionen des Subjektbegriffs zwingt dazu, **die Begriffe Subjektivität und Bildung systematisch zu begründen**, d.h. sie nicht als bloße Erbmasse zu postulieren. Zum anderen steht hinter unseren Absichten das Bemühen, Gesellschaftstheorie als **kritische Gegenwartsdiagnose** zu begreifen. Entsprechend versuchen alle Beitrage dieses Bandes, wenn auch mit unterschiedlichen Gewichtungen, theoriereflexive und zeitdiagnostische Aspekte zu verbinden.

Im Unterschied zu inzwischen gängigen Abschiedserklärungen vom sogenannten alteuropäischem Denken, wollen wir mit diesem Band zeigen, daß die Preisgabe des Erkenntnispotentials der Kantschen Erkenntniskritik, der dialektischen Sozialphilosophie Hegels und der Negativen Dialektik Adornos einen Verlust an Reflexionsmöglichkeiten bedeutet. **Bildung zum Subjekt** ist aus dieser Perspektive als ein doppelter Bildungsprozeß zu begreifen: als objektiv-allgemeiner, im Sinne der Reproduktion gesellschaftlicher Verhältnisse durch die Individuen hindurch und als intentional-besondere Selbst-Bildung.

Der Anteil an Bildung, der primär in den ausdifferenzierten pädagogischen Instanzen zustande kommt, ist insofern skeptisch zu betrachten, wie deren Erziehungs- und Qualifikationsprogramme zu allererst auch Systemreproduktion zu leisten haben. Ein subjekttheoretisch reflektierter Bildungsbegriff kann und muß sich jedoch nicht auf **einen** Ort von Bildung begrenzen: Bildung vollzieht sich für das Subjekt in allen Sphären gesellschaftlicher und individueller Reproduktion. Bildung als Subjektwerdung ist damit kein bloß pädagogisches Thema, sondern zugleich grundlegender Gegenstand einer Gesellschaftstheorie, die gesellschaftliche Strukturen und Entwicklungen daran bemißt, inwieweit sie die Entfaltung individueller Subjektivität behindern bzw. fördern.

In die aktuelle Debatte über Individualisierungsprozesse eingreifend, zeigt **Martin Rudolf Vogel** auf, daß die Geschichte der bürgerlichen Gesellschaft von einer Tendenz zur Ent-Individualisierung von Bildungskonzepten begleitet ist. Diese führt dazu, daß Bildung auf die ökonomisch funktionale Qualifikationsbeschaffung reduziert wird. Er legt zugleich einen kritischen Maßstab an jene an, die sich eine Entmachtung bildungsökonomischen Denkens durch eine Re-Individualisierung im Sinne der bildungsgeschichtlichen Tradition erhoffen. Wenn von Bildung zum Subjekt die Rede sein soll, dann muß kategorial entfaltet werden, was im Anschluß an die ältere kritische Theorie die "Logik des Selbst" genannt werden kann. Diese analysiert Vogel an drei Grundverhältnissen des Selbst, das als ein sich auf sich beziehendes (a) als wesentliche Einheit im Wechsel seiner Manifestationen, (b) in seiner konstitutiven Bedingtheit durch Andere und Anderes sowie (c) als ein prinzipiell "Werdendes" in seiner Bedingtheit durch Zeit dargestellt wird. Bildung als "Arbeit der Selbstbesinnung" ist das sich auf Adorno berufende Konzept, das auf kein philosophisches Bewußtseinssubjekt zielt, sondern auf ein lebendiges, bewußtes Selbst in der Einheit aller seiner Manifestationen.

Für eine subjekttheoretisch fundierte Theorie gesellschaftlicher Reproduktion ist Bildung kein äußerlicher, disziplinär der Pädagogik zugeordneter Aspekt. Die These, daß gesellschaftliche Reproduktion ohne Subjekte nicht denkbar, vielmehr notwendig darauf verwiesen ist, daß in Verhältnissen der intersubjektiven Anerkennung Prozesse der Individuierung zum Subjekt ermöglicht werden, kennzeichnet eine weitere gemeinsame

Orientierung in diesem Band. **Jürgen Ritsert** legt einen besonderen Schwerpunkt auf das Verhältnis von Anerkennung als Interaktionsmodus zum Werden und Bestehen der Autonomie des Subjekts. Es geht dabei um die Verhältnisbestimmungen zwischen produktiven und/oder destruktiven Gegensätzen in der Interaktion einerseits zu den Bildungs-Bedingungen der Möglichkeit und/oder Unmöglichkeit autonomer Subjektivität andererseits. Wenn Bildung das Werden zum Subjekt, also den Sozialisationsprozeß unter dem normativen Gesichtspunkt der Chancen zur Ausbildung der Reflexion unter dem Eindruck bedeutsamer Anderer meint, dann kommt der Aufforderung zur freien Selbsttätigkeit (Fichte) jene Bedeutung zu, die über die asymetrische Anerkennung von Herr und Knecht auf reine symetrische Anerkennung hinausweist.

Konzeptionell schließen die folgenden Beitrage an zentrale Reproduktionsprobleme moderner Gesellschaft an, die sich immer auch im dialektischen Bildungsprozeß zwischen Gesellschaft und Individuen entwickeln.

Fritz Reusswig bezieht in seinem Beitrag das Verhältnis von Reproduktion und Bildung auf das krisenhafte Problem gesellschaftlicher Naturverhältnisse. Wenn gesellschaftschaftlicher Reproduktion Naturbearbeitungen und Natursymbolisierungen zugrundeliegen, dann müssen auch die Wahrnehmungs- und Verarbeitungsformen der Subjekte Gegenstand der sozialökologischen Reflexion sein. Im Rückgriff auf Hegels Logik und Naturphilosophie zeigt Reusswig konzeptionell eine Bildungs-Dialektik zwischen Individuen und Staat auf, die die reflexiven Mechanismen gesellschaftlicher Basisinstitutionen verstärken, die sozialen und ökologischen Folgen institutionellen Handelns vorausschauend wahrnehmen sowie die Diagnosen und Ziele gesellschaftlicher Gruppen mit den (reflexiven) Institutionen verknüpfen soll.

Das These, daß sich Gesellschaft als ein soziales System beschreiben läßt, dessen Reproduktion durch das willentlich-bewußte Handeln der Individuen nicht mehr beeinflußbar ist, diskutiert **Albert Scherr** in kritischer Auseinandersetzung mit der von Luhmann vorgelegten Theorie sozialer Systeme. Er weist nach, daß eine Kritik der Luhmannschen Systemtheorie eine zwingende Voraussetzung für die Weiterentwicklung kritischer Bildungstheorie ist. Gegen Versuche der kritischen Adaption systemtheoretischen Denkens macht er geltend, daß die Voraussetzungen von Kritik entfallen sind, wenn die Beschreibung von Gesellschaft als ein autopoietisches soziales System zutrifft. Dagegen ist kritische Bildungstheorie darauf verwiesen, Möglichkeiten der bewußten Einflußnahme auf gesellschaftliche Entwicklungen auszuweisen, um eine Motivstruktur für individuelle Bildungsprozesse in Anspruch nehmen zu können, die mehr meint

8

als den Erwerb von kulturellem Kapital zum Zweck der beruflichen Karriere.
Die Binnenperspektive und reflexive Leistungsfähigkeit gesellschaftlicher
Organisationen untersucht im besonderen der Beitrag von **Franz Grubauer**. Zentrale Ansätze aktueller Organisations- und Systemtheorie aufgreifend, befragt er diese Ansätze nach ihrer impliziten bzw. expliziten Konzeption von Subjektivität und deren Entwicklungschancen bei der Erneuerung des Organisationsgeschehens. Dabei macht er ein strukturelles Bildungdefizit für die Subjekte innerhalb solcher Organisationsentwicklung aus: in den beschriebenen Organisationstheorien werden zwar solidarisch-zweckfreie Subjekt- und Organisationsentwicklungen postuliert, theoretisch reflexiv konzipiert werden aber zweckrationale und machttheoretische Modelle, die keine Dialektik zwischen systemfunktionalem und solidarisch-zweckfreiem Handeln vorsehen.
Den in der aktuellen gesellschaftspolitischen Diskussion zu Institutionen und verfestigten Organisationen entgegengesetzten Pol thematisiert **Christoph Görg** am Beispiel sozialer Bewegungen und gesellschaftlicher Lernprozesse. Um diese beurteilen zu können, müssen drei ineinander verschränkte Bedingungen verstanden werden: (a) der spezifische Subjektcharakter der Bewegungen und damit ihre Eigenschaft als soziale Akteure, (b) die Prozesse der Selbstkonstitution sozialer Bewegungen und (c) die Verbindung beider Aspekte in den Formen gesellschaftlicher Reproduktion sowie der dem Protest innewohnenden Kritik. Kann aus diesem Kontext heraus erst ein Maßstab für Lernfortschritte formuliert werden, so gehört dazu auch die Klärung der These vom Zurücktreten klassenspezifischer Interessenslagen und die Frage nach einem neuen Modell praktischer Vernunft angesichts ökologischer Probleme.
An eine aktuelle Bruchstelle gesellschaftlicher Reproduktion, die sich obendrein als besonders sensibler Maßstab für die Bildung zum Subjekt erweist, führt die Untersuchung **Albert Scherr**s über Konzepte der Bildung in der multikulturellen Gesellschaft. Gegen die falsche Polarisierung von einer entweder ethnisierenden Reduktion von MigrantInnen auf ihre Zugehörigkeit zu einer jeweiligen Herkunftskultur oder einer bloßen und abstrakten Einforderung des Selbstbewußtseins- und Selbstbestimmungspotentials aller Individuen plädiert der Autor für eine subjekttheoretisch begründete Alternative. Diese insistiert auf der Entwicklung einer Erfahrungsfähigkeit, die Fremdheit als Dimension fremder und eigener Momente von individueller Subjektivität versteht und so auf eine 'Kultur des Widerstreits' gerichtet ist.
Walter Gumbinger & Andrea Bambey greifen aktuelle Beiträge zur triebtheoretischen und psychodynamischen Sozialisationsforschung auf, um

sich mit einem geschlechtsspezifischen Bildungsbegriff auseinanderzusetzen. Wird damit die gesellschaftspolitisch einflußreiche Feminismus-Diskussion an einem wichtigen Gegenstand der feministischen Pädagogik thematisiert, so zeigen die Autorin und der Autor überdies, daß eine Analyse die gesellschaftlich so bedeutungsvollen geschlechtsspezifischen Bildung nicht auf schulische Sozialisation oder anderen partielle Sozialisationsauschnitte begrenzbar ist. Vielmehr geht es um eine umfassende Theorie der Identitätsbildung, die die Vermittlung von Trieben und Objektbeziehung nicht vorschnell zu harmonisieren versucht, sondern Konflikt und Widerspruch zu thematisieren erlaubt.

Regine Mattheis abschließender Beitrag untersucht die Bedeutung ästhetischer Bildung für die Selbstwerdung im Prozeß des Heranwachsens. Die Vermittlung von Sinnlichkeit und Vernunft als Orientierung eines Bildungsprozesses hat eine ästhetische Bildung im Auge, die in der Linie von Hegel, Schiller, Benjamin, Horkheimer und Adorno jene sinnlich-vernünftige Doppelnatur meint, welcher in gesellschaftstypischen Erziehungsprozessen bislang wenig Bedeutung zugemessen wurde. Wenn der in diesem Band vertretene dialektische Bildungsbegriff den gestalterischen, aber auch den verhindernden, zerstörerischen Pol umfaßt, dann vertritt die Autorin die eher skeptische Perspektive, ob denn der unter den spezifischen Umständen gesellschaftlicher Reproduktion erzeugte Erfahrungsverlust über Bildung wieder einholbar ist. Mit ihrem Beitrag schärft sie den Maßstab für die Kriterien eines gelingenderen Bildungsprozesses, die in institutionalisierten Erziehungs- und Bildungsprozessen regelmäßig verfehlt werden.

Wir danken Marijke van Rijn für ihre Unterstützung bei der Erstellung des Manuskriptes.

Franz Grubauer/ Albert Scherr

Martin Rudolf Vogel

Bildung zum Subjekt
- Selbst und gesellschaftliche Form -

Anstatt daß die Herrschaft über die Natur die Menschen zu sich selber brächte, behält das Bestehende seine objektive Gewalt.
(Max Horkheimer)

Die gegenwärtige Konjunktur der Subjektkategorie in den deutschen Humanwissenschaften trotzt ihren Verächtern kaum mit Willen und Bewußtsein, gleichsam nur an sich. Während postmoderne Erben Foucaults in unermüdlicher Transformation von Texten in Texte Nietsches Totsagung Gottes mit der theoretischen Liquidierung des Subjekts vollenden wollen, erinnert die neue "Subjektorientierung" dagegen nur den Namen, ohne sich auf seine Problemgeschichte als einen fortschreitenden Bestimmungs- und Selbstbestimmungsgang einzulassen. Paradoxerweise wird so ein neuerlicher "Subjektbezug" in eben derselben Weise proklamiert, wie sie die Gegner der Kategorie als deren Abschaffung begründet haben. Das wiederentdeckte "Subjekt" wird in der Regel ohne jegliche Reflexion auf seinen begrifflichen Status eingeführt und verbleibt mit seinem unüberbietbaren Abstraktionsgrad in unvermittelter Diskrepanz zum eher anschaulichen semantischen Feld der Kontexte. Als "verständige Abstraktion" indessen kann diese Redeweise auch nicht gelten, denn fürs unausdrückliche Absehen von denotativ konkreten Bestimmtheiten mangelt ihr ja gerade jeder voraussetzbare Konsens. Der unterbestimmten Abstraktheit des neuesten Subjektdiskurses - und damit ist postmoderner Äther erreicht - entspricht zwangsläufig eine konnotative Beliebigkeit interpretatorischer "Dispositive" und "Einschreibungen", die, umstandslos als libido-energetisch deklarierte, ohnehin mehr Affinität zu Lacans Unbewußtheitsmysterien als zum reflexiven Bewußtsein haben.
In den pädagogischen Wissenschaften verschärft sich dieses Problem, sofern "das Subjekt" immer auch als Handlungsziel pädagogischer Praxis thematisiert werden muß. Die spätestens daran aufbrechenden Fragen nach der Subjektivität des Subjekts, nach den objektiven und subjektiven Bedingungen ihrer tatsächlichen und möglichen Konstitution, Entwicklung und Veränderung, werden mit ebenso erstaunlicher Unbedenklichkeit ignoriert, wie sie durch naiv-realistische Unterstellungen vernebelt werden. Das in die herkömmlich unterdrückte Selbstbesinnung der Wis-

senschaftler eingekerkerte Vorurteil, Subjektivität habe es ausschließlich mit dem Individuum, womöglich nur mit dessen "innerer Natur" zu tun, verstellt noch immer beharrlich ihre eigentümliche Dialektik von Selbst und gesellschaftlicher Form. Neuerdings aufgeblähte pädagogische Expertenkulturen, für die terminologische Unterscheidbarkeit und Repräsentanz eine immer knappere und hitziger umkämpfte Ressource darstellt, müssen anstelle dieser Dialektik immer zwanghafter modisch kurzlebige Leit-Terms favorisieren ("Lebenswelt"; "Alltag"; "Kreativität" etc.). Deren subjektive und objektive Seiten aber bleiben in der Eile nolens volens unbestimmt relationiert. Das Subjekt, als vorläufig letzter solcher Leit-Term der Pädagogen, verhält sich darin seinen Vorgängern durchaus konform. Vorweg kognitiv sterilisiert und emotional mystifiziert zugleich durch einen Spreizgestus zwischen vagen Bedeutsamkeitssignalen - das "autarke Subjekt" - und stummer Bestimmungs-Abstinenz, verkommt die Kategorie abermals zum unterschwelligen Gefühls-Appell. Unverkennbar entsickert dem semantischen Umfeld des neuen "Subjektbezugs" eine verräterische Art von Weihestimmung. Als handele es sich nicht ums alltäglich Menschliche in Glanz und Elend, Versagung und Erfüllung, Widerspruch und Harmonie, raunt das Subjekt als neues Handlungsziel der Pädagogen nur einen Namen, der mit Bilderverbot belegt scheint. Eben damit aber macht sich eine Wissenschaft strukturkonform beschränkt, die technische Verfahren und Perspektiven für die veränderlichen gesellschaftlichen Anpassungszwänge "Erziehung, Unterricht und Ausbildung" zu liefern hat, die sich zugleich aber, eher aus Gründen der Tradition als der Reflexion, auch noch für individuelle Bildungsprozesse zuständig hält. Für Prozesse also, deren wesentlicher Äther subjektive Freiheit, der diametrale Gegensatz jener objektiv notwendigen Zwangsanpassung ist. Diese reale Gegensätzlichkeit von gesellschaftlichen Anpassungszwängen und individueller Bildungsfreiheit nicht primär als solche bearbeiten zu können, sie vielmehr allemal kurzschlüssig zur scheinhaften Affirmation von logisch widerspruchsfreien Handlungstechniken bringen zu müssen, macht einen konstitutiven Bruch aller bürgerlich pädagogischen Theoriebemühungen aus. Einen Bruch, der mit epochalen, gesellschaftlichen Veränderungsschüben je neuerlich manifest und mit Reformulierungen des pädagogischen Handlungsziels zu beantworten versucht wird. Könnten pädagogische Theorien heute noch wie ehedem über ein historisches Bewußtsein vom eigenen Werdegang verfügen; könnten sie überdies noch jenseits ihrer unbewußten Fixierung auf Wissenschaftlichkeit die ästhetisch-literarische Reflexionstradition des Bildungsprozesses wahrnehmen, dann würde ihnen das eigene Hantieren mit einer zur Unkenntlichkeit ausgedünnten Subjektkategorie vermutlich als das aufscheinen, was es wesentlich ausmacht: Ausdruck einer arbeitsteilig zweckrationalisierten Sozialisation, deren verdinglicht-verdinglichende Regel-Resultate in ihrer selbstentfremdet-funktionalisierten Dürftigkeit verhüllt werden müssen mit ideologisch-verbalen Anklängen an höhere Humanitätsweihen. Daß das Subjekt in seiner Realität sich ebensoviel der Wissenschaftlichkeit entzieht wie es ihrer zur Selbstaufklärung bedarf, verkehren pädagogische Wissenschaften ideologisch dahin, daß die Subjektkategorie keiner aufklärenden Bestimmungen mehr bedarf und jedem wissenschaftlichen Zugriff verfügbar ist. Zu erinnern ist dagegen zunächst, wie sich die dialektische Gespanntheit aller Subjektivität zwischen Gesellschaft und Individuum historisch veränderlich realisiert hat.

Die von den Pädagogen vergessene Bildungsgeschichte, die durch eine Art Nabelschau auf hausgemachte Zeitgeist-"Wenden" ersetzt worden ist ("Emanzipation"; "Alltag"; "Kultur"), gewährt interessante Einblicke in die geschichtlich veränderlichen Verarbeitungsweisen der Subjektproblematik durch gesellschaftlich maßgebliche Bildungstheorien. Durch die gesamte bürgerliche Epoche hindurch zeigt sich dabei vor allem eine ungebrochen fortschreitende Tendenz der Ent-Individualisierung von Bildungskonzepten (Vogel 1983, 149ff). Von der neuhumanistischen "Allgemeinbildung" als "Menschenbildung" über die institutionell differenzierte "Realbildung" des 19. Jahrhunderts bis zur "Bildungsökonomie" der Gegenwart vollzieht sich eine kontinuierlich fortschreitende Entkoppelung der Bildungskategorie vom spezifisch Individuellen. Diesem aber, das noch Hegel wie Humboldt als eine selbständige "Totalität" bestimmen konnte, hatte ursprünglich die Bildungsidee einmal ausschließlich gegolten, wie das delphische "Erkenne dich selbst" bekundet. Schritt darüber hinaus alles dialektische Denken zu der Einsicht fort, daß menschlich-individuelle Bildung nicht ohne Bildung der Welt denkbar sei, dann besetzt moderne Bildungsökonomie wiederum einseitig den der Individualität entgegengesetzten Pol: eine vom konkreten Individuum abstrahierte "Arbeitskraft", deren "Qualifikation" als Partikel der gesellschaftlichen Gesamtarbeit planend kalkuliert werden muß. Der neuere historische Gang gesellschaftlicher Thematisierungen von Bildung stellt demnach unausweichlich subjekttheoretische Grundfragen: Ist das Subjekt mittlerweile so weitgehend in jenem "subjektiven Faktor" des gesellschaftlichen Reproduktionsprozesses aufgegangen, den Marx - ebenso kritisch wie sarkastisch - als einziges Interesse der Kapitalverwertung am Menschen bestimmte? Können Bildungspolitiker und Bildungsökonomen deshalb getrost vom Selbst als der spezifisch individuellen Subjektivität absehen und den abstrakt-allgemeinen Ausbildungsbedarf des homo oeconomicus in die ebenso wohltönende wie falsche Äquivocation zur

"Bildung" setzen? Sind wir auf diese Weise tatsächlich am kulturkritisch beschworenen "Ende des Individuums" angelangt, im vollendeten Zustand "subjektloser Subjektivität", wo Bildung nurmehr ein Problem der Welt-Bildung sein kann, wie es eine subjektlose Systemtheorie in der Tat konzipiert?

Zur Überraschung und Verwirrung vieler hat nun aber die neuere Analyse sozialstruktureller Entwicklungen mit dem scheinbar glatten Gegenteil aufgewartet. Die spektakulärste These ihres neuesten Abgesangs auf die Industrie- und Klassengesellschaft behauptet aktuelle "Individualisierungsprozesse" im Zusammenhang einer ökonomisch induzierten Erosion tradierter Klassen- und Ständestrukturen (Beck 1986, kritisch dazu Ritsert 1987). Dabei wird zwar einerseits das Fortdauern des alten Struktur-Antagonismus merkwürdigerweise noch immer argumentativ vorausgesetzt ("Arbeitsmarkt"), andererseits aber werden die "neuen sozialen Ungleichheiten" und ihre Individualisierungstendenzen eher "lebensweltlich" als ökonomisch begründet. Ob damit de facto eine Entwicklung zu künftig "unmittelbarer" Vergesellschaftung der Individuen ausgemacht sein kann, stehe dahin. Wichtiger scheint mir im bildungstheoretischen Kontext die Frage, ob mit neuartigen Individualisierungsprozessen Erwartungen verbunden werden können, die sich offenbar in der wiederentdeckten Subjektkategorie und ihrer Unbestimmtheit verbergen: Erwartungen, die sich auf eine Art Renaissance der alten Subjekt-Qualitäten des Individuums richten und eine Entmachtung bildungsökonomischen Denkens vermöge einer Re-Individualisierung der bildungsgeschichtlichen Entwicklungstendenz erhoffen. Derlei Hoffnungen stehen indessen dieselbe Analysen strikt entgegen, die neue Individualisierungsprozesse ausfindig machen.

Das Ende der Vollbeschäftigung infolge computergesteuerter Produktionsautomatik und Dienstleistungselektronik; die Tendenz zur "Zweidrittel-Gesellschaft" mit dauerhaften Anteilen "neuer Armut" infolge eingeschränkter sozialer Sicherungen und erweiterter Freizügigkeit; die Vermehrung allgemeiner Lebensrisiken durch krisenhafte Verschärfungen der Ökologieproblematik sowie der damit einhergehende "Wertewandel" stellen insgesamt auch die herkömmlichen individuellen Anpassungsmuster und ihre pädagogisch institutionalisierten Programme in Frage. Gesellschaftlich unvermeidliche und politisch unkompensierbare Desintegrationsprozesse drängen auf vermehrte pädagogische, als gleichsam letztinstanzliche Eingriffe ins Individuum: es muß weitergehender als je zuvor für Lebensumstände zugerichtet werden, die ihm eine immer ungewisser werdende Herstellung seiner notwendigen Gesellschafts- und Naturbeziehungen abverlangen, welche ihrerseits Selbsterhaltung nur noch verkoppelt mit anwachsender Selbst-Bedrohung gewähren können. Deutlich genug tritt in dieser Perspektive zutage, daß auch gegenwärtige "Individualisierungsprozesse" schwerlich auf eine systematische Stärkung individuellen "Selbst-Seins", "Für-sich-Seins" hinauslaufen können. Erwartet werden kann also keine Renaissance des Individuums in seinen alten Subjekt-Qualitäten. Vielmehr steht eine Reformulierung bildungsökonomischer Konzepte an, die über ihre herkömmlichen Formierungskalküle der Arbeitskraft hinaus weit umfänglicher das Individuum in seinen gesellschaftlichen Beziehungen überhaupt werden funktionalisieren müssen. Eine neuerliche Bekräftigung dessen also, was Adorno " Selbsterhaltung ohne Selbst" genannt und, im Blick auf die Möglichkeit individuellen Selbst-Seins, als einen "Verfall" bestimmt hat, der "selber nicht individualistisch, sondern aus der gesellschaftlichen Tendenz abgeleitet werden muß, wie sie *vermöge* der Individuation und nicht als deren bloßer Feind sich durchsetzt" (Adorno 1951, 196). Ein strukturell und ideologisch gleichermaßen plausibler Anschluß pädagogischer Theorien an die sozialwissenschaftliche Individualisierungsdebatte aber hätte wohl nicht geschickter als über eine scheinbar nicht explikationsbedürftige Leitkategorie "Subjekt" bewerkstelligt werden können. Denn vorzüglich und ausschließlich in der unterlassenen Explikation läßt sich ihr dialektischer Widerspruch von Selbst und gesellschaftlicher Formiertheit so verbergen, daß die logisch einander entgegengesetzten Ansprüche von individueller Bildungsfreiheit und gesellschaftlichem Anpassungszwang unreflektiert als scheinbar einheitlich pädagogischer Handlungszusammenhang positiv dargestellt werden können. Ironischerweise rächt sich das wirkliche Subjekt des Bildungsprozesses, das individuelle Selbst, an seinem pädagogisch unterbestimmten Begriff, indem es sich dem damit konstruierten Handlungszusammenhang entzieht.

Daß die Individuen in einem ziemlich rätselhaften Prozeß innerer Vermittlung von Erfahrung und begreifendem Erkennen *sich* zum Subjekt bilden und erst damit *sich* individuieren - oder auch nicht -, das war bereits der geisteswissenschaftlichen Pädagogik geläufig (Häberlin 1951). Daß aber die Subjektivität dieses *sich* bildenden und individuierenden Subjekts keineswegs pure Innerlichkeit, "innere Natur" ist, daß sie vielmehr als "tätige Seite der Wirklichkeit" (Marx) den Individuen zunächst zwangsweise, als heteronome gesellschaftliche Formen von Subjektivität, in Prozessen der Erziehung, Unterrichtung, Ausbildung und "Zucht" aufgeherrscht *wird*, diese Differenz und ihre Konsequenzen sind auch der neuen pädagogischen "Subjektorientierung" noch keineswegs hinlänglich aufgegangen. Um mit dem von dieser Differenz angezeigten gesellschaftlichen Widerspruch - "durch äußere Einwirkung einen Menschen zu bestimmen, sich nicht durch äußere Einwirkung bestimmen zu lassen" (Nelson 1948, 30) - künftig vernünftiger umgehen zu können, bedürfte institutionalisierte Pädagogik vorweg geklärter Vorstellungen davon, wie sich eben dieser gesellschaftliche Widerspruch in der Subjektivität konkreter Individuen als deren eigene Konstitutionsbedingung wiederholt. Daß Subjektivität nicht einfache, unmittelbare oder natürliche Substanz ist, wie ihr abstrakter Begriff suggeriert, daß sie vielmehr auf eigentümlich dynamische Weise "zusammengesetzt" ist aus einander "entgegengesetzten" Komponenten, ist seit der klassischen Dialektik von "Selbst und Anderem" in keinem subjekttheoretischen Großentwurf ignoriert worden: Freuds Lehre von den psychischen Instanzen; Simmels "Doppelstellung" des Individuums zur Gesellschaft als "zugleich innerhalb und außerhalb"; Meads Differenz von "I" und "Me"; Adornos "organische Zusammensetzung des Menschen" - sie alle stimmen jenseits ihrer zahlreichen Unvergleichbarkeiten darin überein, daß sich in der Subjektivität des Individuums der allgemeine Gegensatz von Gesellschaft und Individuum notwendigerweise, d.h. um der Existenz beider willen, noch einmal als der je besondere von "Selbst" und "gesellschaftlicher Form" wiederholt. Erst aus dieser in sich widersprüchlichen Grundkonstellation der Subjektivität zwischen Individuum, Gesellschaft und Natur, die das Subjekt zur tätigen Einheit von allgemeiner und individueller Reproduktion sowie zur Reflexionsform dieser Einheit zugleich werden läßt, kann der "Bildungsprozeß" nach seiner spezifischen Differenz und in hinlänglicher Komplexität bestimmt werden. Er ist ausschließlich spontane Aktivität des Selbst, die zwar auf "äußere Einwirkung" aller Art angewiesen ist, wesentlich aber sich auf sich zurückwendet. Es ist eben diese eigentümlich schwebende und "zerrissene" Bewußtseinssphäre zwischen einer noch nicht ihrem Begriff entsprechend gebildeten Realität einerseits und einem demzufolge nie definitiv zu sich kommenden Selbstbewußtsein andererseits, die den Hegel der "Phänomenologie des Geistes" alle Bildung als "sich entfremdeten Geist" bestimmen ließ. Eine Bildung, die dem aus natürlich-gesellschaftlichen Formbestimmtheiten der "Begierde" heraus zum Selbstsein gelangenden Subjekt eher antikisches Leidensbewußtsein als bildungsbürgerlichen Höhenrausch verleihen konnte. Besteht der Bildungsprozeß wesentlich im Innewerden des Widerspruchs von individuellem Fürsichsein unter der Heteronomie äußerlich-gesellschaftlicher Formbestimmtheiten, dann treffen in ihm zwei nicht nur unterschiedliche, vielmehr einander strikt entgegengesetzte Logiken aufeinander; ein prozeßlogischer Antagonismus, der in der kulturellen Moderne zudem nicht länger als produktiver, vielmehr als destruktiver Widerspruch begriffen werden muß. Die Logik der Anpassung an totalisiert-zweckrationale Strukturprozesse vermittelt sich realiter mit der Logik des Selbst immer einseitiger zugunsten einer "Selbsterhaltung ohne Selbst" und einer ihr entsprechenden "Halbbildung" (Adorno 1962). Diese Problemlage aber ist Theorien nicht zugänglich, welche die Anpassungsfunktionalität der Erziehung und die Bildungsintentionalität des Selbst unter ein und dieselbe formale Identitätslogik subsumieren. Hatte schon Humboldt der (freilich utopisch konzipierten) Rousseauschen Einheitslogik von "Menschenbildung" und "Bürgererziehung" entschiedene Absage erteilt, so mußten die technokratisch gesonnenen Nachfolger je neuerlich auf sie setzen, ohne sich ihren Antinomien ernsthaft stellen zu können. Das Individuum aber ist seiner realen Konstellation nach weder nur potentiell, noch bloß seiner inneren Natur nach Subjekt. Als dieses wird es primär zum "subjektiven Faktor" der gesellschaftlich allgemeinen Reproduktion gesetzt. Eine Form der Subjektivität, deren Heteronomie als "Sein für Anderes" sich das gleichwohl in ihm enthaltene und unterdrückte "Selbst-Sein" auf verschiedenste Weisen immer auch entgegensetzt - und damit sich bildet: "Zum Subjekt wird das Individuum, insofern es kraft seines individuellen Bewußtseins sich (!) objektiviert, in der Einheit seiner selbst wie in der seiner Erfahrungen" (Adorno 1966,54). Solches bildende Werden seiner selbst kann indessen unter der epochalen Tendenz zur Selbsterhaltung ohne Selbst nicht mehr durch verallgemeinernde Bildungsprogramme gewährleistet werden, wie sie seit den klassischen canones üblich sind. Wer die Bildung des Subjekts als Selbst stärken will, kann dies heute paradoxerweise nur vermittels einer kritisch-antipädagogischen Entmächtigungsstrategie gegenüber der etablierten pädagogischen Institutionalität. Wer hingegen verallgemeinernde Anpassungsprogramme pädagogisch als solche der "Bildung" mißversteht, der wirkt, wie immer unbewußt, mit an der fortschreitenden Verdrängung ihres einzig möglichen Subjekts: des Selbst; einer nicht zufällig seit der Weimarer Bildungsklassik zur Unkenntlichkeit verblaßten Kategorie.

1. Subjekttheorie als Selbst-Besinnung

Die ältere kritische Theorie hat im Rahmen ihrer Aufklärungskritik die Kategorie des Selbst neuerlich aktualisiert und geradezu ins kritische Zentrum gerückt. Dabei implizierten auch neuartig interdisziplinäre Verfahrensweisen zugleich (was heute meistens übersehen wird) Rückbindungen an die klassische Bildungstradition. Hegels Argument aufgreifend, daß es für alle Lebendigkeit um den "springenden Punkt der Selbstheit" gehe (Hegel, Enzyklopädie § 359), wird aber das Selbst hier nicht mehr ontologisiert, wie etwa noch in der zeitgenössischen konservativen

Kulturkritik. Es wird vielmehr zum immanenten kritischen Kriterium ("Prinzip des Selbst") für sowohl historische wie biographische Perspektiven, die mit fortschreitender Dialektik der Aufklärung zur systemischen Lebensbedrohung im Vermittlungsprozeß von Gesellschaft und Individuum verkehrt werden. Erst mit dieser radikalen Zurückführung der Reflexion individueller Subjektivität in die Späre der Lebendigkeit, wie sie die Kategorie des Selbst spezifisch ausdrückt, konnte sich eine kritische Reflexion auch der gesellschaftlichen Formierungs- und Deformationsprozesse von Subjektivität in der nötigen Radikalität entfalten. Denn erst diese umfassendere Kategorie ermöglichte, noch den schulphilosophisch und psychologisch herrschenden Zentralbegriff des Ichs - als eine nunmehr einsichtige gesellschaftliche Abstraktion - in die Kritik einzubeziehen.

Entwickelt sich aber die Dialektik der Aufklärung aus der Intention fortschreitender Beherrschung von Natur und Menschen sowie einer Vergesellschaftung vermittels des "principium individuationis" zugleich, dann wird das Individuum nicht nur zum selbsttätig- selbsterhaltenden Subjekt, wie Hegel es aller natürlichen Lebendigkeit attestiert hatte. Vielmehr wird sein gesamtes Selbst notwendigerweise zu einer inneren Hierarchie formiert unter "Herrschaft, Kommando und Organisation (des Ichs)" (Horkheimer 1967, 104) als seines eigenen "Betriebsleiters" und "Betriebsmittels" zugleich (Adorno 1951, 309). Ein Ich, nicht des reflexiven Bewußtseins seiner als einer selbsttätigen und selbststeuernden Selbsterhaltung und -entfaltung, vielmehr der unterdrückenden Selbstbeherrschung im Dienste von Herrschaft über Natur und Menschen. Es ist also nicht das Ich an sich, das hier der Kritik verfällt. Es ist seine okzidental-gesellschaftliche Form, die aus einer naturgeschichtlich vorgegebenen Bewußtseinsinstanz des Selbst eine das Selbst ebensoviel unterdrückende wie instrumentalisierende Herrschaftsinstanz mit einer Aura von Härte, Kälte und Stärke gemacht hat. Der Kritik verfällt dieses "Ichprinzip" nicht nur, weil die mit ihm hervorgebrachte zweckrationalistische Vergesellschaftung aller Naturaneignung immer bedrohlicher zur Selbst-Zerstörung tendiert, sondern weil es auch die gleichsam alltägliche Erscheinungsweise einer systemisch allgemeinen Unmenschlichkeit ist. Indem es als ein falsches "Prinzip des Selbst ... bestrebt ist, im Kampf gegen die Natur im allgemeinen zu siegen, gegen andere Menschen im besonderen und über seine eigenen Triebe" (Horkheimer, ibid.), kann es nach seinem eigenen Rationalitätsanspruch nicht bestehen. Solidarische Formen gemeinsamer Lebensführung und Anerkennung können mit ihm ebensowenig wie individuell sinnerfülltes Glück systematisch erwartet werden.

Sofern aber das Selbst, als das sich in sich reflektierende Subjekt, nicht nur eine im Diskurs der Moderne verblaßte Kategorie, vielmehr und vor allem eine in der Entwicklung von Gesellschaft fortschreitend verdrängte individuelle Wirklichkeit ist, kann und muß kritische Bildungstheorie noch heute an den Arbeiten der älteren kritischen Theorie anschließen. Nirgendwo sonst ist mit gleicher Intensität und Insistenz an die mögliche Rettung des Subjekts als Selbst gemahnt worden. Und nirgendwo sonst findet Bildungstheorie ein so hohes Maß an historischer Legitimation und Verallgemeinerbarkeit wie am Selbst, das nach dem Rationalitätsanspruch der Gesellschaft selber sowohl individuell-allgemeine Wirklichkeit als auch diese Wirklichkeit ermöglichendes und förderndes "Prinzip" der Vergesellschaftung sein soll. Es ist zweifellos keine resignative Willkür - und auch daran ließe sich anschließen -daß die ältere kritische Theorie mit ihren Zerfallsanalysen klassischer Bildung keineswegs eine pauschale Absage an gegenwärtige Bildungsmöglichkeiten überhaupt verbunden hat. Sie hat, im Gegenteil, anhaltend die Chancen "lebendiger Bildung" dort zu ergründen und zu benennen versucht, wo sich auf eine biographisch entscheidende Weise " in aller Geschichte" die " Urgeschichte der Subjektivität" je neuerlich zu wiederholen beginnt (Aorno 1973,172) : in der frühkindlichen Konstellation der Widersprüche von Sozialisation und Individuierung zum Subjekt. Diese im Argumentations- Zusammenhang von historischer Notwendigkeit und ontogenetischer Möglichkeit gelegene Anschlußfähigkeit ist indessen bislang kaum annähernd bewußt geworden. Die vielschichtigen Gründe dafür können hier ebensowenig aufgegriffen werden, wie "die" kritische Bildungstheorie umstandslos dargestellt werden könnte. In gebotener Kürze ist lediglich auf einige Umstände zu verweisen, die jedem Vesuch, bildungstheoretisch an die ältere kritische Theorie anzuschließen, spezifische Schwierigkeiten bereiten.

Die älteren kritischen Theoretiker waren, was heute bereits schwer genug vorzustellen ist, weit mehr bildungs- und damit selbst-bestimmte "Kulturmenschen" als arbeitsorganisatorisch bestimmte "Fachmenschen", wie Max Weber die Hauptdifferenz aller bildungsgeschichtlichen Umwälzungen der Moderne benennt (Weber 1956, 737). Das hat auch Konsequenzen, die unter fachwissenschaftlichen Aspekten entweder als Defizite gelten oder umgekehrt als sperrige Querständigkeiten nicht in deren Logiken eingehen können. Gewiß wird man heute nicht wie die ältere kritische Theorie stehenbleiben können bei einem kaum andeutungsweise reflektierten Eurozentrismus, einem seigneuralen Absehen von der Bildungsrelevanz des Arbeitsprozesses, einer abstraktiven Vernachlässigung klassen- und schichtspezifischer Bildungsdifferenzen sowie einem allzu souveränen Verzicht auf systematische Darstellungsweisen. Alles das rührt indessen nicht im mindesten an jenen paradigmatischen Kerngehalt von Gesellschafts- und Bildungskritik, demzufolge das okzidentale Konzept von Naturbeherrschung eine Konstitution und Vermittlungsdynamik von Gesellschaft und Individuum freisetzt, welche Selbst-Zerstörung nicht ausschließt und Selbst-Verdrängung systematisch einschließt. Ein kritischer Kerngehalt, mit dem auch die sprachphilosophisch gewendete kritische Theorie der Gegenwart keinen Schritt weiter gekommen ist. Angesichts dessen ist es die Absicht der folgenden Überlegungen, mit einem Systematisierungsvorschlag (wie immer gegen den Strich der Autoren gebürstet) den Zugang zur Kategorie des Selbst im Kontext der älteren kritischen Theorie so zu erleichtern daß diese Kategorie zur produktiven Fortbestimmung von Subjektivität in gegenwärtigen Ansätzen kritischer Bildungstheorie verhelfen könnte.

In den Schriften der älteren kritischen Theorie wird das Selbst, soweit ich sehe, nirgendwo gesondert thematisiert oder systematisch expliziert, wenn man einmal absieht von dem rigoristischen, ausdrücklich ins "Theologische" ausgreifenden Bannfluch Adornos über den "Trug des reinen Selbst" angesichts eines zum bloßen "Gespenst" verkommenen "realen" (Adorno 1951,204f). Gleichwohl wird die Beziehung aufs Selbst als eine paradigmatisch zentrale mit unverkennbarer Insistenz ausdrücklich gemacht, wie immer ins Besondere gekehrt, der jeweiligen Thematik entsprechend als je einzelne Manifestation des Selbst: Selbsterhaltung; Selbstbesinnung; Selbstbestimmung; Selbstversenkung etc. Diese unterschiedlichen Manifestationen aber als bloße Verschiedenheiten zu verstehen, hieße sie mißzuverstehen. Sofern sie konkrete Besonderungen eines Selbst sein sollen, wie ihre Namen beanspruchen, können sie ihre Bestimmung nicht nur in ihrer Vereinzelung, vielmehr erst in deren Vermittlung mit einer logischen Allgemeinheit des Selbst finden. Es ist die Ausgangsthese der folgenden Überlegungen, daß die paradigmatisch zentrale Beziehung aufs Selbst in der älteren kritischen Theorie einer zwar nicht ausdrücklichen, gleichwohl argumentativ deutlich strukturierenden "Logik des Selbst" folgt, die als kritisches Kriterium alle besonderen Manifestationen des Selbst eigentümlich zusammenschließt. Eine Rekonstruktion dieser Logik wäre so zwar nur eine einzelne Vorarbeit für eine verbesserte Rezeption der älteren kritischen Theorie, aber wohl doch eine für deren Zusammenhang von Gesellschafts- und Bildungskritik grundlegende. Erst von diesem geklärten Begriffszentrum aus wären auch Probleme anderer kategorialer Verhältnisse wie Ratio und Mimesis, Erfahrung und Verdinglichung u.ä. zu entschlüsseln, die heute mit Unbestimmtheit und Mißverständnissen die substantiellen Resultate der älteren kritischen Theorie verdunkeln.

2. Zur Logik des Selbst

Das Selbst ist zwar, als das wesentlich sich Bestimmende, das schlechthin Besondere. Dies kann es aber nur sein, sofern das Sich-Bestimmen auch ein Moment von Allgemeinheit ist, das der Logik allgemeiner Bestimmtheiten folgt. Können insofern die letztlich idiosynkratischen Besonderheiten des individuellen Selbst, seine Bildungsprozesse und -resultate, adäquaten Sprachausdruck nicht in theoretischen Begriffen und Sätzen sondern nur in ästhetisch-narrativen Formen finden, so erfordert umgekehrt das Moment von Allgemeinheit in allem Sich-bestimmen zumindest eine hinlänglich differenzierte Vorstellung von der impliziten Logik dessen, was mit Gründen ein "Selbst" heißen kann. Von Selbstbewußtsein, Selbstbestimmung u.ä. ist, durchaus auch in wissenschaftlichen Texten, in der Regel so die Rede, als wäre dabei keinerlei Allgemeinheit und Einheit des Selbst bestimmend im Spiel. Dieser Bewußtseinsschwund an der logischen Allgemeinheit des Selbst ist ebensowenig zufällig wie das oben erwähnte historische Verblassen der Kategorie, die fürs herrschende Wissenschaftsverständnis längst zu einer "überkomplexen" geworden sein dürfte. Ihre wissenschaftliche Reflexion ist fortschreitend zerfallen in abstrakt-zusammenhanglose Teilanalysen arbeitsteilig organisierter Fachdisziplinen von der Physiologie bis zur Philosophie. Das darin herrschende Interesse an immer subtileren Unterscheidungsmöglichkeiten für technokratische Zwecke wirkt auf wissenschaftlichem Felde, zumeist unbewußt, mit an der historischen Verdrängungstendenz des Selbst als lebendiger Realität. Indem dessen scheinbar positive Einzelzüge immer exakter im Detail bestimmt werden sollen, verschwindet desto widerstandsloser das Wesentliche am Selbst im ganzen: eine sich als prozessierend wissende Einheit differenzierter Manifestationen in der Zeit zu sein. Neben der literarisch-ästhetischen Selbst-Reflexion in Bildungsroman und Autobiographie war es denn auch ausschließlich jenes wissenschaftliche Denken, das Identität und Differenz als dialektische Einheit zu begreifen sucht, worin sich eine ebenso differenzierte wie konsistente Logik des Selbst zum Vorschein brachte und, zuletzt in der älteren kritischen Theorie, in engem, wie immer apokryphem Konnex mit der ästhetischen Bildungstradition bestimmend wurde.

"Das Selbst ist ideell, nicht ausgegossen und versenkt in die Materialität, sondern in ihr nur tätig und präsent, aber zugleich sich in sich selbst findend" (Hegel, Enzyklopädie §351, Zusatz). Dieser Satz, der noch heute Programm einer kritischen Bildungsforschung sein könnte, enthält drei dialektische Verhältnisse, in denen die Logik des Selbst als eine Prozeß-

logik gründet. Diese drei Grundverhältnisse des Selbst, von denen im
weiteren die Rede sein soll, beziehen sich erstens auf das Selbst als eine
wesentliche Einheit im Wechsel seiner mannigfaltigen Manifestationen;
zweitens auf das Selbst in seiner konstitutiven Bedingtheit durch Andere
und Anderes; drittens auf das Selbst als ein prinzipiell "werdendes" in seiner konstitutiven Bedingtheit durch Zeit. Unmittelbar einsichtig ist daran,
daß diese drei Grundverhältnisse nicht einander ausschließende Verschiedenheiten am Selbst thematisieren, wie es die Manifestationen des
Selbst in der Tat sind. Vielmehr benennen sie umgekehrt eine realiter
gleichzeitige Gegensätzlichkeitsstruktur im sprachlich und analytisch
unumgänglichen Nacheinander, deren notwendige Vermittlungsprozesse
das Selbst ausmachen und bilden. Es ist eben dieser Zusammenhang der
Grundverhältnisse, der als logische Allgemeinheit des Selbst zum einzig
rationalen Kriterium für die historische Wirklichkeit oder Nichtwirklich-
keit des Subjekts als Selbst werden kann, für die kritische Frage mithin
nach der gesellschaftlichen Möglichkeit oder Unmöglichkeit von Selbst-
Sein, das über Selbsterhaltung hinausgeht.

Zum ersten Grundverhältnis des Selbst als der wesentlichen Einheit im
Wechsel seiner mannigfaltigen Manifestationen ist vorweg Hegels Bestimmung des Selbst als eines "ideellen" zu erinnern, um eingeschliffene
falsche Vorstellungen auszuräumen. Weder ist es, wie fälschlich materia-
lisierende Vorstellungen wollen, mit der Körperlichkeit des Individuums
identisch, noch ist es, wie fälschlich spiritualisierende Vorstellungen wollen, mit dem Ich identisch, wie unauflöslich immer beide Instanzen ins
Selbst als den spezifischen Prozeß eines "Sich auf sich Beziehens" (Hegel)
verwoben sind. "Ideell" nennt Hegel diesen Prozeß, weil er, als ein für alle
Lebendigkeit spezifischer und intentionaler, niemals in seiner teleologisch
wesentlichen Gesamtheit in Erscheinung treten kann, in seinen positiv erscheinenden, in die Materialität "ausgegossenen" Einzelphasen umgekehrt
aber auch niemals sein ganzes wirkliches Wesen ausdrücken kann. Ein
Wesentliches, das also nur dem denkenden Zusammenschluß aller Pro-
zeßmomente aufscheinen kann. Alles lebendige Sich-auf-sich-Beziehen
ereignet sich in zumindest vier unterscheidungsbedürftigen Sphären, ohne
daß diese Sphären realiter je als einzelne den Prozeß des Selbst ausmachen könnten. Als immateriell-prozessuale Einheit des Individuums erhält
und bildet sich das Selbst, indem es sich - zeitteilig wechselnd, immer aber
als diese Einheit- in seine je aktuellen Welt-Segmente entäußert sowie, in
deren Aneignung, Erfahrung und Erkenntnis sich verändernd in sich
zurückkehrt: arbeitend als "Selbsterhaltung", empfindend als Körper- und
"Selbstgefühl", denkend-wissend als "Selbstbewußtsein" sowie kom-
munizierend als "Anerkennung".

Dieser zeitteilige Wechsel je aktueller Selbsttätigkeits-Sphären ist für das Selbst, im Unterschied zu seinem je "Anderen", nicht einer von fragmentierten Ausschließlichkeiten, vielmehr einer von unterschiedlichen Dominanzen bei je vollständiger Präsenz aller Sphären. Auch dort z.B., wo sie nicht mehr unmittelbar auf das Selbstgefühl des Hungerns reagiert, erschöpft sich Selbsterhaltung in den Formen vergesellschafteter Arbeit fürs Selbst nicht in der vorschriftsmäßigen, willentlich-bewußten Betätigung gesellschaftlich-beruflicher Subjektivitätsformen, wie sie eine zweckrationale Arbeitsorganisation funktionalistisch vorgibt. Immer verbinden sich damit zugelassene oder unterdrückte Selbstgefühle, sei's der Befriedigung, sofern Berufsarbeit über "Erfolg" mit gesellschaftlicher Anerkennung verbunden ist, sei's der Unlust, sofern sie mit abstrakt mechanistischen Handlungsweisen die natürlich organischen Prozesse des Körpers überfordert. Auch dort z.B., wo spontane Regungen der Liebe selbstbestimmend werden, findet sich das Selbstgefühl immer auch mehr oder weniger seinem Selbstbewußtsein entgegengesetzt, das Maßstäbe seiner sozialen Anerkennungsfähigkeit sowie seiner materiellen Selbsterhaltungsnotwendigkeit geltend macht. Das Selbstbewußtsein seinerseits ist in der Einheit und Gesamtheit des Selbst niemals jene Ausgeburt reiner Rationalität, als welche die Philosophen es noch immer abhandeln. Immer gründet es in - und schwankt es wechselhaft mit - seinem wesentlich unbewußten Selbstgefühl, das prinzipiell eigene und in der Regel widersprechende Handlungsanweisungen neben dem Ich des Selbstbewußtseins an das Selbst erteilt (Lorenzer 1985,15) - ein innerer Widerspruch, der wiederum ohne schlichtenden Rückbezug auf die Anerkennungssphäre nicht denkbar ist. Anerkennung ist also gleichsam der soziale Filter, der die Manifestationen des Selbst nach dem Kriterium ihrer gesellschaftlichen Kommunikationsfähigkeit bemißt; was ihm nicht entspricht, verfällt der Verbannung ins individuell Private, womöglich ins entsprachlichte Unbewußte des Selbst. Gleichwohl ist umgekehrt ohne konkrete soziale Anerkennungsprozesse keine Konstitution des Selbst denkbar (Ritsert 1988), worauf später einzugehen sein wird.
Diese prozessierende Einheit des Selbst im flexiblen Zusammenhang seiner vier Manifestationssphären ist keine dem Individuum natürlich eingeborene; sie ist eine sich selbsttätig im Bildungsprozeß erst herstellende und prinzipiell verändernde. Ohne daß dieser Bildungsprozeß des Selbst zum individuierten Subjekt hier schon ausformulierbar wäre, ist doch bereits ersichtlich geworden, daß die Selbst-Formierung zur Einheit aller Sphären des Sich-auf-sich-Beziehens zwar nicht notwendigerweise jenes von der kritischen Theorie verworfenen "Ichprinzips" der Selbstbeherrschung qua Unterdrückung von Körper und Gefühl bedarf. Unverzichtbar

aber ist nach der Logik des Selbst auch eine dieser Logik angemessenere reflexive Selbst-Kontrolle und Selbst-Steuerung durch ein selbst-bewußtes Ich. Eine Selbst-Steuerung, die als eher einfühlsame, denn als herrische um equilibrierende Balancierungen in den Widerspruchskonstellationen des Selbst bemüht sein muß. Bleibt ohne solche Kompetenz für herrschaftsfreie Selbst-Steuerung jeder Gedanke an autonome Selbst-Bestimmung grundlos, so kann andererseits das "Prinzip des Selbst" auch nicht schlüssig von den gängigen Vorstellungen einer harmonistisch konstruierten "Identität des Individuums" erwartet werden. Die Manifestationssphären des Selbst müssen durchaus als einander entgegengesetzte, sich in sich vermittelnde gefaßt werden. Denn nur als solche können sie das individuelle "Potential der Spontaneität" (Adorno) in produktiv gerichtete Prozesse des Sich-auf-sich-Beziehens kanalisieren, als welche sie also zugleich erhalten und ausgehalten werden müssen: "Ein solches, das den Widerspruch seiner selbst in sich zu haben und zu ertragen fähig ist, ist das Subjekt." (Hegel, Enzyklopädie § 359)

Die als erstes Grundverhältnis des Selbst skizzierten Sphären des Sich-auf-sich-Beziehens mit ihrer Einheit in einem selbstbewußt-reflexiven Ich könnten, derart abstrakt, noch kein reales Dasein finden, Stillschweigend mitgedacht waren deshalb bereits die nunmehr zu betrachtenden Grundverhältnisse, deren Zusammenhang mit dem ersten dem Selbst überhaupt erst einen realen Daseinsgrund gibt. *Das zweite Grundverhältnis* des Selbst ist durch den Umstand bestimmt, daß alles Sich-auf-sich-Beziehen nur in kreislaufartiger Bewegung über ein Sich-auf-Andere(s)-Beziehen möglich ist. Stand zuerst das Selbst in der Beziehung auf sich zur Debatte, so rückt es jetzt in seiner Beziehung auf bedeutsame Andere sowie eine bedeutsame Dingwelt ins Zentrum der Betrachtung. Alle oben aufgeführten Manifestationssphären des Selbst sind durch je spezifische objektive und intersubjektive Beziehungen vermittelt, und das heißt: nur im Vorlauf durch sie hindurch kann das Selbst manifest werden. Diese Beziehungen aber kann es primär nicht aus sich heraus stiften oder erfinden; sie sind im wesentlichen allemal schon vorgegeben als gesellschaftlich allgemeine Formen des ökonomischen und kulturellen Verkehrs, und sie sind nur in diesen vorhandenen Formen allgemein anerkennungsfähig. Insofern üben sie nicht nur einen äußeren Anpassungszwang auf die Individuen mit Einschränkung ihres Selbst aus. Sie machen zugleich auch die einzig verfügbare Substanz aus, die das Selbst zum Subjekt zu individuieren, und das heißt im Falle des Gelingens letztlich auch zu ermächtigen vermag, sich den substantiellen Zwängen selbständig entgegenzusetzen. Primär aber setzt sich im Selbst, indem es sich in allgemeinen Formen der Subjektivität auf Andere(s) beziehen muß, die gesellschaftliche "Vormacht des Objektiven" (Adorno) durch, das die Te-leologie des Selbst in dessen Vermittlung durch Andere(s) mit seiner funktionalen Logik überformt. Das Ureigenste des Selbst, seine individu-elle Triebenergie, die alle Sphären seines Sich-auf-sich-Beziehens dynami-siert, indem sie eine ständig wechselnde Vielfalt von Bedürfnissen er-zeugt, wird damit gleichsam von der Gesellschaft für ihre völlig an-dersartigen Zwecke angeeignet. Individuierung des Selbst bleibt regulär nur insoweit möglich, wie sie der gesellschaftliche Reproduktionsprozeß benötigt. Das individuelle Potential an Spontaneität bleibt wie in aller Ge-schichte in seiner Disziplinierung und Selbst-Disziplinierung eher auf schematische Trieb-Unterdrükkung als auf vernünftige Trieb-Sublimie-rung verwiesen.

Die Paradoxie, daß die Gesellschaft ein individuiertes Selbst benötigt, ohne es doch nach seiner eigenen Logik dulden und bilden zu können, bleibt nicht durchaus folgenlos. Die ins Unbewußte verdrängten Regun-gen und Bedürfnisse brechen unkontrollierbar aus in somatische Störun-gen, psychische Verstörung und soziale Verweigerungen, dynamisieren aber auch bewußt gewollte Aktionen des politischen Protests und ka-thartischer Selbstbesinnung. Indessen bedurfte auch immer schon die ge-sellschaftlich zentrale Form des individuellen Sich-auf-Anderes-Bezie-hens, die Arbeit, einer Selbstbewußtseinsform, in der neben adäquatem Wissen erst fiktive, gefühlsbesetzte Glaubensbeimischungen die nötige Sinngewißheit erzeugen können gegenüber objektiven Arbeitsbedingun-gen, die, aller Logik des Selbst entfremdet, einer rein sachlich funktiona-len Gesetzmäßigkeit gehorchen. Gesellschaftlich durch Kapitalverwertung bestimmte Lohnarbeit verwandelt sich so dem Selbst als sinnstiftender "Beruf", wenn nicht als religiös geweihte "Berufung" an. In solcher Berufs-arbeit aber fand das Selbst über viele Generationen hinweg seine ebenso gesellschaftlich wie individuell zentrale Figuration, in der sich alle Sphä-ren seines Sich-auf-sich-Beziehens sinnbestimmt zusammenschlossen: als Zentralbezug des Selbstbewußtseins vermittelte sie die Sphäre selbstän-dig-erfolgreicher Selbsterhaltung ebenso wie diejenige einer mehr oder weniger weitreichenden sozialen Anerkennung. Gleichwohl muß gerade an dieser traditionellen Berufsfiguration des Selbst sowohl ihre historische Vergänglichkeit als auch ihr prinzipiell defizitärer Charakter fürs Selbst einsichtig werden.

Die Defizite dieser Berufsfiguration des Selbst liegen zunächst in der al-ters- und geschlechtsspezifischen Verengung auf den erwachsenen männ-lichen Berufsarbeiter. Kinder, Jugendliche, Frauen und alte Menschen stehen infolge der gesellschaftlichen Abwertung ihrer naturwüchsigen Merkmale im Verhältnis des Noch-nicht, des Nicht-mehr oder des Überhaupt-nicht zur gesellschaftlich zentralen Figuration des Selbst. Ihr widersprechen noch entschiedener, weil innerökonomisch verursacht, die sogenannten Arbeitslosen. Sie alle sind, so verstanden "selbstlos" und müssen sich, was ihre Selbsterhaltung und ihr Selbstbewußtsein angeht, über die sie "unterhaltende" Berufsperson oder - institution definieren. Daß sich das individuelle Selbstgefühl dieser gesellschaftlich zu Selbstlosen Gemachten empört und sich zu sozialen Protesten bewußt organisiert - nicht zufällig ist das Jahrhundert durch Jugendbewegung, Frauenbewegung, Studentenrevolte und neuerdings Altenproteste permanent beunruhigt -, demonstriert anschaulich, daß die bürgerlich-gesellschaftlich einstmals zur normalen und zentralen gemachten Berufsfiguration des Selbst weder die einzig mögliche und denkbare, noch die nach der Logik des Selbst optimal erfüllende ist. Sie vermag tendenziell nur die halbe individuelle Lebensspanne, und diese nur notdürftig, mit einem durch alle Sphären hindurch leidlich versöhnten Selbst auszustatten, beläßt dieses aber für die andere Lebenshälfte in der Insuffizienz von Abhängigkeiten des Noch-Nicht oder Nicht-Mehr. Sie nimmt sogar in Kauf, daß beständig die größere Populationshälfte von ihr ausgesperrt bleiben muß. Indessen hat sich mit den technologischen Wandlungen im Produktionsprozeß das objektive Gewicht und die funktionelle Bedeutung der lebendigen Arbeit gegenüber der maschinellen so erheblich verringert, daß nicht nur die Berufsarbeit als traditioneller "Lebensberuf" im Schwinden begriffen ist, sondern auch das Selbstverständnis der Arbeit aus dem individuellen Sinnzentrum heraus in eine neue Relativität zu anderen Lebenstätigkeiten, - formen und -stilen gerückt wird. Sofern damit objektive Möglichkeiten einer emanzipativen Auflösung jener sozialen Privilegierungsmechanismen sowie der mit lebenslanger Ankettung an eine arbeitsteilige Detailfunktion verbundenen Verkümmerung des individuellen Selbst eröffnet und selbsttätig aufgegriffen werden können, braucht dem Obsoletwerden der traditionellen Berufsfiguration des Selbst keine Träne nachgeweint zu werden. Indessen korrespondiert dem auf der anderen Seite des ökonomischen Gesamtkreislaufs eine Entwicklung, in der das Selbst nicht weniger spontan und konventionell zugleich mitwirkt wie in seiner Formierung zu und durch Arbeit. Der anwachsende Waren-Reichtum unserer Hemissphäre, der den Hungertod in der anderen und möglicherweise den Ökotod des Ganzen zur Bedingung hat, fasziniert und fixiert nun gerade gegenstrebig zur Arbeitsentwicklung Selbstgefühl und Selbstbewußtsein immer zwanghafter und ausschließlicher. Asketische Kulturnormen, die dem Selbst einst mit dem Gewicht sakraler Weihe rastloses Arbeiten bei genußfeindlichstem Sparzwang verordneten und gerade damit der Gesellschaft die ungeahnteste Reichtumsproduktion bescherte, sind von eben diesem Resultat und seinen rein ökonomischen Folgezwängen des Konsums gleichgültig hinweggefegt worden. An ihre Stelle traten im Selbst, nach einer Epoche interessenpolitisch organisierter Verteilungskämpfe, die heute herrschenden vulgärhedonistischen Orientierungs- und Deutungsweisen, die, als kulturindustrielle "Massenkommunikation" verbreitet, einem maximalen Dauerkonsum funktionsgerecht entsprechen. Ihnen widerstehen auch, wenn überhaupt, die gesellschaftlich verselbständigten Kultursphären von der Religion über die Wissenschaft bis zur Kunst nur partiell, inkonsequent und im ganzen ohnmächtig. Tritt damit tendenziell der immer perfekter manipulierte Warenkonsum als zentrale Figuration des Selbst an die Stelle der obsolet werdenden traditionellen Berufsfiguration, dann hätten sich die gesellschaftlichen Formierungsbedingungen des Selbst eher verschlechtert als verbessert. Dann würde sich die fast 150 Jahre alte Vorhersage von Marx bewahrheiten, daß unter kapitalistischen Bedingungen der Reichtum der menschlichen Sinne verkümmert auf den einen "Sinn des Habens". Denn lebendige Berufsarbeit erforderte noch immer einen weitgehend entwickelten Reichtum der Sinne, während angepaßter Warenkonsum kalkulierbarer durch eine "subjektlose Subjektivität der einschnappenden Verhaltensweisen" bewerkstelligt wird. Die Beziehung des Selbst auf Andere(s), in der das Selbst seinerseits auch zum "Anderen" für anderes Sich-auf-sich-Beziehen wird, resultiert vermöge der dabei unumgänglichen allgemeinen Beziehungsformen nicht nur in der teleologisch intentionalen Vermittlung seines Sich-auf-sich-Beziehens. Zugleich damit - und mit Übermacht gleichsam - wirken im selben Prozess die angewandten allgemeinen Formen der Subjektivität formierend ins Selbst zurück, indem sie dessen Spontaneität nach ihrem nicht menschlich-natürlichen sondern historischen Maß gesellschaftsfunktional anpassen.

Findet sich so das Selbst eher fragmentiert, instrumentalisiert und entfremdet, als daß es wahrhaft "individuiert" würde, d.h. seiner inneren Anlage gehorchend sich in äußere Beziehungen hinein bildend und aus deren Erfahrung verändert in sich zurückkehrte, dann muß dieses zweite Grundverhältnis einer Logik des Selbst im Rückgang auf das erste auf den Punkt gebracht werden. Die von früh auf erfahrenen gesellschaftlichen Formen des Sich-auf-Andere(s)-Beziehens bewirken nicht nur eine kontinuierliche Anpassung des Selbst an autoritativ vorgegebene und repressiv durchgesetzte Muster und Regeln des intersubjektiven Verkehrs. In sie eingebettet und durch sie vermittelt werden zugleich die gesellschaftlich wesentlichen Formen alles praktischen und theoretischen Umgangs mit der objektiven Dingwelt ins Selbst übertragen. Es ist charakteristisch für die Epoche einer allgemeinen Verdinglichung alles Lebendigen, daß

Hegels dritte, überhaupt erst spezifisch humane Sphäre des Sich-auf-Anderes-Beziehens als eine gegenüber der praktischen und theoretischen "freie" im gesellschaftlichen Formierungsprozeß des Subjekts, wenn überhaupt, dann doch nur eine überaus marginale Rolle spielt. Daß das Ästhetische, das für jegliche klassische Bildungsidee integraler Bestandteil war, als die schlechthin individuelle und freie Erfahrungsmöglichkeit allen Daseins fürs Selbst heute heruntergebracht wurde zum "Unterrichtsfach" nebensächlichster Art, korrespondiert exakt mit der epochalen Tendenz der Selbst-Verdrängung vermittels einer "entsubjektivierten Subjektivität" (Adorno), d.h. einer immer vordringlicherr gesellschaftlich präformierten, das Selbst immer eindringlicher funktionalisierenden Subjektivität.

Der zentrale Ort dieses Dramas aber ist das "Ich". Der als ganzer unbewußte gesellschaftliche Formierungsprozeß des Selbst gravitiert durch seine zahlreichen Einzelinstanzen hindurch zu einem selbst-beherrschenden Ich der Stärke, Härte und Kälte, da es als Subjekt vergesellschafteter Selbsterhaltung der innere Repräsentant von deren Prinzipien ("Konkurrenz") und Maximen ("Erfolg") ist. Nur unter erschöpfender Mühsal hat das selbstbeherrscht-starke Ich diesen seinen eigenen Prinzipien und Maximen gerecht werden können. Deren menschenfremder Überforderungsgrad mußte es zwangsläufig in die Heteronomie gesellschaftlicher Außensteuerung (Riesman) sowie in die Selbstpreisgabe einer repressiv-narzißtischen Ichlosigkeit (Adorno) ausweichen lassen. Immer schon hat ihm deshalb der utopische Traum seines eigenen Anders-Seins vorgeschwebt: eines selbst-bewußt festen Ichs, das als Selbst-Bewußtsein seiner Individuierung alle Sphären seines Sich-auf-sich-Beziehens, nicht nur die gesellschaftlich funktionalisierten, zur identischen Einheit zusammenzuschließen vermag. "Nicht etwa die haben das feste Ich, die unreflektiert nach außen schlagen, nach außen sich betätigen und nach außen ihre Interessen verfolgen, sondern die, die von der Situation so unabhängig sind, daß sie dabei ihrer eigenen Relativität, ihrer eigenen Zwecke und Interessen innewerden. Gerade in dieser Negation des eigenen unmittelbaren Interesses, des eigenen Subjekts, besteht das, was ich mit Festigkeit des Ichs meine" (Adorno 1973,207). Welche Vermittlungs- und Interventionsmöglichkeiten zur Gegensätzlichkeit dieser Gestalten des Ichs denkbar sind, mag zunächst dahingestellt bleiben.

Vordringlicher sind in diesem Rahmen die Zusammenhänge des bislang Erörterten mit dem *dritten Grundverhältnis* einer Logik des Selbst. Ging es mit den beiden ersten Grundverhältnissen um das Selbst in seinen Beziehungen auf sich sowie auf Andere(s), so handelt es sich nunmehr um die zeitlich ontogenetische Entwicklung eben dieser Beziehungsdialektik als einer lebensgeschichtlichen Abfolge allgemeiner Transformationen des

Selbst in seiner Gesamtstruktur. Zu unterscheiden sind dabei vier lebensgeschichtlich wesentliche Muster der Struktur des Selbst, die in der Betrachtung von außen als zeitliche Abfolge erscheinen, fürs Selbst aber wesentlich ein innerer Aufhebungsprozeß sind - ein Prozeß von ebenso offenbarer wie verborgener, von ebenso konsistenter wie brüchiger Natur. Der allgemeine Zeitablauf wird vom Selbst vermöge seiner Erwartungen, Erlebnisse und Erfahrungen je individuell konkretisiert, als Erinnerung aufgestaut und zur jeweiligen "Jetzt - Zeit" (Benjamin) stillgestellt. Indem sich Erlebnisse und Erfahrungen dabei in die gleichzeitige Struktur der vier Selbstbeziehungs-Sphären selektiv und selegierend zugleich einverleiben, wird in den vier Transformationsstufen aber, und das ist ihr innerer Unterscheidungsgrund, jeweils eine andere Sphäre des Sich-auf-sich-Beziehens zentral bestimmend für alle anderen, d.h. die Selbstbezüglichkeit als ganze spontan nach Vor- und Nachrangigkeit strukturierend. Im ganzen ergibt sich daraus eine Lebensgeschichte des Selbst, die von einer selbsterhaltungszentrierten Phase über eine selbstgefühlszentrierte sowie eine selbstbewußt-anerkennungszentrierte zu einer letzten führt, während der situativ wechselnd jede Sphäre des Selbst zur zentral strukturierenden werden oder gemacht werden kann. Diese wesentlichen Transformationsstufen müssen etwas eingehender betrachtet werden.

a) Der kindliche Konstitutionsprozeß des Selbst ist wesentlich von der unbewußten Erfahrung abhängiger Selbsterhaltung bestimmt, wobei bereits mehr kindliche Aktivität im Spiel ist als Theorien wahrhaben wollen. Dieser Konstitutionsprozeß könnte mit dem fiktiven Selbstbewußtseins-Satz figuriert sein: "Ich werde gestillt". Dies schließt die frühe Bildung des Selbstgefühls durch das mütterliche Stillen ebenso ein, wie die spätere Ermöglichung befriedigter Bewegungsmotorik sowie die noch später einsetzende Stillung des Wissensdranges. In alle diese Differenzierungsfortschritte der Vermittlung von abhängiger Selbsterhaltung, Körpererfahrung und Selbstgefühl sind bereits auch naturwüchsig-unbewußte Ansätze wechselseitiger Anerkennung eingelassen, ohne die dieses komplizierte Wechselspiel von Abhängigkeit und Selbständigkeit nicht in Gang gebracht und gehalten werden könnte. Schließlich tritt mit dem Spracherwerb des Kindes auch die vierte Selbstbeziehungs-Sphäre, das Selbstbewußtsein, in ersten Ansätzen seines unerläßlich- spezifischen Mediums nämlich, in den erscheinenden Prozeß ein. Dabei sind die im Erwachsenenleben dominierenden Sprachfunktionen an diesem Beginn keineswegs bestimmend; kindliche Sprache wird gesucht und versucht nicht um der Verständigungsfunktion - die haben ja die hier zentraleren Selbstbeziehungs-Sphären - oder wegen ihrer Bewußtseins-Artikulation, der ja noch weitgehend die zu artikulierende Substanz fehlt. Sprache muß hier vielmehr noch als höchste Form jenes mimetischen Vermögens verstanden werden, aus dem sich die gesamte kindliche Spontaneität entfaltet, bevor sie durch gesellschaftliche Formierung verdrängt wird. (Benjamin 1966, 96ff).

b) Im jugendlichen Transformationsprozeß des Selbst werden Sexualität, Liebe und soziale Geschlechtsbeziehungen zur zentralen Selbstbeziehungssphäre. Das in der kindlichen Phase aus der Selbsterhaltungs-Abhängigkeit heraus entstandene Selbstgefühl, in Konstellationen von Geborgenheitswünschen, Bedrohungsängsten, Erfahrungsneugier und Liebesambivalenzen gegenüber den Eltern, verselbständigt sich mit reifender Sexualität und Selbstbewußtseins-Reflexivität zunächst extrem gegenüber dem Selbsterhaltungsbezug. Es vermittelt sich nunmehr primär über selbstbewußt werdende Anerkennungswünsche und -bedürfnisse, die sich von den Eltern ablösen und auf spontan erkorene Freundschafts- und Liebespartner aktiv übertragen werden. Transformiert sich so die kindliche Selbst-Figuration des "Ich werde gestillt" in eine zweite, die als "Ich liebe und werde geliebt" formuliert werden könnte, dann spiegelt sich darin eine lebensgeschichtlich neue Prozeßstruktur des Selbst, innerhalb deren auch das Selbstbewußtsein konstitutiv geworden ist: Sie wäre nicht möglich und denkbar ohne den vorgegebenen Unterschied sowie das darin gründende Sich-Unterscheiden: "Ich bin eine Frau" - "Ich bin ein Mann".
Zentral strukturierend für dieses realiter unterschiedene Selbstbewußtsein bleibt indessen, als Einheit der Unterschiedenen, das Selbstgefühl, das sie aber nunmehr in die ebenfalls neue Konstellation versetzt, "nur im anderen ihr Selbstgefühl zu haben", wie Hegel es ausdrückt. Dem entspricht sowohl die vordringliche Erfüllung wechselseitiger Anerkennungswünsche als auch das relative Ephemerwerden der Selbsterhaltungsbeziehung in dieser Prozeßfigur des Selbst. Denn das sich in einen anderen entäußernde Selbstgefühl bedeutet zugleich eine gewisse Selbstvergessenheit, die sich zu Lasten der Selbsterhaltungsbeziehung konkretisiert und nur mit Hilfe forcierter Anerkennungsbestrebungen kompensiert werden kann. Gleichwohl erfüllt sich die Selbstverwirklichung in dieser Figuration und Konstellation offenbar nicht schon in ihrer zentralen Gefühlssphäre; inmitten allen hier herrschenden Gefühlsüberschwangs ruht das Selbst nicht, bis es seine selbstbewußt anerkennende Affirmation auch in der sprachvermittelten Wissenssphäre erfahren hat:" Ich liebe Dich".
c) Seine Transformation in die Erwachsenheit vollzieht das Selbst wesentlich durch eine Verlagerung seiner Prozeß-Zentralität in die Sphäre

30

des wissenden und denkenden Sich-auf-sich-Beziehens. Diese tenden-
zielle Marginalisierung des vorher zentralen Selbstgefühls durch ein ex-
pandierendes und sich differenzierendes Selbstbewußtsein erhält seine
Dynamik nicht mehr, wie die frühere Selbstgefühls-Zentriertheit, primär
aus innerlich-spontanen Impulsen, vielmehr aus einem zweifach wirksamen Druck zur fortschreitenden Verselbständigung, den es primär von
außen erfährt. Einmal kann das Anerkennungsbedürfnis, das sich während der jugendlichen Selbstgefühls-Zentriertheit auf den engen und unmittelbar sozialen Umkreis von Freunden und Liebespartnern beschränkt,
keine dauerhafte Erfüllung finden: es wird zunehmend durch die mit der
vergesellschafteten Arbeitssphäre verbundenen allgemeinen Anerken-
nungs-Standards herausgefordert, die ihm nur zuteil werden, soweit es
sein eigenes produktiv-reproduktives Sich-auf-sich-Beziehen aktiv in die
gesellschaftlich vorgegebene Produktionsstruktur integriert. Zum anderen
entsteht ein äußerer Druck auf eben diese Selbsterhaltungsbeziehung
durch das naturwüchsige Entfallen derer, die vordem solidarisch die
Selbsterhaltungsprozesse für das noch abhängige Selbst erbrachten.
Das unter diesen Bedingungen zentral strukturierend werdende Selbstbewußtsein löst sich einerseits von seiner vorgängigen Abhängigkeit vom
Selbstgefühl und erhält andererseits seine Selbständigkeit in sich dadurch,
daß es sich als wissend-denkenden Selbstbezug mit den gesellschaftlich
vorgegebenen Handlungsbedingungen der Selbsterhaltung verbindet und
damit gegenüber der vorausliegenden Struktur eine neuartige Selbst-Un-
terscheidung realisiert: Die wissend-denkende Beziehung muß sich wei-
tergehend als je vorher bewußt von ihrem Selbst ablösen und als
"Bewußtsein" und damit verbundenes Arbeiten in eine rein gegenständ-
lich-dingliche Sphäre entäußern.
Dieses neue Unterscheiden des Selbst in sich zwischen einem wissend-
denkenden Sich-auf-sich-Beziehen einerseits und einem quasi entgegen-
gesetzt-gegenständlich gerichteten Sich-auf-anderes-Beziehen, aus dem
sich nunmehr sowohl der selbständige Selbsterhaltungsbezug zentral und
gesellschaftlich allgemein anerkennungsfähig strukturiert, als auch der
vorher zentrale Selbstgefühlsbezug mit seinen nur partikularen
Anerkennungsmöglichkeiten relativiert, bewirkt die wohl tiefgreifendste
und damit auch gefährlichste Transformation des Selbst. Eine Figuration
des "Ich bin anerkannt tätig" vermag maximale Selbständigkeit ebenso zu
gewähren, wie sie zur Selbstverleugnung zu verleiten vermag. Das gegen-
ständliche, vom Selbst absehende Bewußtsein, kann sich so weitgehend
zum ausschließlichen machen oder machen lassen, daß sein Vergegen-
ständlichunscharakter in die Reflexion aufs Selbst zurückschlägt und alles
Wissen und Denken über das Menschliche und Subjektive "verdingli-

chend" verfälscht. Ein Verfallsprozeß des Selbst, der nur durch kathartisch wirkende "Selbstbesinnung" hindurch, d.h. durch ein vom erschütterten Selbstgefühl her neu gewonnenes Selbstbewußtsein wiederum korrigiert werden kann.

d) Die Transformation des alternden Selbst wird zwar auch, wie die vorangegangenen, durch ein neu hervortretendes und in veränderte Konstellationen führendes Spannungsverhältnis erzeugt. Sie ist zunächst aber dadurch bestimmt, daß die längst schon vom Selbst in allen seinen Beziehungssphären verarbeiteten Spannungsverhältnisse allmählich und sukzessiv ihre realen Beziehungsgrundlagen verlieren. Die Figuration des "Ich bin anerkannt tätig" wird mit dem Ausschluß des Selbst aus dem gesellschaftlichen Arbeitsprozeß irreparabel brüchig, wie immer mit ersatzweisen Betätigungen und Anerkennungs-Substituten an ihr festgehalten werden mag. Wird damit ein Selbstbewußtsein irreal, das in der selbständig tätigen Selbsterhaltung gründet, so bildet umgekehrt die nunmehr wieder einsetzende abhängige Selbsterhaltung durch Fremdversorgung eine nicht ignorierbare lebensgeschichliche Rückkoppelung an die kindliche Figuration des "Ich werde gestillt", eine Regression gleichsam, der es an adäqautem Selbstgefühl und -bewußtsein mangelt. Denn auch das einst als "Ich liebe und werde geliebt" zentrale Selbstgefühl, das im Erwachsenen selbst schon mehr und mehr in die Peripherie seiner Prozeßstruktur gedrängt wurde, erfährt weitere Realitäts- und Intensitätsverluste mit seiner fortschreitenden kommunikativen Umbeziehung vom Geschlechtspartner auf die Nachkommen. Abermals also eine unverkennbare Rückwendung des Selbst aus der erwachsenen in die kindliche Sphäre, ohne daß ein dafür adäquates Selbstbewußtsein sich spontan einstellen könnte.

Der ganze Prozeß deutet sich damit als ein nicht mehr in fortschreitenden Differenzierungen des Selbst resultierender, vielmehr als ein aus rückläufigen Verlusten bestehender an. Könnte er insofern als ein "Ich werde verlassen" figuriert werden, dann fügt sich dem zwanglos der zunächst paradox anmutende Umstand ein, daß auch diese letzte lebensgeschichtliche Transformation des Selbst entscheidend und zentral durch ein "neues", spezifisches Spannungsverhältnis strukturiert wird: durch die von allen Umständen immer deutlicher und nachdrücklicher in Selbstgefühl und Selbstbewußtsein gerückte Erwartung des Todes. Der Tod, als das endgültige Verlassenwerden des Selbst, besiegelt ebenso die nur relative Gültigkeit aller vom Selbst je erlangten Selbständigkeit gegenüber einer natürwüchsig übergreifenden absoluten Abhängigkeit, wie er auch alle einzelnen Sphären des Sich-auf-sich-Beziehens in seine letztlich definitive Perspektive zwingt.

32

Für ein gesellschaftliches Bewußtsein freilich, das seine mißglückte Emanzipation von den archaischen Tabus mit einer umso perfekteren Tabuisierung des Todes im falschen Schein abstrakt gewordener Zeitvorstellungen heimzahlt, sind die Voraussetzungen einer selbstbewußten, gleichwohl nicht gefühlskalten Todeserwartung schwerlich plausibel zu machen. Jene rückläufigen Verluste seiner Alterstransformation nicht als Sturz in einen Abgrund von Sinnlosigkeit empfinden und begreifen zu müssen, kann dem Selbst nur aus der noch selbständig möglichen Blickwendung aufs endgültige Ziel hin gelingen, ein Ziel, das zugleich auch eine rätselhafte lebensgeschichtliche Rückkehr zum eigenen Ursprung verspricht. Alles bewußte Loslassen des ohnehin Verlorenen setzt in dessen biographisch rückläufiger Bewegung das Wesentliche frei, daß jener Kreislauf von Kreisläufen, der "Selbst" heißt, indem er vom Tod naturwüchsig beendet wird, vorwegnehmend vom Selbst als empfindend erinnertes und erinnernd empfundenes Ganzes auch vollendet werden könnte. Eine letzte Phase des Bildungsprozesses zur Selbstwerdung, die auch, aber nicht nur aus religiösem Glaubenswissen heraus sich entfalten könnte, in jedem Falle aber sich selbst als letzte, einzige und gleichsam unerbittlichste Anerkennungsinstanz fände.

Die lebensgeschichtlichen Transformationen des Selbst als veränderliche Strukturierungen aller Sphären von Selbst-Bezüglichkeit schließen die Logik des Selbst erst zu einer eigentümlichen Totalität zusammen. Es ist erst dieses dritte Grundverhältnis des Selbst, das ihm in allen seinen Besonderheiten sein spezifisches Moment von Einheit und Allgemeinheit in der Zeit gibt. In eben dieser Bedeutsamkeit als lebendiges Substrat aller Bildungsprozesse ließ es Hegel nicht vor der ebenso komplexen wie knappen Formulierung zurückschrecken, es sei "Reflexion in sich der Reflexion in sich und anderes". Ist der gesellschaftlich arbeitsteilige Reproduktionsprozeß durchaus konstitutiv auch aufs Vermögen der Subjekte zur "Reflexion in sich" sowie zur "Reflexion in anderes" angewiesen, so verdrängt er doch zugleich mit seiner zweckrationalistischen Formierungsweise eben dieser subjektiven Vermögen fortschreitend ihre selbstbezüglich-individuelle Reflexion auf Erfahrung von Heteronomie im Kontext von Lebensgeschichte. Erst in ihr aber kann, als Bildungsprozeß, Erfahrung im Sinne Adornos zur "geistigen" werden, sich zur Erinnerung akkumulieren, zur Erkenntnis sich steigern und in den Spiegeln des sozialen Verkehrs, der politischen Geschichte sowie der Kunst wiedererkennend zur bildenden Selbstbesinnung führen. Nicht dort wird das Subjekt als Selbst schon ernst genommen, wo es lediglich als körperliches Substrat einzelner Sphären von Beziehungen auf sich und Andere(s) in Rede steht oder wo es als bloßes Potential hetcrogen-äußcrer Beziehun-

gen kalkuliert wird. Erst dort wird das Subjekt auch zum Selbst, wo es im
Wege der Selbstbesinnung sich jenen fremdbestimmten Beziehungsfunk-
tionen nach Maßgaben seiner lebensgeschichtlich-intentionalen Logik
auch entgegensetzt. Daß dieses Moment im Prozeß der Individuierung
des Subjekts das bildungs- und subjekttheoretisch zentrale und entscheidende ist, kommt, negativ gewendet, an objektivistischen Theorien zum
Vorschein, die gleichwohl auf je spezifische Einzelpotentiale des Selbst
nicht verzichten können.

Insofern ist es gewiß kein Zufall, daß in funktionalistischen Sozialwissenschaften das Selbst zwar so oder so thematisch wird, sein drittes logisches
Grundverhältnis als einer lebensgeschichtlichen Einheit dabei aber regelmäßig unter den Tisch fällt. So bedurfte beispielsweise schon der ältere Behaviorismus einer Verhältnisbestimmung von "Self and Others",
glaubte aber, diese Bestimmung nur über eine abstrakte Negation der
beiden anderen logischen Grundverhältnisse des Selbst treffen zu können,
des Selbst als lebensgeschichtlicher Einheit sowie als Einheit seiner differenten Manifestationen: " ...different contingencies create (!) different
persons in the same skin" (Skinner 1974,167ff). Derlei wissenschaftliche
Ratifizierungen dessen, was Adorno gelegentlich auch das "subjektlose
Subjekt" nannte, vollenden sich in der modernen Systemtheorie, die zwar
ebenfalls nicht von der lebensspezifischen Bewegungsfigur eines Sich-auf-
sich-Beziehens absehen kann ("Selbstreferenz; "Autopoiesis", sie indessen
radikal funktionalistisch von ihrem einzig möglichen Substrat, dem
menschlichen Individuum, abtrennt und ausschließlich dem Abstraktum
"sinnverwendende Systeme" zuschreibt. Wie immer dabei "psychische" und
"soziale" Systeme "nicht aufeinander zurückgeführt werden können", bleibt
hinter dieser Differenz doch die ebenfalls nur abstrakte Einheit der gemeinsamen System-Eigenschaft der argumentative Springpunkt. Eben damit aber wird das Selbst des lebendigen Individuums abermals einge-
schrumpft, hier aufs "Bewußtsein" als einen systemspezifischen Operationsmodus. Seine übrigen Manifestationssphären sowie deren strukturier-
ter Zusammenhang in einer eigentümlichen Logik von Grundverhältnissen werden damit auch theoretisch unerheblich. (Luhmann
1984, 367).

3. Bildung als "Arbeit der Selbstbesinnung"

Wo immer Bildungstheorie kritisch begründet ist, insistiert sie auf dem
"Eingedenken der Natur im Subjekt" als der "verkannten Wahrheit aller
Kultur" in strikter Entgegensetzung zur Herrschaft (Horkheimer/Adorno
1955, 55). Als solche "Natur" bereits, wie immer vergesellschaftet, schließt

sich das Individuum mit sich als "Selbst" zusammen, wie Hegel in aller Stringenz dargetan hatte. Der frühen Kritik Marxens sowie, ausführlicher, derjenigen der älteren kritischen Theorie verfiel an Hegels Konstruktion lediglich ihre dialektisch unaufgelöste Doppelbestimmung des Menschen als "allgemeines, denkendes Tier" einerseits sowie als "Werkzeug des Geistes" andererseits (Hegel, Enzyklopädie §§ 361 und 368, Zusätze). Hegels geist-parteiische Vernachlässigung des allgemeinen denkenden Tiers im Fortgang der Enzyklopädie (Vogel 1987,23f,35f) resultierte unter anderem auch in jener idealistischen "Prügelpädagogik", deren Unterwerfungszwang unter den objektiven Geist jegliche Individuierung des Selbst negiert: "Die Bildung ist daher in ihrer absoluten Bestimmung die Befreiung und die Arbeit der höheren Befreiung ... Diese Befreiung ist im Subjekt die harte Arbeit gegen die bloße Subjektivität des Benehmens, gegen die Unmittelbarkeit der Begierde, so wie gegen die subjektive Eitelkeit der Empfindung und die Willkür des Beliebens" (zit. nach Adorno 1966, 328). Hegels beinahe penible Aufzählung der unterschiedenen Sphären subjektiven Sich-auf-sich-Beziehens weiß sich noch unverbrüchlich verbündet mit der ewigen göttlichen Wahrheit seines das Ganze tätig durchherrschenden Subjekt-Objekts, eine Wahrheitsgewißheit, die noch jegliche Unterjochung "bloßer Subjektivität" positiv zu rechtfertigen vermochte. Schwerlich konnte er ahnen, daß mit Anbruch des industriellen Kapitalismus und der kulturellen Moderne seine Wahrheits- und Sinngewißheit am Ganzen zerfallen, seine Bildungskonzeption zur ideologisch verbrämenden objektivistischen Anpassungsdoktrin verkommen mußten. Aus der historischen Erfahrung, daß sich die objektiv-gesellschaftliche Realität entgegengesetzt zur Hegelschen Geistesmetaphysik des Ganzen als des "Wahren" entwickelt, hat Adorno die Bildungskonzeption Hegels - "Arbeit der höheren Befreiung" als ein höchstmögliches Objektiv- und Allgemeinwerden des Subjekts - kritisch umgewendet in eine "Arbeit der Selbstbesinnung" als einem weitestmöglichen Zusichselbstkommen der Individuen in ihrer Besonderheit (Adorno 1951,78). Der Komplexität des Selbst angemessen, soll dessen gesellschaftliche wie individuelle Erinnerung und Ermächtigung zu einer nicht nur theoretischen "Wendung aufs Subjekt" nach Auschwitz verhelfen. Durchaus bewußt ist Adorno dabei, daß solchem selbstbewußten Aufbegehren gegen objektiv bestimmte Prozesse der Selbst-Verdrängung "etwas Desperates" anhaftet, sofern heute schwerlich Möglichkeiten zur Veränderung ihrer gesellschaftlichen Ursachen erkennbar sind und Veränderungsstrategien an der subjektiven Seite also ihrerseits schon Züge des "Abgedrängten" tragen. Denn den allgegenwärtigen, von der "organisierten Kultur" vielfach potenzierten Vorurteilen und Clichées gängiger "Halbbildung" zu entkommen, sich durch

Selbstbesinnung hindurch zu individuieren heißt, den gesellschaftlichen Konflikt im Individuum als dem seiner insgesamt bewußten Subjekt zu aktualisieren, auszuhalten und zu entscheiden: "Die Selbsterhaltung glückt den Individuen nur noch, soweit ihnen die Bildung ihres Selbst mißglückt"(Adorno 1955, 121). Weitab von den abstrakten Bewußtseins- und Kulturproblemen einer eher kleinbürgerlichen Bildungstradition steht das sich auf sich besinnende Subjekt hier vor gleichsam todernsten Antagonismen seiner selbst; die "Arbeit der Selbstbesinnung" besteht wesentlich im Bewußtwerden der im Inneren des Selbst als einander Fremde erfahrenen Antagonisten, in der autonomen Reflexion ihrer wechselseitigen Kräfte und Konsequenzen sowie im autonomen Urteil über ihren Sinn und Rang in der Einheit des Selbst. Werden dabei notwendigerweise die in der gesellschaftlichen Formierung des Subjekts gegeneinander abgedichteten und äußerlich funktionalisierten Sphären des Selbst von einer alltäglich unterdrückten "spontanen Reflexion" aufgesprengt und miteinander konfrontiert, dann offenbaren sich unvermeidlich die Bedürfnisse des körperzentrierten Selbstgefühls einerseits und diejenigen des beruflich oder sozial zentrierten Selbstbewußtseins andererseits als unvereinbar in der Logik einheitlichen Selbstseins. Daß die darin aufbrechenden "schmerzlichen Geheimnisse der individuellen Geschichte" (Adorno), anstatt in autonome, kathartisch befreiende Selbstveränderung zu münden, heute massenhaft einem ebenso geldgierigen wie roßtäuscherischen Psycho-Markt anheimfallen, der sie nach Art mittelalterlicher Zahnreißer in obskure Gruppen-Öffentlichkeiten zerrt, um sie nur wiederum "in geläufige Konventionen" einzupassen, das scheinen sogenannte Bildungsplaner als einen durchaus normalen Zustand anzusehen.

Adorno sieht, daß der Bildungsprozeß des Selbst, in diesem, sich nicht nur konflikthaft gegen die Spuren objektiv verursachter Anpassung und Überanpassung an vorgegebene Formen vergesellschafteter Selbsterhaltung richtet. Ebensoviel Widerstand findet er an den subjektiven Reaktionsmechanismen mit denen sich das Selbst gegen seine Überforderung durch gesellschaftliche Funktionszumutungen zu behaupten sucht: "Empirisch könnte erhärtet werden, daß unfreie, konventionalistische und aggressiv-reaktionäre Menschen dazu tendieren, 'intraception`, Selbstbesinnung in jeder Gestalt abzulehnen ... Psychologisch gehorchen sie den Abwehrmechanismen, mit denen ein schwach ausgebildetes Ich von sich weist, was seine mühsame Funktionsfähigkeit erschüttern, vor allem seinen Narzißmus schädigen könnte" (Adorno 1973,176). Die Argumentation kehrt damit zu jenem oben beschriebenen Zentralort zurück, an dem sich jegliche Arbeit am Selbst entscheidet, zum Ich das die Gesellschaft als ein selbstbeherrschendes, funktionstüchtiges der Stärke, Härte und Kälte benötigt, das Selbst dagegen anders als das Bewußtsein seiner zur Einheit integrierten Mannigfaltigkeit. Nicht zufällig spielt Adorno gelegentlich mit paradoxen Formulierungen dieses Gegensatzes, etwa wenn er das gesellschaftliche Ichprinzip der Selbstbeherrschung und -unterdrückung als "schwach" bezeichnet, was es ja in der Tat nach innen, bei aller Stärke nach außen, immer zugleich auch ist. Und umgekehrt bestehen "Festigkeit" und "Autonomie" des Ichs gerade in dessen reflexiver Beweglichkeit und Lebendigkeit, nicht in erstarrter Gegensätzlichkeit gegen die übrigen Sphären des Selbst.

Adornos Konzeption von Bildung als Arbeit der Selbstbesinnung durch Erfahrung und begreifendes Erkennen erscheint manchem heute angesichts der pointierten Negativität ihrer gesellschaftlichen und individuellen Voraussetzungen als tendenziell absurd. Wo und wie soll Selbstbesinnung als autonome Leistung eines festen Ichs eigentlich statthaben angesichts einer vergesellschafteten "Selbsterhaltung ohne Selbst", angesichts fortschreitenden "Erfahrungsverlustes" sowie subjektiv-reaktiver "Ichlosigkeit"? In der Tat hat Adorno wohl ganz allgemein keine großen Hoffnungen in die Veränderungschancen und Bildungsmöglichkeiten heutiger Menschen gesetzt. Er hat aber beharrlich den einzigen Ort im gesellschaftlichen Reproduktionsprozeß genannt und expliziert, an den sich eine wie immer bemessene Hoffnung auf Wiedergewinnung des Selbst mit Gründen richten kann: an die je nachfolgende Generation. Denn das Subjekt "fängt in aller Geschichte immer wieder von vorn an", weil in ihm die "Urgeschichte von Subjektivität" als die "von Beseelung... überlebt" (Adorno 1973,172). Sofern dies - zumindest - soviel heißt, daß mit jedem neugeborenen Kind prinzipiell ein unbeschädigtes Selbst mit ungeschmälerter Erfahrungsfähigkeit zur Disposition steht, daß also auch die konkrete Verwirklichungschance dieser Möglichkeit kritisch bedacht werden muß, dann wird die eigentümlich pädagogisch-antipädagogische Dialektik verständlich, in der sich Adornos Bildungsdenken bewegt. Es gründet keineswegs in der sozialtechnologisch orientierten Frage, wie ein Kind "zum Subjekt gebildet werden kann", vielmehr in der emanzipatorisch gerichteten, welcher günstigen Umstände Kinder bedürfen, um sich als Subjekt auch zum Selbst bilden zu können. Auch und gerade eingedenk der dritten Feuerbachthese Marxens hält Adorno aus historischer Erfahrung unverbrüchlich daran fest, daß die "heute aufs äußerste beschränkt(e)" Möglichkeit politisch umwälzender Praxis desto nachdrücklicher auf verbesserte Möglichkeiten "kritischer Selbstreflexion" drängt (Adorno 1969,86f). Gemeint ist damit durchaus kein philosophisches Bewußtseinssubjekt sondern das seiner als eines lebendigen bewußte Selbst in der Einheit aller seiner Manifestationen. Denn Adornos Spring-

punkt des pädagogisch ermöglichten Bildungsprozesses ist das aus dem
frühkindlichen "Potential der Spontaneität" sich zwanglos entfaltende Zu-
sammenspiel von ursprünglich-mimetischen und fortschreitend erwor-
benen rationalen Verhaltensweisen. Von der frühen Ermöglichung dieses
Zusammenspiels schon wird weitgehend alle künftige Erfahrungs- und
Begriffsfähigkeit, alle Ichfestigkeit und Selbstbestimmungskompetenz,
damit aber zugleich auch das mögliche gesellschaftliche Potential allen
selbstbestimmten Widerstands vorentschieden, der sich gegen einen un-
gehemmten Prozeß der Verdinglichung und des Erfahrungsverlustes noch
richten könnte.
An dieser Stelle kann nicht den besonderen Einzelproblemen nachgegan-
gen werden, die Adornos Konzeption von Bildung als Arbeit der
Selbstbesinnung aufwirft. Die komplexen Vermittlungsprozesse systematisch und kritisch aufzuhellen, die in diese Konzeption verwoben sind,
wird - jenseits der gängigen Zitierflinkheit - sorgfältiger Untersuchungen
zur Fortbestimmung der Verhältnisse von Allgemeinem und Besonderem,
von Funktionalität und Intentionalität, von Mimesis und Ratio u.ä. bedürfen. Dabei kann ebensowenig Adorno-Esoterik getrieben, wie bei den
ersichtlich eurozentrischen Verengtheiten der älteren kritischen Theorie
stehengeblieben werden. Nach deren vorgängigen Anstrengungen, in bildungstheoretische Reflexion auch das fortgeschrittene Wissen von Gesellschaftstheorie, Psychoanalyse und Ästhetik zu integrieren, wird sich kritische Bildungstheorie, als eine der Selbstwerdung, künftig auch nicht mehr
davon dispensieren können, die wie immer inkompatibel verfaßten Teil-
theorien zu historischen, kognitiven und sozialen Entwicklungsbedingungen des Selbst zu rezipieren. Der Umstand schließlich, daß das
okzidentale "Prinzip des Selbst", das die ältere kritische Theorie ausschließlich befaßte, im universellen Maßstab keineswegs das einzig reale
und mögliche ist, wird unter den heraufkommenden weltgesellschaftlichen
Veränderungen gerade bildungstheoretisch am wenigsten noch ignoriert
werden können. Arthur Koestler hat, freilich unter ganz anderem Aspekt,
vor einem halben Jahrhundert bereits mit seiner idealtypischen Polarisierung von "Yogi" und "Kommissar" an eine interkulturelle Relativität ge-
gensätzlicher Prinzipien des Selbst erinnert, die seit Max Webers
religionssoziologischen Untersuchungen zu Weltflucht und Weltaneig-
nung offenbar in Vergessenheit geraten waren. Neben der okzidental-dia-
lektischen Konzeption des Selbst - Sich auf sich beziehen vermittels Sich-
auf-Andere(s)-Beziehens - wird mit durchaus gleichem historischen, politischen und kulturellen Gewicht auch anderen Konzepten nachgelebt: einer Selbst-Verabsolutierung vermittels Weltflucht ebenso wie deren
Umkehrung in Selbst-Verleugnung vermittels Welt-Verabsolutierung. Die

Individuen in fortschreitend "multi-kulturellen" Gesellschaftsverhältnissen werden sich als Subjekte dieser Verhältnisse nur im Bewußtsein dieser Relativität des eigenen Selbst-Konzepts konstituieren, kommunikationsfähig machen und anerkennungsfähig sein können.

Kann gesellschaftlich institutionalisierte Pädagogik weder sich umstandslos als Stellvertreter-Subjekt des Bildungsprozesses setzen, noch diesen kurzschlüssig als Resultat von ausschließlich "pädagogischer Interaktion" interpretieren, bleibt sie doch, als eine erste Welt-Instanz des sich bildenden Selbst, ein notwendiger Teil von dessen konstitutivem "Anderen". Ihre Funktion, Vermittlungen des Selbst mit gesellschaftlich vorgegebenen Formen von Subjektivität (notfalls zwangsweise) herzustellen, müßte aber nicht länger einseitig in der gesellschaftlichen Seite dieses Prozesses zentriert und theoretisch reflektiert sein. Ins kritische Selbst-Bewußtsein der Pädagogen übergehend, könnte sich durchaus produktiv die gesellschaftlich vorgegebene pädagogische Anpassungsfunktion mit einer quasi antipädagogischen Individuierungs-Intention verbinden, die als Antizipation möglicher Selbstwerdung auf eine Optimierung wenigstens ihrer pädagogischen Umstände abzielt. Die einzige Instanz aber, die innerhalb institutionell organisierter Erziehung günstige Umstände für autonome Bildungsprozesse herzustellen vermag, ist der selber sich bildende Pädagoge. Indem er die Arbeit der Selbstbesinnung für sich aufnimmt und sich den Konflikten stellt, die seine institutionelle Funktion gegenüber anderen Sphären seines Selbst erzeugt, vermag er mit selbstbewußt-selbstbestimmten Handlungseinschüben eine Art sokratischer Situation zu schaffen - wie immer diskontinuierlich und ephemer - , die auch seinen pädagogischen Interaktionspartnern die Aufnahme bildender Selbstbesinnungsprozesse ermöglicht. Daß dieses Problem des sich bildenden Pädagogen in der aufgeschwollenen Fachliteratur keine nennenswerte Rolle spielt, entspricht durchaus einem dort weithin nurmehr rituell-plakativen Umgang mit dem Terminus Bildung.

Der bildend-inneren Vermittlung von Erfahrung und begreifendem Erkennen günstige Bedingungen zu schaffen, stößt freilich auch hier unmittelbar aufs gesellschaftlich herrschende Gegenteil: eine mit der Warenform sich verallgemeinernde "Verdinglichung" des Bewußtseins (Lukács) sowie eine kulturindustriell "entstellte Erfahrung" (Benjamin) als Problemkern von Selbstverdrängung und ihr entsprechender "Halbbildung" (Adorno). Diese Phänomene und ihre Entwicklung als eklatante Brüche alles bürgerlichen Selbstverständnisses nicht fatalistisch hinzunehmen, ergibt ein Motiv kritischer Bildungstheorie, das nicht weniger sondern mehr vernünftige Verallgemeinerungspotenz enthält als alle sozialtechnologisch verfaßte Pädagogik. Denn jede gegen gängige Clichées ermöglichte authentische Erfahrung; jede in begreifendem Erkennen gegen gängige Vorurteile ermöglichte Selbstbesinnung bildet nicht nur unmittelbar das sich individuierende Subjekt. Mittelbar bildet sich zugleich damit das einzig denkbare Potential einer vernünftig-produktiven Umbildung objektiver Gesellschafts- und Naturverhältnisse durch und für selbstbewußt selbstbestimmende Subjekte.

40

Literatur

Adorno, Th.W. (1951): Minima Moralia. Frankfurt
Adorno, Th.W. (1955): Zum Verhältnis von Soziologie und Psychologie. In: Sociologica. Frankfurt
Adorno, Th.W. (1962): Theorie der Halbbildung. In: Sociologica II. Frankfurt
Adorno, Th.W. (1966): Negative Dialektik. Frankfurt
Adorno, Th.W. (1969): Erziehung nach Auschwitz. In: Th.W. Adorno: Stichworte. Frankfurt
Adorno, Th.W. (1973): Ästhetische Theorie. Frankfurt
Adorno, Th.W. (1990): Philosophische Terminologie I. Frankfurt
Beck, U. (1986): Die Risikogesellschaft. Frankfurt
Benjamin, W. (1966) Angelus Novus. Frankfurt
Häberlin, P. (1951): Stichwort "Subjektivität". In: H.Kleinert et al.: Lexikon der Pädagogik. Bern
Hegel, G.W.F. (1983): Enzyklopädie der philosophischen Wissenschaften II. Frankfurt
Horkheimer, M. (1967): Zur Kritik der instrumentellen Vernunft. Frankfurt
Horkheimer, M./ Adorno, Th.W., (1955): Dialektik der Aufklärung. Amsterdam
Koestler, A. (1974) : Der Yogi und der Kommissar. Frankfurt
Landauer, K. (1991) : Theorie der Affekte. Frankfurt
Lorenzer, A. (1985) : Psychoanalyse als kritische Theorie (unv.Manuskr.)
Luhmann, N. (1984) : Soziale Systeme. Frankfurt
Nelson, L. (1948) : Die sokratische Methode. In: L. Nelson: Drei Schriften zur kritischen Philosophie. Wolfenbüttel
Ritsert, J. (1987) : Braucht die Soziologie noch den Begriff der Klasse? In: Leviathan 15. Jg. H.1
Ritsert, J. (1988) : Das Bellen des toten Hundes. Frankfurt/N.Y.
Skinner, B.F. (1974) : About Behaviorism. New York
Vogel, M.R. (1983) : Gesellschaftliche Subjektivitätsformen. Frankfurt/New York
Vogel, M.R. (1987) : Leben als Subjekt und Prozeß. Frankfurt
Weber, M. (1956) : Wirtschaft und Gesellschaft. Köln/ Berlin

Jürgen Ritsert

> > Aufforderung zur Selbständigkeit < < - Zur Philosophie der Bildung in Fichtes Naturrechtslehre

"Die Natur hat alle ihre Werke vollendet,
nur von dem Menschen zog sie die Hand ab,
und übergab ihn gerade dadurch an sich selbst,
Bildsamkeit, also solche, ist der Charakter
der Menschheit." (GN 80)

1. Grundsätzliches

Von der Verwaltung der großen Diskurse der abendländischen Philosophie hat die Akte > >J.G.Fichte< < einen Stempel bekommen: Absoluter Idealist! Exit Fichte; denn viele seiner Äußerungen decken sich mit der Ur-Kunde: "Man hat nicht die leiseste Ahnung, wovon bei der transzendentalen Philosophie, und ganz eigentlich bei Kant die Rede sei, wenn man glaubt, daß, beim Anschauen, es außer dem Anschauenden, und der Anschauung, noch ein Ding, etwa einen Stoff, gebe, auf welchen die Anschauung gehe, wie etwa der gemeine Menschenverstand das leibliche Sehen zu denken pflegt. Durch das Anschauen selbst, und lediglich dadurch entsteht das Angeschaute; das Ich geht in sich zurück; und diese Handlung gibt Anschauung und Angeschautes zugleich; die Vernunft (das Ich) ist in der Anschauung keineswegs leidend, sondern absolut tätig; sie ist in ihr *produktive Einbildungskraft*." (GN 57 f.) Die Beurteilung fällt in der Akte dementsprechend hart aus: Hier haben wir es doch tatsächlich mit einem Philosophen zu tun, der sich einbildet, die anschauliche Welt sei nichts als das Produkt der Einbildungskraft > >des Ich< <. Was soll das für ein einbildungskräftiges und ausdrucksstarkes Ich sein? Bestimmt nicht Dein's; bestimmt nicht mein's - überhaupt keine Ich-Identität empirischer Subjekte! Ein reines Ich muß es sein; denn "das Ich, das in der Erfahrung vorkommt, ist die Person." (WNM 23) Um die geht es zunächst gar nicht. Vielmehr um das reine Ich als "absolutes Subjekt" (WL 17), um Subjekt-Objekt-Einheit in der Gestalt einer überpersönlichen Subjektivität, die sich durch ihre eigene Denktätigkeit als Welt hervorbringt. "Das Nicht-Ich (Gegenständlichkeit überhaupt - J.R.) ist selbst ein Produkt des sich selbst bestimmenden Ich, und gar nichts Absolutes und außer dem Ich Gesetztes." (WL 137) Was sollen wir anderes darunter verstehen als "das Selbstbewußtsein des einen gedachten Gottes", auch wenn Fichte an dieser Stelle gleich hinzufügt: "So etwas können wir uns nicht denken..." (WNM 67) So - jetzt müssen wir nur noch den alteuropäischen Rationalismus eintragen, womit Fichte sich verschworen hat: Ist Fichte nicht ein besonders eingefleischter Vertreter der > > prima philosophia < <, die heute nirgendwo mehr eine gute Presse hat? > > Prima philosophia < < heißt nicht "erstklassiges Denken", sondern bedeutet die Suche nach zweifelsfreien und erschütterungsfesten Grundsätzen des Philosophierens. Cartesius hat Fichte und seinen Zeitgenossen das Programm vorgegeben, "irgend etwas Festes und Bleibendes in den Wissenschaften" aufzustellen und seinen Fixpunkt in dem Satz: "Sum cogitans, ergo existo" ausgedrückt (Descartes 1978, 37). Ich kann, so lautet das cartesianische Argument, von allem abstrahieren und an allem zweifeln, nicht jedoch daran, "daß ich, wenn ich sehe oder...wenn ich denke, daß ich sehe - daß Ich selbst, der ich denke, nicht etwas sei."(Descartes 1978, 53)[1] Sein Zeitgenosse K.L. Reinhold gibt Fichte obendrein die Zielsetzung vor, die Vielfalt philosophischer Überlegungen in *einem* zweifelsfesten Grundsatz zu verankern (Reinhold 1790). Dem scheint sich Fichte vorbehaltlos anzuschließen: "Es ist neuerdings sehr geeifert worden, gegen das Aufstellen eines ersten Grundsatzes in der Philosophie, von einigen, weil sie bloß die Mode mitmachen." (WNM 27) Also ist auch Fichtes Pathos der *Deduktion* aller Weiterungen aus *einem* Grundsatz ganz streng und more geometrico zu nehmen. Deduktion bedeutet für ihn offensichtlich die strikt logische Ableitung aus Voraussetzungen, letztendlich aus einem einzigen einwandsimmunen Prinzip. Das rationalistische Ideal ist und bleibt nun einmal das einer "systematischen Erkenntnis, in der sich alles von einem Punkte ableiten läßt, und mit diesem zusammenhängt." (WNM 9) Es bedarf keines postmodernen Habitus, um einzusehen, daß dieses Programm nicht einmal von der Mathematik eingelöst wurde. Also: Ab mit der Akte > > Fichte < < in die verstaubten Archive der Diskursverwaltungen, wo sie allenfalls als Distanzierungsfolie für Fingerübungen im philosophischen Seminar hervorgeholt werden kann. Oder?

Das Bild eines einzigen Grundsatzes, woraus Fichte munter deduziert, läßt sich mit seinen eigenen Mitteln geradehängen. Statt der einen zweifelsfesten Aussage der ersten Philosophie gibt es einen anderen Aus-

---

1. Fichte bringt das nämliche Argument: Man kann gar nicht denken, ohne sein Ich, als sich seiner selbst bewußt, mit hinzu zu denken; man kann von seinem Selbstbewußtsein nie abstrahieren," also ist jede Frage nach einem von allen Beziehungen aufs Selbstbewußtsein unabhängig zu Denkendem unsinnig. (WL 17)

gangspunkt für die weiteren Überlegungen, nämlich die Aufforderung eines Subjekts an ein anderes im Dialog: "Merke auf dich selbst: kehre deinen Blick von allem, was dich umgibt ab, und in dein Inneres; ist die erste Forderung, welche die Philosophie an ihren Lehrling tut." (1.EL 9) Wieso dieses eigentümliche Ansinnen? Letztendlich geht es Fichte um die cognitive Praxis des Bestimmens (determinatio). Am Doppelsinn von "Bestimmung" läßt sich in diesem Falle sehr gut festhalten: Merkmalsbestimmung und Selbstbestimmung sollen in ihrer Unzertrennlichkeit deutlich werden. Strittig ist vor allem das Vermögen der Selbstbestimmung, also die Freiheit des Willens. Wie lassen sich Zweifel hinsichtlich der Kompetenz der Individuen zu selbstbestimmten Handlungen, zur "Kausalität durch Freiheit" (Kant) ausräumen? Nicht (daran hegt auch Fichte keinen Zweifel)[2] durch *Deduktion* als logische Ableitung von Sätzen aus Sätzen bzw. als Ableitung von Sätzen über Daseiendes aus Sätzen über seine Existenzbedingungen. Denn abgesehen davon, daß ein tatsächlicher Handlungsvollzug nicht einfach gleich der logischen Konsequenz aus praktischen Schlußfolgerungen ist, entspricht eine "freie" Handlung, die als Wirkung vorauszusetzender Ursachen darstellbar ist, nicht gerade unserer Vorstellung von "freier Handlung." Statt der Deduktion empfiehlt Fichte in Fragen der Freiheitslehre daher die praktische *Demonstration* als Ausgangspunkt. Sie besteht in einer Dialogsituation, worin (zur Vereinfachung der Darstellung nur) zwei Personen miteinander sprechen und handeln. Die eine wird von Zweifeln an der Ständigkeit ihres Selbst und damit des freien Willens geplagt. Die andere gibt dem Zweifler einen Anstoß, diese Skepsis bei sich selbst und durch sich selbst zu beheben: Die erste Aufforderung, die von Ego an Alter ergeht, besteht darin, den Verstand einzuschalten. Alter soll denken und zugleich beachten ("intellektuell anschauen"), was er dabei so alles fertigbringt. Zunächst soll Alter an irgendwelche Sachverhalte, an ein Ding, eine andere Person oder sonst etwas denken, das was anderes als er selbst ist. Ist der Verstand eingeschaltet, wird Alter leicht feststellen können, daß er das tatsächlich fertigbringt. Danach kann die nächste Anregung gegeben werden: So, jetzt sehe einmal von allem ab, was da draußen im Raume, außerhalb deiner eigenen Vorstellungen und Gedanken vorhanden ist. Denke letztendlich mal dich selbst und sonst gar nichts! "Merke auf dich selbst!" Auch diese Abstraktionsleistung wirst du gewiß ohne große Umstände fertigbringen; denn "jeder wird hoffentlich *sich selbst* denken können." (2.EL 48) Dazu hätten wir sie oder ihn auch gleich auffordern können. Doch hätte er oder sie auch in diesem Falle der direkten Aufforderung

---

2. Zu diesem Punkt siehe auch Kant 1956, 81 ff.

zum Sichselbstdenken nicht anders verfahren können als uno actu von allem Anderen abzusehen, was er oder sie nicht ist. Schließlich geht Alter bei diesem Aktvollzug zwangsläufig auch ein Licht auf; d.h.: der Akt des Sichselbstdenkens ist eine Unternehmung, von der du in derem Vollzug *weißt*, daß *Du* und niemand sonst sie zustandebringst! Handeln und Selbstbewußtsein bilden eine unauflösliche Einheit. In eindrucksvollerem Deutsch ausgedrückt: Dieser Akt ist das Musterexemplar einer unabdingbar vom Wissen um den Vollzug begleiteten Performanz einer Kompetenz. Und was hat dieser Akt der Bestimmung mit Selbstbestimmung zu tun? Alles! Denn jeder, der der Aufforderung zu folgen bereit ist, "wird hoffentlich inne werden, daß, indem er zu diesem Denken aufgefordert wird, er zu etwas von seiner Selbsttätigkeit Abhängigem, zu einem *inneren Handeln* aufgefordert werde, und, wenn er das Geforderte vollbringt, wirklich durch Selbsttätigkeit sich affiziere, also *handle*." (2.EL 48) Wer dieses Vermögen nicht selbst in Taten umsetzt, dem läßt es sich nicht "andemonstrieren" - auch nicht durch eine noch so strenge Deduktion. Die angesonnene Aktion ist also nur durch die *freie* Tat zu verwirklichen, so daß sie von Fichte auch als "Tathandlung" bezeichnet wird.[3]

Wir können uns einen Philosophen als den einen Partner im Dialog vorstellen (Beobachterstandpunkt), ein alltagsweltliches Subjekt als den anderen. (Aktorstandpunkt) Aufgrund der Aufforderung zur Tathandlung soll der Aktor seiner Fähigkeit zu selbstbestimmtem Handeln und seines gleichzeitigen Wissens der Handlung als der seinen innewerden. Insofern ist der Philosoph in der Tat mehr als "ein bloßer Beobachter." Er "macht EXPERIMENTE mit der Natur des Bewußtseins, und läßt sich auf seine bestimmten Fragen antworten." (WNM 21) An den Ergebnissen, welche die experimentelle Aufforderung zur Ausübung der Kompetenz der *Reflexion* (d.i. die Tathandlung als Einheit von Selbstbestimmung und Selbstbewußtsein) zeitigt, hat die "Wissenschaftslehre" - das ist Fichtes Ausdruck für Philosophie - ihren fundierenden Bezugspunkt, ihre Bestätigungs- und/oder Widerlegungsebene. Insofern hat es die Wissenschaftslehre mit der Verhältnisbestimmung zweier Operationsbereiche

---

3. Dem Skeptiker läßt sich auf diesem Wege ein handfester performativer (praktischer) Selbstwiderspruch nachweisen. Um die Tathandlung anzweifeln zu können, muß er sie immer schon vollstrecken. Aber der Zweifler hat immer noch die "Freiheit der Willkür" (Kant), sich ob des nachgewiesenen praktischen Widerspruchs unbekümmert zu zeigen, weiter seine Zweifel anzumelden und sich auch gegenüber dem Prädikat 'irrational' gleichgültig zu zeigen, das er sich dadurch einhandelt. Der Nachweis logischer und/oder performativer Selbstwidersprüche liefert die besten Gründe für die Annahme von Behauptungen. Aber auch er bietet "nur" (erstklassige) Gründe für die Annahme eines Argumentes, die Überzeugung (Akzeptanz) folgt auch in diesem Falle nicht *logisch* aus der Begründung!

- Fichte sagt:"Reihen" - zu tun. "In der Wissenschaftslehre gibt es zwei
sehr verschiedene Reihen des geistigen Handelns: die des Ich, welches
der Philosoph beobachtet, und die der Beobachtungen des Philosophen."
(2. EL 40 und WNM 46-49) Dem handelnden Subjekt, das der Aufforderung: "Denke dich selbst und gieb Acht, wie du dich denkst" (WNM 16)
zu folgen bereit ist, offenbart sich die Grundstruktur seiner Operation in
drei Grundzügen allgemeinsten Charakters: Es ist möglich, sich selbst und
nicht sonst irgendetwas zu denken. (1. Operationsmodus: > >Set-
zen< <). Diese erste Operation ist aber als solche garnicht vollziehbar,
ohne sich dabei (im gleichen Zuge!) von Entgegenstehendem überhaupt
abzugrenzen. (2. Operationsmodus: > >Entgegensetzen< <) Im
Personalpronomen > >ich< < kommt die praktische Fähigkeit der Tathandlung als unauflöslicher Zusammenhang der gegenläufigen
Grundoperationen > >Setzen< < und > >Entgegensetzen< < zum
Ausdruck. Zusammenhang! Zur Elementarstruktur der Reflexion gehört
ebenso unabdingbar eine Relationierung des Gesetzten mit dem Entgegengesetzten. (3. Operationsmodus: > >Vermittlung der Entgegengesetzten in sich< <) Denn jeder, der der Aufforderung zur Tathandlung zu folgen bereit ist, wird "*dieses* Handeln (= das Sichselbstdenken - J.R.) hoffentlich von dem *entgegengesetzten*, wodurch er Objekte
außer sich denkt, unterscheiden können" (2. EL 48) und damit zugleich
die Entgegengesetzten aufeinander bezogen haben. Kurz: "Ich bin mir irgend eines Objektes B bewußt, dessen aber kann ich mir nicht bewußt
sein, ohne mir meiner selbst bewußt zu sein, denn B ist nicht Ich und Ich
bin nicht B." (WNM 30) Noch kürzer: "Das Bewußtsein des Ich ist nicht
ohne Bewußtsein des Nicht-Ich." (WNM 38) Man könnte auch vom
platonisch-spinozistischen Grundsatz des Bestimmens sprechen: Omnis
determinatio es negatio et omnis negatio est determinatio.[4] Entscheidend
ist allerdings, daß Fichte - im Anschluß an Kant - die unabdingbare Rolle
der praktischen Selbstbestimmung (Spontaneität) bei der bewußten
Merkmalsbestimmung von Sachverhalten herausstellt. Den elementaren
Merkmalen der Tathandlung auf der Ebene der "ersten Reihe" kommt in
der Tat etwas Grundsätzliches zu, das Fichte einmal so zusammenfaßt:
"Ich kann keinen Schritt tun, weder Hand noch Fuß bewegen, ohne die
intellektuelle Anschauung meines Selbstbewußtsein in diesen Handlungen; nur durch diese unterscheide ich mein Handeln und in demselben
mich, von dem vorgefundenen Objekte des Handelns. Jeder, der sich eine
Tätigkeit zuschreibt, beruft sich auf diese Anschauung. In ihr ist die

---

4. Siehe dazu F.Reusswig/J.Ritsert 1989

Quelle des Lebens, und ohne sie ist der Tod." (2. EL 49) Ich denke, diese
Aussage hat auch heute noch Hand und Fuß!

Die Philosophie, die Wissenschaftslehre, hat in der ersten ("realen")
Reihe ihr fundamentum in re.[5] Aber sie transformiert deren Operationsmodi in philosophische Aussagenmengen, in die Grundsätze der Wissenschaftslehre. (Zweite oder "ideale" Reihe) Zu den Grundstrategien
dieser Transformation zählen Abstraktion und Idealisierung. Fichtes eigenem Sprachgebrauch folgend ließe sich von daher ein Unterschied zwischen dem rationalistischen Verständnis von *Deduktion* und der Be-
weistechnik der *Demonstration* machen. Statt der strengen Ableitung aus
einem einzigen Prinzip geht es um die philosophische Rekonstruktion der
mit der Tathandlung vollzogenen Bestimmungsleistungen der Subjekte
und ihre Verknüpfung zu einem systematischen Zusammenhang. Die
Philosophie schaut also den zugrundeliegenden Operationen der ersten
Reihe nicht einfach zu, sie stellt sie konstruktiv dar; sie experimentiert.
(WNM 9) Der 1. Grundsatz der Wissenschaftslehre von 1794 würde unter
diesen Voraussetzungen die *Idee* der un-bedingten Tathandlung, der absoluten Selbstbestimmung ausdrücken: "*Das Ich setzt ursprünglich
schlechthin sein eignes Sein.*" (WL 18) Damit wird die Fähigkeit, sich selbst
zu einer Handlung zu bestimmen (sua sponte), die Selbständigkeit des
Tuns oder die "Kausalität durch Freiheit" in dichtester Form ausgedrückt.
Das Ich dieses 1. Grundsatzes versteht sich daher nicht als Tat-Sache,
weder als Substanz noch als Seelenprovinz, sondern weiterhin als Tat-
Handlung - allerdings in der philosophischen Darstellungsform der Idee
(der idealisierten Vorstellung) einer unbedingten und absolut selbstbestimmten Tätigkeit. Auch für diesen Vorschlag können wir uns Fichtes
Zustimmung einholen: Das Ich des ersten Grundsatzes "muß betrachtet
werden als etwas notwendig denkbares, als etwas ideales..." (WNM 23)
Aber schon aus der experimentellen Aufforderung zur Tathandlung ergab
sich in der realen Reihe, daß der Operationsmodus des sich selbst
> >Setzens< < unabdingbar verkoppelt ist mit dem gegenläufigen Mo-
dus des > >Entgegensetzens< <. Ohne diesen zweiten Operationsmodus hätte das Ich nur die Gestalt der *bloßen* Idee: "...das reine Ich ist in
diesem Sinne nichts wirkliches..." (WNM 23) Aber: "Das Bewußtsein des
Ich ist nicht ohne Bewußtsein des NichtIch." (WNM 38) Auf dem Zu-

---

5. "Die Wissenschaftslehre stellt zuerst auf ein Ich, dies will sie aber nicht analysieren; dieß
würde eine leere Philosophie sein, sondern sie läßt dieses Ich nach seinen eigenen Gesetzen
handeln, und dadurch eine Welt construiren, dieß ist keine Analyse, sondern eine immer
fortschreitende Synthese." (WNM 28)

sammen- und Gegenspiel von Ich und Nicht-Ich "beruht der ganze Mechanismus des menschlichen Geistes." (WNM 42) Es sind die beiden elementaren Modi der Operation: > >Bestimmen< <. "Soll ich etwas anschauen und denken, so muß ich es entgegensetzen." (WNM 37) Der zweite Grundsatz der Wissenschaftslehre von 1794 macht den Rang der zweiten Operation, der Abgrenzung von der philosophisch abstrakt gefaßten Gegenständlichkeit überhaupt (Nicht-Ich) geltend. "..*dem Ich* (wird) *schlechthin entgegengesetzt ein Nicht-Ich.*" (WL 24)[6] Fichte trägt ein einfaches Argument dafür vor, warum der erste dem zweiten Grundsatz vorgeordnet wird, obwohl der eine ohne den anderen etwas "unwirkliches" der andere ohne den einen gar nichts darstellt: Das reine Ich des ersten Grundsatzes bedeutet die für sich darstellbare und kontrafaktische Reinvorstellung einer einheitlichen, allgemeinen und völlig unbedingten Selbsttätigkeit. Gegenständlichkeit überhaupt können wir hingegen niemals unabhängig von der Operationsbasis des Ich (Kants "Ich denke") erfahren. "Aber das NichtIch kann nicht gedacht werden, außer in der Vernunft. Das Ich ist das erste, das NichtIch das zweite, drum kann man das Ich abgesondert denken, aber nicht das NichtIch." (WNM 62) Die selbständig bedeutsame Problemstellung des dritten Grundsatzes wird durch die beiden anderen vorgezeichnet: Es muß eine Bestimmung des gleichwohl vorhandenen Zusammenhangs des Gegensatzpaares Ich und Nicht-Ich geliefert werden. Die Frage ist ja noch offen: "wie lassen A und -A, Sein und Nicht-Sein. Realität und Negation (Setzung und Entgegensetzung - J.R.) sich zusammendenken, *ohne daß sie sich vernichten und aufheben.*" (WL 28 - Herv. v. mir; J.R.) Ohne, daß sie sich vernichten und aufheben! Ohne, daß ein absoluter Idealismus das Nicht-Ich am Ende doch im Ich verschwinden läßt! "Es sollen durch sie (d.i. die im 3. Grundsatz philosophisch dargestellte Handlung - J.R.) das entgegengesetzte Ich, und Nicht-Ich vereinigt, gleichgesetzt werden, ohne daß sie sich gegenseitig aufheben." (WL 28) Wir müssen hier die Frage offenlassen, ob Fichtes Fassung des dritten Grundsatzes , demzufolge das Ich in sich dem teilbaren Ich ein teilbares Nicht-Ich entgegensetzt (WL 30) und damit auf die konstitutive Rolle der Kategorie der > >Quantität< < verweist, den Ansprüchen auf eine Verhältnisbestimmung von Ich und Nicht-Ich

---

6. Damit ergeben sich erneut hinlängliche Gelegenheiten für die Auseinandersetzung mit inneren Gegenläufigkeiten des Fichteschen Denkens. Wie verhält es sich mit der Eigenständigkeit des Nicht-Ich? Absoluter Idealismus? "Das NichtIch ist also nichts anderes, als bloß eine andere Ansicht des Ich." (WNM 42) Transzendentaler Idealismus? "Ich kann keine Materie hervorbringen oder vernichten, ich kann nicht machen, daß sie mich anders afficire, als sie ihrer Natur nach thut. Entfernen oder annähern kann ich sie wohl." (WNM 69)

tatsächlich genügt. Jedenfalls hat Fichte selbst die Frage nach dem inneren (implikativen) Zusammenhang von Momenten, die gleichwohl in einem strikten Ausschlußverhältnis zueinander stehen, so gestellt, daß der absolut-idealistische Gedanke des letztendlichen Eingeschlossenseins des Nicht-Ich im Ich keineswegs zwangsläufig auftauchen muß. (o.a.) Leichter festzuhalten ist, daß die drei Grundsätze *zusammen* Form (Syntax) und Inhalt (Semantik) der Praxis des Bestimmens im Zuge der Gegenstandserfahrung auf höchstem Abstraktionsniveau ausdrücken. Festzuhalten ist überdies die Doppelstruktur der Operation des Bestimmens: Auf der einen Seite hängt sie von den aktiven (bestimmenden) Anteilen des Subjekts bei der Erfahrung von Gegenständen ab, die gleichwohl unsere Erfahrungsgehalte bestimmen (beeinflussen).[7] Auf der anderen Seite steckt darin die allgemeinere Frage nach der Möglichkeit der praktischen Selbstbestimmung (Autonomie; Spontaneität) im Verhältnis zu den äußeren Abhängigkeiten des Willens (Bestimmtsein als Heteronomie). Fichte hat die Tathandlung in der "realen Reihe" als Theorie-Praxis-Einheit demonstriert. (Reflexion als Wissen um sich bei gleichzeitiger Bestimmung seiner selbst zum Handeln) Genau genommen ist die im Dialog angeregte *praktische* Selbstbestimmung zu einer Handlung der Ausgangspunkt der Tathandlung, die jedoch zugleich das grundsätzliche *Wissen* um den Akt als eigenen demonstriert. Die Vorrangstellung der Praxis (Selbstbestimmung; Freiheit) in einer Grundstruktur, die weder im Falle der Tathandlung noch im Falle der Grundsätze *allein* durch die Praxis der Selbstbestimmung hinreichend erfaßt ist[8], hat Fichte immer wieder betont: "Handlung ist Tätigkeit, der unaufhörlich widerstanden wird, und nur diese Synthesis des Widerstands (durch das Nicht-Ich - J.R.) ist es, durch die eine Thätigkeit des Ich anschaubar wird." (WNM 63) - "Die Erfahrung bezieht sich auf Handeln, die Begriffe entstehen durch Handeln, und sind nur um des Handelns willen da, nur das Handeln ist absolut." (WNM 61)

2. Deduktion des anderen Ich?

Auf das schwierige Verhältnis zwischen einer rationalistisch überbeanspruchten > >Deduktion< < und dem experimentellen Verfahren bei der > >Demonstration< < durch Anregung zur Tathandlung kann man

---

7. Die Einflüsse des Nicht-Ich bei der Gegenstandserfahrung thematisiert Fichte durch seine erkenntnistheoretischen Schlüsselfrage nach dem "Grund des Systems der vom Gefühle der Notwendigkeit begleiteten Vorstellungen..." (1. EL 10)
8. Es ist immer die Seite der Abhängigkeit vom Nicht-Ich bei der Gesamtstruktur mitzudenken und damit bis zum Wechselverhältnis von Ich und Nicht-Ich weiterzugehen, um die Struktur als Ganze zu erfassen.

an verschiedenen Stellen des Fichteschen Werks stoßen. Natürlich auch
in jenen Schriften, welche der *Konkretisierung* der hohen Abstraktionen
des Grundsätzlichen dienen. Fichte beansprucht in seiner > >Grundlage
des Naturrechts nach Prinzipien der Wissenschaftslehre< < (1796) gewiß
eine Deduktion von Rechtsverhältnissen im strengen Sinne der logischen
Ableitung aus Prinzipien, eben aus den Grundsätzen der Wissenschaftslehre von 1794.[9] Ich belasse es jedoch bei dem abgeschwächteren Begriff
der Konkretisierung. Dieser soll ein hermeneutisches Widerspiel zwischen
Struktur und Einzelheiten anzeigen. Das durch die Grundsätze abge-
steckte Muster wird zur Untersuchung eines bestimmten Feldes in sich
ausdifferenziert, zugleich aber wird es im Verlauf der Untersuchung erweitert und rearrangiert. So gesehen ließe sich der Weg in die Naturrechtslehre auch als ein "Herabsteigen von der Begriffssphäre der Merkmale des reinen Ich zu der niederen engeren und somit konkreteren und
inhaltlich reicheren Merkmalssphäre des individuellen Ich" (Düsing 1986,
266) beschreiben. Der allerelementarste Differenzierungsschritt in diese
Richtung bestünde dann in der Aufteilung des Nicht-Ich in dingliches und
personales Nicht-Ich, in Dingwelt und anderes Ich. Auch hier prallen wir
alsbald auf das Fichtesche Deduktionsverständnis: Erhebt Fichte in seiner
Naturrechtslehre nicht weitreichende Ansprüche auf eine heute so genannte und gescholtene "egologische Begründung" (Deduktion) von Intersubjektivität? Dieser geht es ja darum, das Wechselverhältnis zwischen
den einzelnen Subjekten seinerseits aus den grundlegenden Operations-
mustern des Ich (Bewußtseins überhaupt) abzuleiten. Dementsprechend
stellt Fichte in seiner Naturrechtslehre immer wieder einmal die Frage,
wie wohl das einzelnen Subjekt dazu komme, *"auch andere endliche Vernunftwesen außer sich anzunehmen."* (GN 30) Ich entnehme der
> >Grundlage des Naturrechts< < jedoch eine fruchtbarere Beweisab-
sicht als die an den Austromarxisten Max Adler oder den Phänomenolo-
gen Alfred Schütz erinnernde Programmatik, das andere Ich den
Bewußtseinsfunktionen oder Erlebnissen des einen entspringen zu lassen:
Es geht genauso nachdrücklich um die Demonstration des Sachverhalts,
daß sich die Selbständigkeit des Individuums nur in der Interaktion mit
ihrerseits autonomen und die Autonomie der anderen selbständigen Subjekte (Fichte:"Vernunftwesen") anerkennenden Interaktionspartnern herausbilden kann. Unter der Voraussetzung und im syntaktisch-semanti-

---

9. Bei einer genaueren Untersuchung des Fichteschen Deduktionsbegriffes wäre sicherlich
darauf zu achten, daß auch das Kantische Verständnis von Deduktion eine Rolle spielt.
Damit ist nicht die Ableitung von Folgesätzen aus Voraussetzungen, sondern eine Antwort
auf die Frage gemeint, mit welchem Recht (quid iuris) wir uns bestimmter Kategorien des
Denkens bedienen.

schen Rahmen der drei Grundsätze der Wissenschaftslehre wird ein bestimmter Typus der Interaktion: *reine Anerkennung* als die Bedingung der Möglichkeit einer Ständigkeit des Selbst der Individuen demonstriert. Also könnte die Grundfrage der ersten bildungsphilosophisch relevanten Teile der Fichteschen Naturrechtslehre genauso gut so buchstabiert werden: Wie muß (auf der Folie der Syntax und Semantik der drei Grundsätze) das Wechselverhältnis zwischen Ich und anderem Ich aussehen, damit die Selbständigkeit der Individuen gefördert und nicht beeinträchtigt wird?

Ein "vernünftiges Wesen" wäre *Subjekt*. Das bedeutet ein Individuum lediglich, "inwiefern es sich *als seiend setzt*, d.h. inwiefern es seiner selbst sich bewußt" und selbstbestimmter Handlungen fähig ist. (GN 2) Ein vernünftiges Wesen verfügt also über das Vermögen der Reflexion. Die >>Deduktion des Begriffs vom Rechte<<, das erste Hauptstück der Naturrechtslehre Fichtes (GN 17-55), hebt mit der Tathandlung des je einzelnen Subjekts an. Darin hat sich ja auf der einen Seite die Möglichkeit offenbart, "sich selbst zu einer Handlung zu bestimmen", andererseits die Grundstruktur jener Operationsmodi der Reflexion, welche in den Grundsätzen der Wissenschaftslehre philosophisch rekonstruiert wurden. Es handelt sich also um nichts mehr und nichts weniger "als die Merkmale, die wir oben als Bedingungen des Selbstbewußtseins aufgezeigt haben: daß nämlich eine in sich zurückgehende Tätigkeit sei oder eine solche, die ihren letzten Grund im Vernunftwesen selbst habe, daß diese endlich sei, und begrenzt, und daß sie als begrenzte, d.h. im Gegensatze und Beziehung mit dem Begrenzenden gesetzt werde, als welches bloß dadurch, daß überhaupt über sie reflektiert wird, geschieht." (GN 20) Noch steht dieses Vernunftwesen ziemlich einsam da. Doch in der ersten Reihe der Tathandlung ebenso wie in der zweiten Reihe der philosophischen Rekonstruktion ihrer Operationsmodi hat sich gezeigt, daß dem Ich keine Wirklichkeit und Wirksamkeit "ohne ein Objekt, auf welches diese Wirksamkeit gehen soll", zugeschrieben werden kann. (GN 30) Reflexion, so hat die Wissenschaftslehre demonstriert, ist nur möglich, "wenn das vernünftige Wesen in einem und demselben ungeteilten Momente (!) sich eine (freie - J.R.) Wirksamkeit zuschreiben, und dieser Wirksamkeit entgegensetzen", d.h.: sich am entgegengesetzten Nicht-Ich überhaupt erst fühlen und erfahren kann. (GN 30 f.) Wie kann man sich also - analog zur Fragestellung des dritten Grundsatzes - eine Vorstellung von der Gegenläufigkeit zwischen Selbstbestimmung und Bestimmtwerden (durch das Nicht-Ich) machen, ohne das Ich im Bestimmtwerden aufgehen zu lassen?[10] Beide gegenläufige Tendenzen, so antwortet Fichte kurz und bündig, Autonomie und Heteronomie, sind "vollkommen", in einer idealen Form "vereinigt, wenn wir uns denken ein *Bestimmtsein des Subjekts zur Selbstbestimmung*, eine Aufforderung an dasselbe, sich zu einer (selbstbestimmten - J.R.) Wirksamkeit zu entschließen." (GN 33) Diese Aufforderung entspricht natürlich der zur Tathandlung im Dialog zwischen Ego und Alter, womit die erste Reihe anhebt.[11] (s.o.) Die Aufforderung zur Tathandlung stellt gewiß einen Versuch dar, das Handeln (mindestens) eines anderen Subjekts zu bestimmen (zu beeinflussen); die Folgen dieser Anregung decken sich jedoch nicht einfach mit der Art eines kausalen Anstosses, sondern bestehen in der ihrerseits freien Entscheidung des aufgeforderten Subjekts, sein Vermögen der Selbstbestimmung auszuüben. Alter als Vernunftwesen "soll durch die Aufforderung keineswegs bestimmt, necessitiert werden, wie es im Begriffe der Kausalität das Bewirkte durch die Ursache wird, zu handeln, sondern es soll nur zufolge derselben sich selbst bestimmen." (GN 36) Es wird ihm mithin auf dem Wege der Aufforderung zur Tathandlung ein *Grund* zur Annahme und zur Selbstbestimung der praktischen Folgen aus der Annahme des Grundes im Dialog vorgeschlagen. Der Auffordernde muß dabei setzen, der Adressat der Anregung könne diese "verstehen und begreifen." (GN 36) Umgekehrt muß natürlich diese appellierende Instanz "notwendig den Begriff von Vernunft und Freiheit haben; also selbst ein der Begriffe fähiges Wesen, eine Intelligenz, und, da eben erwiesenermaßen dies nicht möglich ist, ohne Freiheit, auch ein freies, also überhaupt ein vernünftiges Wesen sein, und als solches gesetzt werden." (Ibid.) Als "der Begriffe fähiges Wesen" sind sie der Sprache mächtig. Der besondere Charakter des Wechselverhältnisses von Bestimmen und Bestimmtwerden in der Interaktion zwischen Intelligenzen läßt sich also auch so kennzeichnen: Welches Wechselverhältnis (3. Grundsatz) ist bei einem Wesen anzunehmen, das allemal vom Nicht-Ich abhängig bleibt

---

10. Die Position, die alles in den Selbstbestimmungsakten des Ich aufgehen läßt, nennt Fichte > >Idealismus< <, die Position, welche die Spontaneität des Ich als bloßen Effekt bestimmender Einflüsse begreift, nennt er > >Dogmatismus< <. Seine eigene Denkweise, der > >Ideal-Realismus< < oder > >Real-Idealismus< < oder > >transzendentale Idealismus< < steht für ihn quer dazu!

11. Dem Einwand, daß damit eine Zirkelargumentation durchlaufen würde - eine Reflexion muß schon bei Ego vorausgesetzt werden, um zu beweisen, daß es sie gibt - kann Fichte auf die gleiche Weise begegnen wie er ausdrücklich dem Regressargument bei der Auffassung der Reflexion als Widerspiegelung des Ich durch ein Ich, das ein Ich widerspiegelt, das ein Ich widerspiegelt,das...ad infinitum begegnet: Es geht nicht um Ableitungen aus Voraussetzungen, sondern um die Demonstration eines Vermögens bei Alter, das Alter u.U. bezweifelt. Zu Fichtes Umgangsformen mit dem Regressargument s.z.B. WNM 30 oder WNM 50.

(endliches Wesen gemäß dem 2. Grundsatz) und zwar so, daß die größt-
mögliche Annäherung an die Idee des autonomen Willens (1. Grundsatz)
erreicht wird? Nur die > >Bestimmung zur Selbstbestimmung< < genügt den damit gesteckten Anforderungen. Diese Aufforderung zur freien
Tätigkeit entspricht zugleich dem, "was man Bildung nennt." (GN 39) Von
daher drängt es sich geradezu auf, die > >Deduktion des anderen
Ich< < nicht als den Versuch zur Ableitung der Existenz der Anderen
aus Bewußtseinsvorgängen des Ego weiterzuverfolgen, sondern als eine
Konkretisierungsstrategie für die drei Grundsätze zu lesen, welche zu einer Verhältnisbestimmung von Reflexion und Interaktion, Subjektivität
und Intersubjektivität führen soll. Diese impliziert zugleich den
Fichteschen Begriff der Anerkennung.

Bildung bedeutet das Werden zum Subjekt, also den Sozialisationsprozeß
unter dem (normativen) Gesichtspunkt der Chancen zur Ausbildung der
Reflexion unter dem Eindruck bedeutsamer Anderer. Diesem
sozialisationsphilosophischen Aspekt trägt Fichtes Lehre der Aufforderung zur Selbständigkeit ausdrücklich Rechnung: "Die Aufforderung zur
freien Selbsttätigkeit ist das, was man Erziehung nennt." (GN 39) An sich
spielt die Aufforderung zur Selbständigkeit ihre maßgebliche Rolle bei
der Behebung erkenntnistheoretischer Zweifel an der Ständigkeit des
Selbst. Zudem setzt sie eine symmetrische Beziehung zwischen
"Intelligenzen", also Wesen mit entwickeltem Selbstbewußtsein voraus.
Für jedes dieser Subjekte gilt: "Der Grund der Wirksamkeit des Subjekts,
liegt zugleich in dem Wesen *außer ihm* und in ihm selbst..." (GN 41) Das
läßt sich als Ausdruck für jene > >Bestimmung zur Selbstbestim-
mung< < genannte Konstellation begreifen. (s.o.) Doch die Aufforderung zur Selbständigkeit bedeutet zugleich das Konstitutionsprinzip
und das Telos der Aus-Bildung der Reflexion innerhalb der asymmetrischen Beziehung (Interaktion) zwischen Erziehern und Zöglingen. Diese
Asymmetrie hat keineswegs zwangsläufig die Struktur von Abhängigkeit in
Herrschaftsverhältnissen (obwohl gerade dies das empirisch vorherrschende Phänomen sein mag), sondern des "Angewiesenseins auf" - so wie
etwa das Kind auf die Fürsorge der Eltern angewiesen ist. Auch der Bildungsprozeß impliziert von Anfang an den Modus der *Entgegensetzung*
gegen das Nicht-Ich als anderes Subjekt. "Das Subjekt muß sich" von dem
anderen Vernunftwesen "durch Gegensatz unterscheiden." (GN 41) Das
Individuum als wie immer auch unentwickeltes Subjekt ist eben "das
durch Entgegensetzung mit (mindestens - J.R.) einem anderen vernünftigen Wesen bestimmte Vernunftwesen; und dasselbe ist charakterisiert durch eine bestimmte, ihm ausschließlich zukommende Äußerung
der Freiheit." (GN 42) Allerdings ist > >Gegensatz< < eine Kategorie,

die in unserer von Antagonismen durchzogenen Gesellschaft mit negativen Wertungen geradezu aufgeladen wird. Empirisch ist der Anatagonismus zweifellos ein prägendes, wenn nicht gar das vorherrschende Element in Sozialisationsprozessen. Doch die Tathandlung als Ausübung des allen Subjekten zukommenden Vermögens der Reflexion demonstrierte zugleich die Notwendigkeit der *produktiven* Entgegensetzung als Bestandteil der Operation des > > Bestimmens < <. Im Bildungsprozeß gilt dementsprechend für das Verhältnis von Ich und anderem Ich: Nur indem die einen die anderen zur Ausbildung ihrer Selbständigkeit anregen, treten sie in der Form auseinander (> > Gegensatz < <), daß sie zugleich produktive (bildende), nicht zerstörerische Beziehungen zueinander unterhalten können. Insofern sind positive Wertigkeiten bei der Entgegensetzung ausdrücklich anzunehmen![12] *"In dieser Unterscheidung durch Gegensatz wird durch das Subjekt der Begriff seiner selbst, als eines freien Wesens, und der des Vernunftwesens außer ihm, als ebenfalls eines freien Wesens, gegenseitig bestimmt und bedingt."* (GN 42) Der Bildungsprozeß hängt zudem von Empathie und dennoch auch von produktiven Gegensätzen in der Form zur Selbständigkeit anregender Anstösse durch erziehende Subjekte ab. "Hätte jenes (das bildende Subjekt - J.R.) nicht gewirkt, und dadurch das (zu bildende - J.R.) Subjekt zur Wirksamkeit aufgefordert, so hätte dieses selbst auch nicht gewirkt." (GN 41) > > Bestimmung zur Selbstbestimmung < < kann als Ausdruck für den entscheidenden Schritt zur Konkretisierung der allgemeinen Verhältnisbestimmung von Ich und Nicht-Ich durch die drei Grundsätze in den Bereich der Interaktionen zwischen Subjekten verstanden werden. Die besondere Zielrichtung dieser Konkretisierungsschritte wird in der Fichteschen Naturrechtslehre allerdings durch den Begriff der > > Rechtsverhältnisse < < abgesteckt. In deren Rahmen gelten die Gegensätze (ähnlich wie bei Kant) vor allem als Ausschlußbeziehungen der freien Willensäußerungen in der Sinnenwelt. "Nur durch Handlungen, Äußerungen ihrer Freiheit, in der Sinnenwelt, kommen vernünftige Wesen in Wechselwirkung miteinander: der Begriff des Rechts bezieht sich sonach nur auf das, was in der Sinnenwelt sich äußert: was in ihr keine Kausalität hat, sondern im Innern des Gemüts verbleibt, gehört vor einen anderen Richterstuhl, den der Moral." (GN 55) In diesen Sätzen kommt zunächst Fichtes strenge Trennung von Recht und Moral ebenso wie die

---

12. Man kann es als eine Einseitigkeit der Fichteschen Naturrechtslehre ansehen, daß diese die Seite des Kampfes und der Repression in Erziehungsprozessen nicht ausdrücklich genug thematisiert. Allerdings wird diese Kehrseite erst auf der Folie einer Idee gelingender Individuierung im Bildungsprozeß als solche darstellbar.

Strukturvorgabe durch den dritten Grundsatz zum Ausdruck, der ja das Verhältnis von (endlichem) Ich und (bestimmtem) Nicht-Ich mit den Kategorien *Schranke* und *Quantität* fassen will. Der sog. "Rechtssatz" bei Fichte macht dies besonders klar: "*Ich muß das freie Wesen außer mir in allen Fällen anerkennen als ein solches, d.h. meine Freiheit durch den Begriff der Möglichkeit seiner Freiheit beschränken.*" (GN 52) Aber im gleichen Zusammenhang wird die Spaltung zwischen Recht und Moral auch aufgehoben! Denn in dieser Fassung des Rechtssatzes taucht schon der Begriff der > >Anerkennung< < auf, der - auch bei Fichte! - geradezu eine Brückenfunktion zwischen Recht und Moral übernimmt. Nicht allein, daß das Anerkennungskonzept mehr als Anstöße zum Verhalten im Sinne einer Wechsel-*Wirkung* zwischen Ich und anderem Ich, mehr auch als technische Imperative der geschickten Umgangs mit Körpern und/oder pragmatische Imperative der klugen Abwägung von Vor- und Nachteilen bei der Einräumung von Verhaltensspielräumen für andere meint, es verbindet überdies rechtsphilosophische mit autonomietheoretischen Thesen der Ethik. Die rechtsphilosophische Konkretisierung der Grundsätze mündet nach meiner Auffassung also in der Auszeichnung von (reiner) > >Anerkennung< < als dem *sittlichen* Grundtypus der Interaktion aus. Er macht zugleich den Beziehungsmodus zwischen Individuen aus, dem gelingende Individuierung zum Subjekt zugerechnet wird. "Keines kann das andere anerkennen, wenn nicht beide sich gegenseitig anerkennen: und keines kann das andere behandeln als ein freies Wesen, wenn nicht beide sich gegenseitig so behandeln." (GN 44) Darin steckt wahrlich mehr als nur der geschickte Umgang eines Spielers mit einem Gegenspieler! Es steckt darin die *ethische* Fundamentalnorm der Anerkennung, die zugleich auf die Möglichkeit und Wirklichkeit einer Verkehrsform von Individuen verweist, wodurch die Selbständigkeit der Gegenüber aktiv und sensibel (empathisch) gefördert wird. Daran hat auch Fichte keinen Zweifel gelassen, wie zwei seiner Äußerungen aus der Naturrechtslehre[13] dokumentieren mögen: " *Ich kann einem bestimmten Vernunftwesen nur anmuten, mich für ein vernünftiges Wesen anzuerkennen, inwiefern ich selbst es als ein solches behandle.*" (GN 44) Das gilt nicht nur für Interaktionen zwischen bestimmten Menschen, sondern für menschliche Beziehungen überhaupt, sollen sie eine über Zweckrationalität hinausreichende Prädikation als "vernünftig" verdienen: "*Aber ich muß allen vernünftigen Wesen außer mir, in allen möglichen Fällen anmuten, mich für ein vernünftiges Wesen anzuerkennen.*" (GN 45) Reine Anerkennung beinhaltet offenkundig mehr als nur das Einräumen von Freiheitsspielräumen für die Willens-

---

13. > >Naturrecht< < ist ja eine Kategorie, die traditionell auf einen bestimmten Zusammenhang zwischen Moral und Recht (Politik) abstellt!

äußerungen von anderen, sondern darüber hinaus die Achtung der Würde des anderen Subjekts durch die Praxis der Unterstützung seiner Selbständigkeit. Mithin ist das genaue Gegenteil von Selbstbehauptungsstrategien angesichts von Gegenspielern gemeint. Die Instrumentalisierung anderer Subjekte wird ausgeschlossen. Moralisch ausgeschlossen werden also: Gewalt, Unterwerfungspraktiken, ausschließende Aneignung, Manipulation - kurz: alle Mechanismen und Muster der Behandlung anderer als bloßer Mittel für die je eigenen Zwecke. Mithin wirken die freien Wesen "unter der Voraussetzung aufeinander", daß die Gegenüber in der Interaktion "einen Sinn" und Zweck an sich selbst haben, also nicht "wie auf bloße Sachen, um einander durch physische Kraft für ihre Zwecke zu modifizieren." Ausgeschlossen ist die "Einwirkung durch Zwang." (GN 69)

Fichtes > >Intelligenzen< < sind alles andere als reine Kopfwesen. Sie haben Vernunft *und* Leib. Dementsprechend lautet der vierte Lehrsatz seiner Philosophie des Naturrechts: "*Das vernünftige Wesen kann sich nicht als wirksames Individuum setzen, ohne sich einen materiellen Leib zuzuschreiben, und denselben dadurch zu bestimmen.*" (GN 56) Dieses Verhältnis zur Natur über den eigenen Leib ist zugleich ein gesellschaftliches Verhältnis. Das wird im fünften Lehrsatz der Naturrechtslehre ausgesprochen: "*Die Person kann sich keinen Leib zuschreiben, ohne ihn zu setzen, als stehend unter dem Einflusse einer Person außer ihr, und ohne ihn dadurch weiter zu bestimmen.*" (GN 61) Anerkennungsverhältnisse in der Interaktion sind keine rein sprachlich-ideellen Verkehrsformen. Sie beinhalten allemal Prozesse der wechselseitigen Beeindruckung der Körperlichkeit des Subjekts.

Bestimmung zur Selbstbestimmung, damit (reine) Anerkennung, bedeutet für Fichte das Interaktionsmuster, welches Sozialisationsvorgänge zu Bildungsprozessen (des Subjekts) macht. Dabei hat > >Anerkennung< < einen normativ-analytischen Doppelstatus. Anerkennung bedeutet nicht nur - normativ - einen Interaktionstypus, welcher an der Reflexion der Subjekte sein Maß und sein Telos findet, er versteht sich - empirisch - als ein Interaktionsprozeß, der die Selbständigkeit der Einzelnen faktisch ermöglicht und unterstützt. "Ich käme gar nicht zum Selbstbewußtsein, außer zufolge der Einwirkung eines vernünftigen Wesens außer mir auf mich." (GN 73 f.) Dabei ist ein entscheidender Punkt hervorzuheben: Im Einklang mit seinem Konzept von der Aufforderung zur Selbstständigkeit geht Fichte davon aus, daß schon bei den allerersten Anregungen in Sozialisationsprozessen von einer *Reziprozität* der selbständigen Lebensäußerungen ausgegangen werden muß: Es gilt "also, daß er (der Andere - J.R.) schon in jener ersten ursprünglichen Einwirkung, in welcher ich von ihm abhänge, zugleich von mir abhängig sei; daß demnach schon jenes *ursprüngliche* Verhältnis eine Wechselwirkung sei." (GN 74) Dem fügt Fichte - nach dem Vorbild Herders - die anthropologische Grundthese von der prinzipiellen Bildsamkeit der Menschengattung hinzu. Was - via Nietzsche - in der späteren philosophischen Anthropologie (z.b. bei Gehlen oder Plessner) die Darstellung des Menschen als "nicht festgestelltes Tier", "Mängelwesen" oder "sekundärer Nesthocker" bedeutet, hat Fichte so dargestellt: Wenn der Mensch ein Tier ist, "so ist er ein äußerst unvollkommenes Tier, und gerade darum ist er kein Tier." (GN 81) Gerade sein Charakter als nicht von Natur aus festgestelltes Wesen bedingt seine breiten Handlungsmöglichkeiten und seine grundsätzliche Bildsamkeit: "Die Natur hat alle ihre Werke vollendet, nur von dem Menschen zog sie die Hand ab, und übergab ihn gerade dadurch an sich selbst. Bildsamkeit als solche ist der Charakter der Menschheit." (GN 80) Der *spezifische* Charakter der Bildsamkeit zum Subjekt liegt jedoch in der (möglichen) Bestimmung zur Selbstbestimmung, die nur um den Preis der Selbstzerstörung innerhalb der empirisch vorherrschenden Repression völlig aufgelöst werden könnte. Die Bestimmung zur Selbstbestimmung bedeutet den *gesellschaftlichen* Prozeß des (möglichen und zugleich lebensermöglichenden) Werdens des Individuums zum selbständigen Subjekt (Einzelheit). Denn durch die anthropologische "Hilflosigkeit ist die Menschheit an sich selbst, und hier zuvörderst die Gattung an die Gattung verwiesen." (GN 82) (Reine) Anerkennung weist insofern über die Besonderheit von Interaktionen hinaus. Auch Fichte denkt letztendlich - wiederum dem Grundgedanken der Kantischen Ethik entsprechend - an gesellschaftliche Organisationsprinzipien, welche den Interaktionstypus der reinen Anerkennung stützen, nicht untergraben. Seine Überlegungen münden daher im "Postulat" aus, "daß Gemeinschaft zwischen freien Wesen als solchen fortdauernd stattfinden soll." (GN 87)

3. Forschungsprojekte im Geiste des Grundsätzlichen?

Es wäre sicherlich leicht möglich, auf den Sachverhalt aufmerksam zu machen, daß Fichtes Naturrechtslehre asymmetrischen Anerkennungsbeziehungen oder gar der Gewalt in sozialen Verhältnissen nicht die Rechnung trägt, welche die Wirklichkeit von Gesellschaften durchweg aufmacht. Die Verbindungslinien des Anerkennungskonzepts zur Wirklichkeit von Kampfbeziehungen in der Interaktion und/oder zur sozialstrukturellen Realität macht- und gewaltgestützter Chancen der einen Gruppe, sich die Mehrprodukte und Mehrleistungen der anderen anzueignen, werden von Fichte sicherlich weniger deutlich gezogen als von

Hegel. Das muß seinen bildungsphilosophischen Grundgedanken der Bestimmung zur Selbstbestimmung überhaupt nicht entwerten. Es könnte
allerdings fraglich sein, ob der normativ-analytische Begriff der
> >Anerkennung< < tatsächlich noch im Bereich empirischer Untersu-
chungen tragfähig bleibt. Es könnte sich zudem als äußerst fragwürdig
erweisen, ob Fichtes eigenes Schritte in den Bereich der Untersuchung
empirischer Institutionen hinein nicht Folgen zeitigen, die das Grundsätzliche selbst problematisieren. Ein solcher Verdacht drängt sich geradezu
auf, wenn wir Fichtes Naturrechtslehre bis auf die Stufe von Aussagen
über historisch-empirische Einzelheiten völker-, staats-, familien- und
zivilrechtlicher Regeln und Institutionen verfolgen. Dort geht er auch auf
das Geschlechterverhältnis - wie er sagt: "auf das gegenseitige Rechtsver-
hältnis beider Geschlechter überhaupt im Staate" - ein. (GN 339-349)
Auch diese Überlegungen werden letztendlich am Grundsätzlichen fest-
gemacht, das mit Hilfe des Anerkennungskonzepts auf die Einzelheiten
des Falles übertragen wird. Fichte zieht an dieser Stelle in der Tat ganz
strenge Konsequenzen (Deduktion), die durch die Allgemeinbestimmun-
gen seines Anerkennungsbegriffs schlicht und einfach vorgezeichnet sind.
Seine Ausgangsfrage: "Hat das Weib die gleichen Rechte im Staate, welche der Mann hat?", zielt auf das, was sein soll, nicht darauf, was gesellschaftlich der Fall ist. Seine bündige Antwort lautet: Diese Frage muß
"schon als Frage lächerlich scheinen." (GN 339) Aus den Grundsätzen
und Grundlagen der Anerkennungsphilosophie folgt wirklich mit aller
Strenge der logischen Ddeduktion: "ist der einzige Grund aller Rechts-
fähigkeit, Vernunft und Freiheit, wie könnte zwischen zwei Geschlechtern,
die beide dieselbe Freiheit besitzen, ein Unterschied im Rechte stattfinden?" Daß dem die gesellschaftlichen Verhältnisse nicht entsprechen und
entsprochen haben, das weiß natürlich auch Fichte. Denn er merkt ohne
Wenn und Aber an, daß "seitdem Menschen gewesen sind..., das
weibliche Geschlecht in der Ausübung seiner Rechte dem männlichen
nachgesetzt wurde." (Ibid.) Die Gleichberechtigung der Frauen muß auf
dem Boden der Fichteschen Freiheitslehre geradewegs als eine
Selbstverständlichkeit bestimmt werden: "Ob an sich dem weiblichen
Geschlechte nicht alle Menschen- und Bürgerrechte so gut zukommen, als
dem männlichen; darüber könnte nur die Frage erheben, welcher
zweifelte, ob die Weiber auch völlige Menschen seien." (GN 340) So weit,
so treffend! Doch genau an dieser Stelle bringt Fichte ein äußerst frag-
würdiges Wenn und Aber in seine Deduktion ein! "Aber darüber, ob und
inwiefern das weibliche Geschlecht alle seine Rechte ausüben auch *nur
wollen könne*, könnte allerdings die Frage entstehen." (Ibid.) Sie entsteht
doch tatsächlich für Fichte! Am Ende führen seine Antworten und

Ableitungen zu grimmigen Aussagen wie der, "daß die Weiber nicht für öffentliche Ämter bestimmt sind.." (GN 346) Allenthalben scheinen nun patriarchalische Denkmuster durch die Fäden der Deduktion hindurch. Niemand wird ernsthaft den Vorschlag machen, auf scharfe historische Ideologiekritik zu verzichten und *nur* nach den aktuell anregenden Seiten klassischer Diskurse zu suchen. Das gilt solange jedenfalls wie sich hinter der Ideologiekritik mehr als der akademieübliche Präsentismus und die mit ihm verschränkte Abrechnungshermeneutik verbergen. Aber folgt aus der unerläßlichen Ideologiekritik der Fichteschen Naturrechtslehre tatsächlich nur: Weg mit dem Grundsätzlichen innerhalb der Anerkennungsphilosophie und ab mit der Akte > >Fichte< < ins Archiv? Erfreulicherweise läßt sich diesem flinken Gestus mit Exempeln aus der aktuellen Sozialisationsforschung begegnen. Ich wähle als Beispiel aus der eindrucksvollen Schrift von J.Benjamin über die > >Fesseln der Liebe< < (FL) die psychoanalytischen Diskussionen über die Phase der "ersten Bindung" im Sozialisationsprozeß aus: Im klassischen Modell der Psychoanalyse erscheint die Psyche als Kraftfeld von libidinösen Trieben, Abwehrmechanismen und Verdrängungsvorgängen in das Unbewußte. Nach der Logik dieses Modells schreitet der Bildungsprozeß des Subjekts über Stadien der psychosexuellen Entwicklung fort, bis er im Ödipuskomplex unter der Dominanz der Vaterrolle seinen dramatischen Knotenpunkt erreicht. (Vgl. FL 131 ff.) J.Benjamin macht in ihrem Projekt zur Untersuchung der Vorgänge, wodurch patriarchalische Strukturen und Ansprüche "in den Herzen der Beherrschten verankert werden" Ergebnisse der feministischen Forschung gegen die bisherige psychoanalytische Einschätzung und Gewichtung der Vaterrolle geltend. (FL 9) Dazu gehört auch eine neue Betrachtungsweise der ersten Bindung, der allerersten Phase des Sozialisationsprozesses. Die erste Bindung besteht in unserer Kultur weitgehend in der Beziehung zwischen Mutter und Kind. Die klassische Psychoanalyse zeichnet für die ursprüngliche Mutter-Kind-Dyade oftmals ein Bild, wonach sich der Säugling in einer Art selbstlosem Zustand des > >primären Narziβmus< < befindet. In diesem Stadium mache sich daher der Gegensatz von Ich und Nicht-Ich noch garnicht bemerkbar, so daß von einer wie immer auch vorläufigen und unentwickelten Ständigkeit des kindlichen Selbst keine Rede sein könne. "In psychoanalytischen Arbeiten über die frühe Kindheit, über Ichbildung und Mutterschaft, erschien der Säugling bislang als passives, in sich zurückgezogenes, beinahe 'autistisches` Geschöpf." (FL 19) Ergebnisse empirischer Untersuchungen, die nicht nur Geltung für Industrieländer beanspruchen, lassen erhebliche Zweifel an der Vorstellung des primär narziβtischen und aufgrund seiner Nahrungsbedürfnisse oral fixierten

Säuglings aufkommen. Als problematisch erscheint sogar die von Margaret Mahler vertretene Auffassung, in den ersten Lebensjahren bestehe eine Art Symbiose zwischen Mutter und Kind, so daß der Bildungsprozeß nach dem Muster der Ausdifferenzierung einer ursprünglichen Einheit und als Ablösung des Kindes von der symbiotischen Ausgangsbeziehung zu denken sei. Sicherlich haben Einwände gegen diese Konstruktion zu bedenken, daß die erste Bindung - wenn sie als Aufforderung zur Selbständigkeitund somit als Anerkennungsverhältnis thematisiert werden kann - zweifellos eine asymmetrische Anerkennungsstruktur repräsentiert. Es kann beim Kind (noch) nicht von jener Ständigkeit des Selbst die Rede sein, worauf die Wissenschaftslehre mit ihrer Aufforderung zur Tathandlung im Dialog ausgebildeter Subjekte zielt. Aber auch das Gegenbild der vollständigen Unselbständigkeit und des kompletten Bestimmtseins des Kindes ist unangemessen! "Die Theorie der Ablösung und Individuation (bei M.Mahler - J.R.) bringt das Geschehen in der Beziehung zwischen dem Selbst und der Anderen am besten zur Geltung. Und doch wiederholt diese Theorie in der Beschreibung der Säuglingszeit die alte Vorstellung vom Baby, das niemals von der Mutterbrust aufblickt. Dieses Baby , das wie ein Vogel aus dem 'Ei der Symbiose' ausschlüpft, wird dann von der Mutter fürsorglich in die Welt geführt, ganz ähnlich wie in Freuds Idee, wonach das Ich erst durch den Druck der Außenwelt zur Existenz gebracht wird." (FL 21) Dagegen macht Jessica Benjamin Ergebnisse der Forschungen z.B. von Bowlby und Stern geltend, welche die Aufforderung zur Selbständigkeit und die selbständigen Reaktionen der Angeregten als einen Interaktionsmodus herausstellen, der von Anfang an in alle Bildungsprozesse eingelassen ist. Es gibt in der Tat eine Fülle von Untersuchungen und Deutungen, "die das psychoanalytische Bild vom passiven Säugling gründlich in Frage stellen." (FL 20) An dessen Stelle treten von Anbeginn an Aufforderungen zur Selbständigkeit, die auch den Säugling nicht einfach nur als passiven Empfänger triebrelevanter Reize erscheinen lassen. Das ist die Seite der symbolischen Interaktionen vom Typus reiner Anerkennung. Ihre unabdingbare andere ist das von Gefühlen getragene Einvernehmen mit den Gegenübern - sie besteht im "Zutrauen und der Gemeinsamkeit der ganzen individuellen Existenz."(Hegel 1955, § 163) [14] Reine Anerkennung ist in unserer Gesellschaft allerdings nicht das Beziehungsmuster, wovon man bei der Untersuchung tatsächlicher Sozialisationsprozesse *ausgehen* könnte. Es wird in der gesellschaftlichen Wirklichkeit von Mechanismen überlagert und in den Hintergrund gedrängt, die eine Verankerung von Herrschaft in der

---

14. Darin steckt natürlich Hegels Begriff der > > Liebe < < .

Psyche und damit beispielsweise einen > >Legitimationsglauben< < (Weber) bei den Beherrschten im Gefolge haben, der zu den Bestands- bedingungen bis hin zur Repression reichender Verhältnisse gehört. Es erscheint mir von daher zugleich empirisch zutreffend und terminologisch äußerst problematisch, wenn Anerkennungsverhältnisse schlechthin in Kategorien des *Kampfes* beschrieben werden.[15] Die Kampfkategorie trifft die gesellschaftliche Wirklichkeit agonal-asymmetrischer Anerkennungs- verhältnisse. Sie trifft insbesondere jenen Zusammenhang von gesamt- gesellschaftlicher Herrschaftsordnung und individuellen Motivationen, welcher sich in destruktiven Gegensätzen (Antagonismen) in der Form von Strategien der Selbst*behauptung* äußert. Über deren Wirklichkeit und Wirksamkeit muß in einer utilitaristischen Kultur nicht gestritten werden. Auch nicht darüber, daß sie die produktiven Gegensätze, die mit > >Bestimmung zur Selbstbestimmung< < als dem Prinzip der *Selbst*-Erhaltung gemeint sind, überlagern und verkehren. Doch dieser Umstand spricht keineswegs dafür, > >reine Anerkennung< < als bloße Utopie und nicht als eine notwendige Bedingung individueller Entwicklung anzu- sehen. Er spricht schon gar nicht für die blanke Gleichsetzung von Selbst- Erhaltung mit Selbsterhaltung! Zweifellos verkörpert auch die Mutter- Kind-Dyade durch die Abhängigkeit des Kleinkindes von Bezugspersonen eine asymmetrische Anerkennungsstruktur. Doch auch hier wäre Dialek- tik gegen eindimensionales Denken geltend zu machen: Aus dem Sach- verhalt des *Angewiesenseins* der einen Person auf die andere folgt weder logisch noch empirisch, die eine könne immer nur in einem *Un- terwerfungsverhältnis* zur anderen stehen - auch dann nicht, wenn die ge- gebenen gesellschaftlichen Verhältnisse diese Verschmelzung als äußerst wahrscheinlich vorkommen lassen! Ich denke, allein unter diesen Voraus- setzungen macht die von J.Benjamin gegen bestimmte Spielarten der Psychoanalyse vorgetragene Einwand Sinn, schon in den allerersten Pha- sen des Sozialisationsprozesses sei mit selbständigen Anteilen einer sich langwierig bildenden (kindlichen) Subjektivität zu rechnen. Dann wird es außerordentlich einleuchtend, zu behaupten, die Mutter würde bei- spielsweise den "Schimmer des Wiedererkennens als Zeichen einer Ge- genseitigkeit verstehen, die trotz der enormen Ungleichheit der Eltern- Kind-Beziehung doch erhalten bleibt." (FL 17) Die Struktur des Grund- sätzlichen ist mithin vom Beginn des Sozialisationsprozesses an im Spiel. Erinnert sei nur an die in verschiedenen Studien beschriebene Fähigkeit des Kleinkindes, schon äußerst früh einen Unterschied zwischen sich und

---

15. S. z.B.: "Die Arbeit des Kleinkindes ist daher ein Kampf, um sich von der Welt der Mutter, von der es sich gleichwohl unterscheidet, abzugrenzen und seine eigene Identität zu entdecken bzw. zu bilden." S. Harding in: List/Studer 1989, 436. Vgl. FL

der für es bedeutsamen Bezugsperson machen zu können. Es spricht offenkundig alles gegen Darstellungen der frühen Sozialisationsphasen, worin das physiologisch abhängige Kleinstkind als reines vom Lust-Unlust-Prinzip angetriebenes Körperwesen, "die betreuende Person" bloß "als Objekt der Bedürfnisse des Babys, nicht aber als eigenständiges Wesen mit einer selbständigen Existenz erscheint." (FL 19) Das Bild vom Selbst-losen Säugling und der Mutter als Lustobjekt hängt ziemlich schief. Jessica Benjamin beschreibt also schon die allerersten Phasen des Sozialisationsprozesses als Bildungsprozeß. Bildung ist das Werden des Individuums zum Subjekt innerhalb eines Systems von Interaktionen, worin sich die Einzelnen wechselseitig als selbständige Wesen erkennen und anerkennen. Im normativen Sinn bedeutet > > Anerkennung < < also die von Gefühlen nicht abzulösende Bewegung der wechselseitigen Achtung des freien Willens und damit das strikte Gegenteil einer jeden Unterwerfungspraxis und Unterwerfungstechnik. (Reine) Anerkennung als Interaktionstyp geht - wie gesagt - nicht im symbolisch vermittelten Wechselverhältnis (Dialog) schon "in sich reflektierter" Individuen auf. Anerkennung als Interaktionsmodus verlangt zudem die Achtung und ein Stück Gleichsinnigkeit der Gefühle. Reine Anerkennung als Idee vernünftiger Interaktion weist also die gedoppelte Doppelstruktur der *Einsinnigkeit* bei cognitiven *und* emotionalen Lebensäußerungen im Verhältnis zu Interaktionspartnern sowie *im gleichen Zuge* des produktiven *Gegensatzes* durch Achtung und Beachtung der Selbständigkeit bedeutsamer Anderer auf. Diese Struktur steht gleichsam quer zu den in der antagonistischen Totalität vorherrschenden Strategien der Selbstbehauptung, wodurch Einsinnigkeiten auf den Einklang durch Unterwerfung und die produktiven Gegensätze zum Antagonismus beim Kampf der rationalen Beutegreifer verkehrt werden. Die empirische Sozialisationsforschung kann nun durchaus zeigen, daß den *normativen* Seiten des Anerkennungskonzepts *empirische* Substrate entgegenkommen: Ich verstehe J. Benjamins Untersuchung der ersten Bindung dementsprechend auch als eine Ausführung dieses Zusammenhangs auf der Folie der skizzierten Doppelstruktur: Gezeigt werden soll, daß Säuglinge entgegen allen Annahmen des primären Narzißmus oder symbiotischer Ursprungsbeziehungen *faktisch* "schon aktiv (und damit selbständig - J.R.) an der Interaktion teilnehmen." (FL 19) Der Säugling erscheint dadurch als aktives, in einer Elementarform ständiges Selbst, das gleichwohl in äußerst asymmetrischer Form auf andere angewiesen ist. Mit dem Angewiesensein kann nicht nur in dieser Phase Einübung in Herrschaft und der Zwang zur Unterwerfung einhergehen. Doch dies ist kein *notwendiger* Zusammenhang! Denn allemal sind die (lebensnotwendigen) Beziehungsmuster reiner Anerkennung zu erkennen. Durch die Praxis einer Bestimmung zur Selbstbestimmung wird der Sozialisationsprozeß im Allgemeinen zum Bildungsprozeß im Besonderen. Denn für das Werden zum Subjekt ist und bleibt im Sinne Fichtes *faktisch* entscheidend, "daß der Andere, dem das Selbst begegnet, ebensolch ein Selbst ist - also ein eigenständiges Subjekt." (FL 23) Das wirft aber - komplementär - auch ein anderes Licht auf die Rolle der Mutter bei der ersten Bindung als es in manchen psychoanalytischen Ansätzen mitunter aufscheint. Sie ist nicht schlechthin als Objekt für die Bedürfnisse des Kindes anzusehen, sondern als "anderes Subjekt" mit eigenen Interessen. (FL 27) Damit kehren wir auch terminologisch zum Grundsätzlichen zurück: Die beiden Subjekte, Mutter und Kind, spiegeln sich nicht einfach ineinander. Vielmehr sollte die Mutter nach J. Benjamin "so etwas wie ein Nicht-Ich verkörpern. Sie sollte die unabhängige Andere sein, die auf ihre eigene selbständige Art und Weise auf das kindliche Selbst reagiert." (FL 27) Eine solche Betrachtungsweise trägt in der Tat dem Umstand Rechnung, "daß es von Anfang an immer (zumindest) zwei Subjekte gibt." (Ibid.)

J. Benjamin schließt ihre Untersuchungen ausdrücklich an den Anerkennungsbegriff der klassischen Philosophie an.[16] Sie bevorzugt dabei das Kapitel über > >Herr und Knecht< < aus Hegels > >Phänomenologie des Geistes< <. Diese Passage legt zweifellos die bei Fichte eher unterbelichtete Seite gesellschaftlicher Prozesse der Aneignung, Bemächtigung und Unterwerfung, also das frei, was J. Benjamin den "Kreislauf negativer (agonal-asymmetrischer - J.R.) Anerkennung" nennt. (Vgl. FL 30 ff.) Doch abgesehen davon, daß die Hegelschen Anerkennungslehre in > >Herr und Knecht< < zwar ihren dichtesten und einflußreichsten Ausdruck, nicht aber ihren entfalteten Begriff findet (Bambey 1991; Reusswig 1991), vermittelt dieses klassische Lehrstück das Anerkennungskonzept eher in Richtung auf die *sozialstrukturellen* Wurzeln von Herrschaft. > >Bildung< < hat in der Hegelschen Dialektik von Herr und Knecht mehr mit Emanzipationsbewegungen von Klassen als mit Interaktionen im Verlauf primärer und sekundärer Erziehungsprozesse zu tun. An dieser Stelle könnte - umgekehrt - die Fichtesche Philosophie der Bildung zur Ergänzung beitragen. Unter diesen Voraussetzungen ist der Vorschlag sehr überzeugend, Sozialisationsprozesse als Bildungsprozesse im Lichte des "Kernkonflikt(es) zwischen Selbstbehauptung und (reiner - J.R.) Anerkennung" zu untersuchen. (FL 34) Damit wird eine elementare Konstellation angezeigt: Es handelt sich um das Spannungsverhältnis der in der reinen Anerkennung enthaltenen Dialektik von (cognitiver-emotio-

---

16. S. dazu auch: J. Benjamin in List/ Studer 1989, 511 ff.

naler) Einsinnigkeit und gleichzeitigen produktiven Gegensätzen durch die Unterstützung und Bewährung von Selbständigkeit (Selbst-Erhaltung) zu den gesellschaftlich vorherrschenden Antagonismen durch Kampf um Selbstbehauptung und Unterwerfung. Es nimmt von daher nicht Wunder, daß die grundsätzliche Ordnung dieses Diskurses - entgegen dem m.e. unbrauchbaren Gleichgewichtsbegriff[17] - letztendlich gezielt zu denGrundoperationen > > Setzen < <, > > Entgegensetzen < < und > > Vermittlung der Gegensätze in sich < < zurückführt. J.Benjamin nimmt das Grundsätzliche der Verhältnisbestimmung von Ich und Nicht-Ich im Anschluß an Argumente von Winnicott auf. Dieser habe gezeigt, daß zur Selbständigkeit des Subjekts die "Anerkennung einer äußeren Realität" gehört, "die nicht nur unsere eigene Projektion ist" sowie "die Erfahrung des Kontakts mit anderen, die auch ein Bewußtsein haben." (FL 39) Fichte hätte seine helle Freude an diesen Formulierungen gehabt. Er könnte gwiß auch den wichtigen Anschlußgedanken unterschreiben, daß das Andersseiende als etwas "in eigenem Recht" behandelt werden müsse (Fl 40) - vorausgesetzt man stempelt ihn nicht einfach zum absoluten Idealisten ab. Wahrscheinlich nicht nach ihrem Selbstverständnis, gleichwohl im Verhältnis ihrer Schriften zu Adressaten, setzen gar manche der heutzutage einflußreichen Denkweisen die Verwaltung des Selbst an die Stelle von dessen Bestimmung zur Selbstbestimmung. Diejenigen, welche die Botschaft hören, ohne sich verblüffenderweise zum Glauben aufschwingen zu wollen, scheinen leicht auf das Blättern in der Akte > > Fichte < < verzichten und mit erstaunlichen Aussichten auf Ertrag in der Wissenschaftslehre lesen zu können!

---

17. J. Benjamin bedient sich verschiedentlich des Gleichgewichtsbegriffs um vernünftige Interaktionen auszuzeichnen. Der Gleichgewichtsbegriff wirft mehr Probleme auf als er löst. In der Neo-Klassik der Nationalökonomie und in der Spieltheorie bezeichnet er Situationen, worin die Beteiligten keinen Anlaß mehr haben, ihre Pläne zu ändern. Diese Situationen können jedoch äußerst asymetrisch sein.

64

Siglenverzeichnis
WL = J.G. Fichte: Grundlage der gesamten Wissenschaftslehre (1794), Hamburg 1956
GN = Grundlage des Naturrechts nach Prinzipien der Wissenschaftslehre (1796), Hamburg 1979
1./2.EL = Erste und zweite Einleitung in die Wissenschaftslehre und Versuch einer neuen Darstellung der Wissenschaftslehre, hg. v. F. Medicus, Hamburg 1961
WNM = Wissenschaftslehre nova methodo, (Kollegnachschrift K.Chr.Fr. Krause 1798/99; hg.v. E. Fuchs), Hamburg 1982
FL = J. Benjamin: Die Fesseln der Liebe - Psychoanalyse, Feminismus und das Problem der Macht, Basel/Frankfurt/M. 1990

Literatur
Bambey, A. (1991): Das Geschlechterverhältnis als Anerkennungsstruktur - Zum Problem der Geschlechterdifferenz in feministischen Theorien, Studientexte zur Sozialwissenschaft, Sonderband 5, Frankfurt/M.
Descartes, R. (1978):Mediationen über die Erste Philosophie, Stuttgart
Düsing, E. (1986): Intersubjektivität und Selbstbewußtsein - Behavioristische, phänomenologische und idealistische Begründungstheorien bei Mead, Schütz, Fichte und Hegel, Köln
Hegel, G.W.F. (1956): Phänomenologie des Geistes. Hamburg
Hegel, G.W.F. (1955): Grundlinien der Philosophie des Rechts. Hamburg
Kant, I. (1956): Grundlegung zur Metaphysik der Sitten, in: I. Kant: Werke in sechs Bänden, (hg. v. W. Weischedel), Bd. IV, Darmstadt
List,E./Studer,H. (1989): Denkverhältnisse - Feminismus und Kritik, Frankfurt/M.
Reinhold, K. (1790): Beiträge zur Berichtigung bisheriger Mißverständnisse der Philosophen.
Reusswig,F./Ritsert,J. (1989): Identität der Identität und Nicht-Identität - Anatomie einer dialektischen Formel, Seminarmaterialien 5, hekt. Manuskript am FB Gesellschaftswissenschaften der J.W. Goethe-Universität, Frankfurt/M.

Der vorliegende Aufsatz stellt eine veränderte und gekürzte Fassung des Teils II der Seminarmaterialien 10 dar. J. Ritsert: Sozialstruktur, Interaktion und Individuierung - Rohmaterialien zum Anerkennungsbegriff, Seminarmaterialien 10, hekt. Manuskript am FB Gesellschaftswissenschaften der J.W. Goethe-Universität, Frankfurt/M. 1991.

Fritz Reusswig

Subjektivität, gesellschaftliche Naturverhältnisse und Bildungsprozeß bei Hegel

Die ökologische Krise ist in ihrem Kern eine Krise der gesellschaftlichen Naturbeziehungen. Natur und Gesellschaft offenbaren in dieser Krise ihre komplexen Mischungen, Interferenzen und Brüche. Sie kann daher nicht allein Gegenstand einer natur- oder systemwissenschaftlich verstandenen Ökologie und des davon geprägten ökologischen Bewußtseins, sie hat vor allem Gegenstand einer ebenso ökologisch wie sozial orientierten Wahrnehmungs- und Bearbeitungsform zu sein. Die soziale Formation von Natur schließt eine Transformation des Sozialen selbst ein. Gesellschaft verteilt, bearbeitet, symbolisiert Natur, und Naturverteilungen, -bearbeitungen, -symbolisierungen sind gesellschaftliche Binnendeterminanten (vgl. Forschungsgruppe Soziale Ökologie 1987). Ulrich Beck hat diesen Zusammenhang unter dem mittlerweile weithin akzeptierten Stichwort der »Risikogesellschaft« beschrieben: in ihr wird "die *Selbsterzeugung* gesellschaftlicher Lebensbedingungen Problem und Thema" (Beck 1986, 300). Risikogesellschaften sind "mit den Herausforderungen der selbstgeschaffenen Selbstvernichtungsmöglichkeiten allen Lebens auf dieser Erde konfrontiert" (Beck 1988, 109).

Geraten die gesellschaftlichen Naturbeziehungen in eine Krise, dann berührt dies mit der Zukunftsfähigkeit der Gesellschaft auch das gesellschaftliche Projekt »Bildung«. Der implizit bei allen Bildungsprozessen vorausgesetzte Horizont einer offenen und frei gestaltbaren Zukunft verengt sich drastisch. Katastrophische Entwicklungen sind zumindest nicht mehr auszuschließen. Eine weitere Voraussetzung von Bildungsprozessen wird problematisch: der gesellschaftlich weitgehend konsensuelle Kanon dessen, was inter- oder auch intragenerativ an Bildungszielen, -inhalten und -methoden verfügbar ist und vermittelt werden soll. Wo ganze Gesellschaften vor gravierenden Problemen und damit auch vor Lernprovokationen stehen, können die Pädagogen und Pädagoginnen auf keinen gesicherten Bestand an Problembeschreibungen und -lösungen mehr zurückgreifen, der auf anderen Gebieten für ihre Arbeit wesentlich ist. Dennoch kann die pädagogische Praxis nicht warten, bis die Gesellschaft ihre Naturverhältnisse sozial-ökologisch vertretbar verändert hat; pädagogische Praxis ist vielmehr selbst ein wichtiges Ferment für die sozial-ökologische Veränderung. Hier greifen mithin soziale und individuelle Bildungsprozesse ineinander.

Die These dieses Beitrags ist, daß es gerade unter den aktuellen ökologischen Krisenbedingungen sinnvoll ist, den Begriff der Subjektivität bildungstheoretisch aufzugreifen und an ihm in veränderter Form festzuhalten. Ich werde aus der dialektischen Philosophie Hegels ein Modell von
Subjektivität rekonstruieren und es gegen verschiedene Kritikansätze
verteidigen. Darüberhinaus soll versucht werden, dieses Modell auf aktuelle Problem- und Krisenlagen zu beziehen und Möglichkeiten bzw. Not-
wendigkeiten der Fortentwicklung anzudeuten.

**1. Logische und natürliche Dimensionen von Subjektivität in Hegels Sy-
stem**

Hegels *»Wissenschaft der Logik«*, der erste Teil seines enzyklopädischen
Systems, ist in erster Linie eine kritische Darstellung der europäischen
Metaphysik und ihres subjektzentrischen Logos (vgl. Theunissen 1980)
und muß als Strukturtheorie von konkreter Subjektivität gedeutet werden
(vgl. Marotzki 1984 und Reusswig 1991). Obwohl gerade Hegel mit der
abschließenden Begriffslogik die "Logik des ... *Subjekts* selbst" (Hegel
5/62) als die Wahrheit der Substanz präsentiert, darf sein Programm der
Subjektivierung der Substanz gerade nicht als Projekt einer Substantiali-
sierung des Subjekts verstanden werden. Hegels Logik des Begriffs ist
vielmehr eine Kritik der Metaphysik von Subjektivität als neuem Paradigma neuzeitlicher *prima philosophia*. Liest man Hegel vor dem Hintergrund einer postmodernen Kritik herrschaftlicher Rationalität, dann fallen weit eher die dezentristischen und dekonstruktivistischen Impulse seines Denkens auf (vgl. Schubert 1985). Die Hegel-Kritik interpretiert in
der Regel Hegels Begriffslogik als die logisch-metaphysische Basis einer
Struktur, in die dann später - vor allem im Kontext der Geistesphilosophie
- hypostasierte »Übersubjekte« eingesetzt werden: »die Geschichte«, »der
Weltgeist«, »die Philosophie« oder, im orthodoxen Marxismus, »das Pro-
letariat« etc. Bildung verkommt unter dieser Perspektive zu autoritärer
Erziehung im Kontext eines geschichtsphilosophisch verbürgten Projekts.
Die Begriffslogik ist aber selbst die kritische Dekonstruktion einer solchen Vorstellung abstrakter (Über-)Subjektivität. Dafür lassen sich im
wesentlichen vier Gründe anführen:
(1) Hegels programmatische Umschreibung, derzufolge der Begriff die
Einheit von Anundfürsichsein (Sein) und Gesetztsein (Wesen) sein soll
(vgl. Hegel 6/246), kann man als Ausdruck der *Einheit von Produktions-
und Anerkennungslogik* interpretieren. Subjektivität ist der Begriffslogik
zufolge *weder* dort gegeben, wo die Objektivität unter die Botmäßigkeit
zentrischen Selbstseins gerät (abstrakte Produktionslogik), *noch* kann sie

dort hergestellt werden, wo Subjekte auf das ihnen vorausgesetzte Selbstsein des Objektiven nur verpflichtet werden (abstrakte Anerkennungslogik). Bildung wäre im ersten Fall die Formierung der Welt nach Maßgabe
subjektiver Entwürfe, im zweiten die Nach-Bildung der Subjekte durch
objektiv Vorgegebenes. Subjektivität setzt aber vielmehr die *aufhebende
Integration* beider antinomischer Aspekte voraus und ist das Prozedieren
dieser Aufhebung. Hegels Begriffslogik ist von daher kein Plädoyer für
die Unterwerfung der Objektivität unter die Macht des Subjekts, sondern
liefert Argumente für eine *Selbstbegrenzung subjektiver Macht aus Autonomie heraus*.

(2) Die Begriffslogik liefert in den Bestimmungen von *Allgemeinheit, Besonderheit und Einzelheit* (A, B, E) eine sehr allgemeine logische Elementarstruktur von Subjektivität (vgl. Hegel 6/273 ff.). Subjekt ist, was
seine Identität mit sich (Allgemeinheit) durch seine Nicht-Identität mit
sich (Besonderheit) als diese bestimmte erhält (Einzelheit). Es ist also
ausdrücklich falsch, Hegels Subjektbegriff einfach mit den Konzepten
»Identität« oder »Selbsterhaltung« zu erläutern. Spekulativ im Sinne Hegels (vgl. Hegel 8/176) ist Subjektivität gerade deshalb, weil sie die Einheit
einander entgegengesetzter Kognitions- und Verhaltensweisen ist: der
Zentrierungstendenz (Allgemeinheit) *und* der Dezentrierungstendenz
(Besonderheit). Subjekt ist der Widerspruch gegen denjenigen Widerspruch, der es auch ist; es ist seine Einheit gegen seine innere Zerris-
senheit, sein »Nein« gegen seine innere und äußere Verneinung (vgl.
Heinrich 1982). Implikat dieser Auffassung ist der *Verlust an Eindeutigkeit
und Hierarchisierbarkeit* von Gedankenverhältnissen und Sub-
jektstrukturen. Gerade dieser Aspekt begründet logisch die *lebendige
Spontaneität* der Subjekte und die Möglichkeit einer subjektorientierten
Machtkritik: Subjekte sind nur als *»tangled hierarchies«* (Hofstadter)
möglich und Machthierarchien potentiell immer bedrohlich. Subjektivität
ist nicht antinomienfrei zu haben, ohne deshalb einfach ein inkonsistentes
Konzept zu sein (vgl. Wolff 1986 und Tuschling 1988). Damit ist auch impliziert: *Subjektivität* ist nur als mit sich identisches, bestimmtes einzelnes
Subjekt wirklich, nicht als Subjektivität im allgemeinen. Das von der Hegel-Kritik häufig übersehene *Ziel* und der *Grund* der Begriffsentwicklung
ist die *Einzelheit*. Hegel ist bereits logisch ein *»Theoretiker der Individualität«* (Schmitz) oder der *Individuierung zum Subjekt*, nicht einer der
allgemeinen Strukturen von Subjektivität. Bildungstheoretisch bedeutet
die Fundierung des Subjektbegriffs in der Einzelheit: Bildung ist
"Herstellung von Bestimmtheit und Ermöglichung von Unbestimmtheit"
(Marotzki 1988, 148).

(3) Ziel der Begriffsentwicklung ist nicht nur die *Rückkehr* des Allgemeinen zu sich, notwendige Folge derselben ist auch der *Verlust* der konkreten Innerlichkeit des Begriffs und sein Treten nach *außen* (vgl. Hegel 6/299 ff.) . Erst auf der Ebene des Gesetztseins der Einheit aller Begriffsmomente in der *Einzelheit* ist auch die Totalisierung der *Negativität* gesetzt. Gesetzt - explizit gemacht - ist damit auch, daß Individualität nicht allein in sich allgemeine Integrationsform besonderer Strukturen und Verhältnisse ist, sondern eben wesentlich auch "der direkte Widersacher des Gedankens der Einheit und Abgeschlossenheit der Struktur" (Frank 1986, 123). Das *Anderssein* des Begriffs ist hier zunächst noch selbst begrifflich strukturiert und wird im *Urteil* thematisiert (vgl. Hegel 6/301 ff. und Salomon 1982). Indem die Einzelheit (»Subjekt«) der Allgemeinheit (»Prädikat«) äußerlich gegenübertritt, zeigt sich das Destrukturierungspotential lebendiger Subjektivität bereits logisch. Subjekttheoretisch verweist der Übergang vom Begriff zum Urteil auf die Tatsache, daß Subjektivität sich nur in *Andersheitsverhältnissen* zum einzelnen Subjekt *individuieren* kann. Bildungstheoretisch ist damit der Aspekt der Entäußerung des sich bildenden Selbst und die Erziehungsseite von Bildungsprozessen angesprochen.

(4) Die *Schlußlehre*, mit der Hegel den subjektiven Begriff innerlogisch beendet (vgl. Hegel 6/351 ff. und Krohn 1972), besagt subjekttheoretisch, daß ein Subjekt weder nach seiner bloßen individuellen Subjektivität (Begriff) noch auch nach seiner bloßen Andersheitsbeziehung (Urteil), sondern nur als *Zusammenschluß* seiner mit einem mit ihm zugleich strukturell identischen Anderen es selbst sein kann. Von daher erhält die *Theorie der Anerkennung* freier Subjekte in der Schlußlehre ihr logisches Fundament. Die von Hegel herangezogene Entwicklungslogik der Schlußformen focussiert die form-inhaltliche Bestimmung der Mitte und bedeutet subjekttheoretisch: Das Subjekt ist die *Struktur* und der *Prozeß* (»Kreislauf«) seiner *Vermittlung*. Individuierung zum Subjekt und Sozialisierung zu intersubjektiven Anerkennungsverhältnissen werden bei Hegel parallel geführt und keine der beiden Seiten auf Kosten der anderen verabsolutiert. Bildungstheoretisch plädiert Hegel damit für eine dynamisches Konzept der Aufhebung einer ebenso herzustellenden Spannung: der Spannung zwischen *"Individualisierungsoption"* und *"Vermittlungsoption"* (Marotzki 1988, 147 f.).

2. Hegels Naturphilosophie

Die *Naturphilosophie* Hegels galt lange Zeit hindurch als Paradebeispiel der Welt- und Wissenschaftsfremdheit philosophischer Theoriebildung - als Spekulation im schlechten Wortsinn. In den letzten Jahren hat sowohl die Hegel-Forschung als auch die kritische Wissenschaftsgeschichtsschreibung zeigen können, daß dieses Bild ein im wesentlichen falsches Konstrukt des 19. Jahrhunderts ist. Hegel befindet sich - trotz offenkundiger Fehlinterpretationen in einigen Punkten - auf dem Stand der Wissenschaften seiner Zeit und formuliert eine philosophische Wissenschaftskritik, die strukturell und inhaltlich Einsichten des 20. Jahrhunderts vorwegnimmt (vgl. v. Engelhardt 1976, Wandschneider 1982, Cohen/Wartofsky 1984, Petry 1987 und Ihmig 1989) . Gerade dann, wenn man von einem »Naturdefizit« der Geistes- und Sozialwissenschaften sprechen kann, ist Hegels Konzept der Naturwissenschaftskritik ein weiterhin aktuelles historisches Modell. Hegels Philosophie thematisiert Natur nicht *intentio recta*, sondern *intentio obliqua*: Nur vermittels der beiden basalen geistigen Naturverhältnisse *Theorie* und *Praxis* kommt das Selbstsein der Natur in unseren Blick (vgl. Hegel 9/11 f.). Diese dialektische Bestimmung der Natur - eine *selbständige Totalität des Wirklichen* nur als *Moment geistiger Subjektivität* zu sein - ist ein realphilosophisches Pendant zur begriffslogischen Verschränkung von Produktions- und Anerkennungslogik. Sie ist zudem ununterschreitbare Basis eines *sozial reflektierten ökologischen Naturbegriffs*. Dem vor-ökologischen Denker Hegel wäre es einleuchtend gewesen, daß Ökologie nur als soziale möglich ist (vgl. Forschungsgruppe Soziale Ökologie 1987). Der »ökologische Naturalismus« (Oechsle) hätte schon Hegels Kritik gefunden. *Ziel* der Naturphilosophie ist es schon von daher *nicht*, jenseits der empirischen Naturwissenschaften Wesenseinsichten in die Natur zu gewinnen - dies verwirft Hegel ausdrücklich -, sondern vielmehr, aus dem jeweiligen *Problembestand* der Naturwissenschaften einen *Begriff* der Natur zu finden, der sie als *eine in sich zusammenhängende Totalität des Wirklichen uns gegenüber* präsentiert. Dazu zwingt uns unsere geistige Subjektivität. Die Naturphilosophie ist nicht Naturwissenschafts*ersatz*, sondern Naturwissenschafts*kritik*. Das trennt sie von »kulturalistischer« Wissenschaftskritik oder von geisteswissenschaftlichen Dualisierungen wie dem Neukantianismus. Hegels Naturphilosophie erkennt im *Lebendigen* in der Natur explizit *nicht-geistige Subjektivität* an (vgl. Hegel 9/337 ff.). Speziell der in der Assimilation enthaltene *Bildungsprozeß* liefert das natürliche Analogon zu geistigen Naturverhältnissen, in die die begriffslogische Dialektik von

Produktion und Anerkennung eingelassen ist - allen voran zur menschlichen *Arbeit*. Die Pointe von Hegels naturphilosophischem Bildungsbegriff besteht in der Tatsache, daß ein Organismus - natürlich daseiende Subjektivität mithin -, nicht allein verzehrend und vernichtend zu seiner unorganischen Natur sich verhält, sondern im Zuge seiner *Aneignung* von Natur diese zugleich "*bestehen*" "läßt" (Hegel 9/475). Das "Produkt" des Tieres ist "frei vom Organischen entlassen" (Hegel 9/517) - es findet zwar eine "Zu-Bildung der Gegenstände auf seinen Leib" (Riedel 1976, 126) statt, aber die Gegenstände werden nicht verzehrt, sondern transformiert. Das Tier findet im Bildungsprozeß "eine Ruhe gegen die äußere Existenz" und unterbricht sein begierdegeleitetes "feindliches Verhalten (...) zur Außenwelt" (Hegel 9/494). Die zur Vernichtung des Objekts treibende Begierde wird zugleich "befriedigt und gehemmt" (Hegel 9/494). Darin nimmt sie den spezifisch menschlichen Bildungsprozeß der Arbeit vorweg:

Der von Hegel unterstrichene Bildungswert der Arbeit besteht nicht allein darin, daß sie die natürliche Umwelt des Menschen seinen Bedürfnissen gemäß trans-formiert, sondern auch darin, daß sie das arbeitende Subjekt selbst verändert oder eben um-bildet (Hemmung der Begierde, Qualifikation des Arbeitsvermögens). Aber der Verweis auf den natürlichen Bildungsprozeß kann zeigen, daß Hegel hier keiner Arbeitsmetaphysik, keinem Heroismus der naturbeherrschenden Tat das Wort redet. Ein selten beachteter Aspekt des Bildungsprozesses ist vielmehr das »Bestehenlassen« der Natur im Zuge ihrer Transformation, die »Ruhe gegen die Existenz« und die Hemmung eines »feindlichen Naturverhältnisses«. Zweifellos spricht Hegel hier von einem Merkmal der Naturtransformation durch Organismen bzw. durch die lebendige und geistige Subjektivität, also nicht von dem einfachen Ende von Bildungs- und Arbeitsprozessen. Aber genau dies scheint mir eine sozial-ökologische Stärke seiner Argumentation zu sein: Es kommt auf die *ökologische Umorientierung* von sozialen Bildungs- und Arbeitsprozessen an, nicht auf deren Beendigung oder radikale Einschränkung. Obwohl in bestimmten Bereichen auch dies notwendig sein kann, kann man der Charakterisierung des natürlichen Bildungsprozesses bei Hegel doch entnehmen, daß die entscheidenden Anteile eines sozial-ökologischen Umbaus von »Arbeitsgesellschaften« (Offe) von der Stärkung und der Entwicklung auch ökologisch rationaler Potentiale von Bildungs- und Arbeitsprozessen selbst

ausgehen müssen. Die von Hegel ins Spiel gebrachte »Hemmung der Begierde« wird man dann als Hinweis darauf nehmen müssen, die Entwicklung gesellschaftlicher Bedürfnisstrukturen selbst in den Transformationsprozeß von Arbeitsinhalten, -weisen und -mitteln einzubeziehen. In der Rechtsphilosophie finden sich - komplementär zu Hegels dialektischem Naturbegriff in der Naturphilosophie - *Ansätze für eine sozial-ökologische Theorie gesellschaftlicher Naturbeziehungen*. Und nicht zufällig gehören sie in den Umkreis einer rechtsphilosophisch erweiterten Konzeption von Arbeit als Bildungsprozeß:
"Es gehört hierher auch das Formieren des Organischen, an welchem das, was ich an ihm tue, nicht als ein Äußerliches bleibt, sondern assimiliert wird; Bearbeitung der Erde, Kultur der Pflanzen, Bezähmen, Füttern und Hegen der Tiere; weiter vermittelte Veranstaltungen zur Benutzung elementarischer Stoffe oder Kräfte, veranstaltete Einwirkung eines Stoffes auf einen andern usf. (...) Auch daß ich Wild schone, kann als eine Weise der Formierung angesehen werden, denn es ist ein Benehmen in Rücksicht auf die Erhaltung der Gegenstände." (Hegel Rph § 56 A. u. Z.)

Die Natur, speziell in ihren organischen Produkten, läßt sich menschliche Arbeit nicht einfach äußerlich antun, sondern »assimiliert« sich die menschliche Form, wenn diese den Strukturen der Natur gemäß in die Unmittelbarkeit des Naturzusammenhangs eingreift. So nehmen Wildpflanzen in einem jahrtausendelangen Prozeß ihrer Kultivierung seit der neolithischen Revolution allmählich die Gestalt von Kulturpflanzen an; eine Gestalt, die sie dann »wie von selbst« reproduzieren. Aber es bedarf für die unmittelbare menschliche Aneignung der Natur durch Arbeit permanent der »vermittelnden Veranstaltungen«, also solcher Arbeiten und Tätigkeiten, die die Bedingungen für eine dauerhafte Produktion im Naturkontext herstellen oder doch unterstützen. Es genügt nicht, allein in direkt *produktiver Arbeit* Naturmomente listig zu benutzen, diese müssen auch in *reproduktiver Arbeit* hergestellt und unterstützt werden, soll die kulturell geformte Natur nicht in kulturfremde und -feindliche Natur an sich umschlagen (vgl. Bätzing 1990) . Wichtig scheint mir dabei, daß Hegel keine an sich seiende Natur voraussetzen muß, um die aktive Reproduktion von bzw. die zurückhaltende Schonung der Naturgrundlagen der Produktion zu begründen: Produktion *und* Reproduktion, Naturbearbeitung *und* Naturschonung sind *Momente der formierenden Aneignung von Natur durch die Gesellschaft*. Die ökologische Orientierung der Produktions- und Reproduktionsarbeit steht in keinem prinzipiellen Gegensatz zur freien Naturaneignung der Menschen, sondern hat in ihr eine *Basis*. Das tangiert den Ökologie-Begriff: Ausgangspunkt für die ökologi-

sche Umorientierung gesellschaftlicher Produktions- und Reproduktionsprozesse hätte nicht ein wie immer technizistisch bestimmtes, quasi intak-
tes »Ökosystem« zu sein, dem sich der Mensch als Teil bloß anzupassen
hat, sondern ein sozial-ökologisch beschriebenes »ökologisches Gefüge«
(vgl. Schramm 1985), in welchem die Menschen als natürliche, soziale und
individuelle Wesen vorkommen.

3. Geist und Natur in Hegels Philosophie des subjektiven Geistes

Den Begriff der Subjektivität - ihre Zentralreferenz - entfaltet Hegels
Philosophie in keinem ihrer Teile, sondern nur als ganze. Zielpunkt der
Darstellung in Hegels »Enzyklopädie« ist die Explikation geistiger Subjektivität. Daß "*das Absolute*" "*Geist*" ist, stellt Hegel zufolge "die höchste
Definition" desselben dar (Hegel 10/29). Sein Charakteristikum besteht -
entgegen anderslautender Mißverständnisse - gerade nicht in seiner
»reinen« Geistigkeit. Geist ist für Hegel keine metaphysisch beschreibbare spirituelle Entität, sondern eine nur spekulativ-dialektisch
darstellbare Konstellation aus Logik, Natur und Geist selbst. Geist impliziert also Natur, nicht steht er jenseits derselben. Geist *ist* sein Verhältnis
zur Natur, nicht etwas, das von einem göttlichen Beobachterstandpunkt
aus auf Natur zu beziehen wäre. Die heute - u.a. von postmodernen Autoren - betriebene Kritik am cartesianischen Dualismus von *res cogitans*
und *res extensa* (vgl. Rorty 1987 und Hastedt 1988) fände Hegels nachdrückliche Zustimmung (vgl. Hegel 10/43-49). Dialektik als Methode der
Darstellung geistiger Subjektivität ist gerade kein metaphysisches Verfahren, keine Begriffsanalyse jenseits empirischer Beschreibungen; sie ist
aber auch kein rein empirisches Verfahren, keine empirische Beschreibung jenseits begrifflicher Bestimmtheit, sondern die Aufhebungs- und
Integrationsform *beider* Verfahrensweisen (vgl. Hegel 10/14 und 11/524).
Diese methodische Position einer nicht-empiristisch verfahrenden Meta-
physikkritik (vgl. dazu Fulda 1991) entspricht prinzipiell dem
Wissenschaftsverständnis der Wissenschaftstheorie und -geschichtsschrei-
bung seit Kuhn (vgl. Heinrich 1990). Darüberhinaus ist Dialektik als Methode der Darstellung des Geistes als Konstellation keine rein beob-
achtersprachlich formulierbare Anwendung eines Schemas auf einen Gegenstand, sondern in Semantik und Syntax intern mit allein teilnehmer-
sprachlich formulierbaren Erfahrungsgehalten verknüpft. Es ist von daher
"das Selbstgefühl von der *lebendigen* Einheit des Geistes" (Hegel 10/13),
das Hegel gegen die methodischen Abstraktionen der herkömmlichen
Geistesmetaphysik ins Feld führt und dem spekulative Dialektik Rechnung zu tragen hat. In dieser Abwehr eines szientifischen Selbst-

mißverständnisses der Philosophie des Geistes berührt sich Hegel mit soziologischen Ansätzen unserer Tage, die auf dem prinzipiell durch Subjektivität vermittelten Charakter sozialer Strukturen und Prozesse bestehen. Wenn etwa Giddens von einer »doppelten Hermeneutik« spricht (vgl. Giddens 1984) , dann stellt er auf diesen subjektiven Vermittlungszusammenhang des Sozialen ab; "die soziokulturellen Lebensformen sind keine interpretationsfrei gegebenen Tatsachen" (Müller-Doohm 1991, 58).

Die enzyklopädische *Phänomenologie* thematisiert das *Bewußtsein*, die Verschränkung von intentionaler Selbst- und Fremdbeziehung des leibseelisch daseienden fürsichseienden Allgemeinen. Gemäß der begriffslogischen Ausgangskonstellation ist Bewußtsein für Hegel die *Einheit von Zentrierungs- und Dezentrierungsleistungen* eines *Ich* - keine Zentrierungsleistung allein. Welt- und Objektbezug werden durch bewußte Beziehung des Ich auf sich nicht verschlossen, sondern *eröffnet* und bedingen sie. Als seelischer »Katalysator« des bewußten Welt- und Selbstbezugs von Subjekten spielt dabei - neben dem Geschlechterverhältnis (vgl. Hegel 10/86 f.) - die "Gewohnheit des Lebens" (Hegel 10/187) eine entscheidende Rolle. Habitualisierungen, Regelmäßigkeiten, Routinebildungen - alle diese Derivate der Gewohnheit zeichnen sich durch das gelingende Herabsetzen von wirklich präsenten emotiven, rezeptiven und praktischen Vollzügen zu nicht-bewußten Latenzen und Fertigkeiten aus. Sie entlasten die Seele und machen sie "offen" (Hegel 10/184) für einen bewußten Welt- und Selbstbezug. Bildungsprozesse zielen mithin garnicht allein auf die Zunahme von Transparenz und Bewußtsein, sondern wesentlich auch auf die Ausbildung von Gewohnheiten und Fertigkeiten, die zu einem nicht-bewußten Können herabsinken müssen. Im Zuge seiner Exposition der phänomenologischen Genese des Bewußtseins geht Hegel von der *Differenz* von seelisch gebildeter und seelisch unbeeinflußbarer Körperlichkeit aus und erklärt gerade deren Reflexion zum Nucleus des Bewußtseins.

"Einiges in der Leiblichkeit bleibt (..) rein organisch, folglich der Macht der Seele entzogen, dergestalt, daß die Hineinbildung der Seele in ihren Leib nur die eine Seite desselben ist" (Hegel 10/197).

Die damit implizierte *andere* Seite der Bildung der Seele zum Bewußtsein ist gerade, daß es anzuerkennende *Grenzen der Macht* des Subjekts über seine innere Natur gibt. Hegel plädiert gerade nicht für einen Bewußtseinsbegriff, der sich durch den »Willen zur Macht« des Selbst über sein seelisch-organisches Pendant auszeichnet. Es ist vielmehr die Reflexion auf die Grenzen subjektiver Macht, an der das seiner selbst bewußte Ich sich entzündet. *Grenz-Gefühl wird Ich-Bewußtsein.* Hegels Bewußtseinsbegriff setzt das Entlassen der Natur zur *Selbständigkeit* - der inneren wie der äußeren - voraus.

Analog zum Bildungsprozeß in der Natur stellt Hegels phäno-menologische Diskussion des Arbeitsprozesses nicht allein auf die Trans-Formation von Natur durch gesellschaftliche Subjekte ab, sondern auf die darin mitgesetzte Formation sozialer Subjektivität selbst. Herrschaft und Knechtschaft sind subjektive Gestalten und gesellschaftlich objektive Strukturverhältnisse, in denen sich das gesellschaftliche Naturverhältnis der Arbeit konkretisiert. Arbeit ist von daher für Hegel immer »instrumentelles und kommunikatives Handeln« (Habermas) *zugleich*. Der Bildungswert der Arbeit besteht weder allein in der durch sie habi-tualisierten "Geschicklichkeit" (Hegel PhdG/150) noch in der Ausbildung der seelischen Dispositionen zum Arbeiten und den mit ihm verbundenen Sozialbeziehungen. Hegels Begriff der *Furcht* chiffriert das über diese Bildungsmomente hinausgehende Potential reiner Anerkennung und freier Subjektivität. Denn in der Furcht liegt der "Anfang der Weisheit" (Hegel 10/224) insofern, als in ihr die bestimmende Subjektivität des Herrn verinnerlicht wird; als "Furcht" ist dem Knecht dessen "Fürsichsein *an ihm selbst*" (Hegel PhdG/149). Damit zielt Hegel weniger auf die Gewohnheit des Dienstes für einen herrschenden Willen, als vielmehr auf den durch sie initiierten Prozeß der gesellschaftlichen Willens-Bildung, der mit der "Fähigkeit zur Selbstregierung" (Hegel 10/225) oder Autono-mie der Individuen einen gesellschaftlichen Zustand visiert, in dem Herr-schaft und Knechtschaft überhaupt überwunden sind. Zielpunkt des enzyklopädischen Kampfes um Anerkennung ist nämlich das allgemeine Selbstbewußtsein als reziprok-symmetrische Anerkennung (vgl. Daniel 1983, 109-144). Festzuhalten bleibt, daß Hegel auch hier keine Arbeits-metaphysik betreibt und den Bildungswert der Arbeit nur dort ansiedelt, wo neben der Dimension der Qualifikation auch die Dimension der Au-tonomie ins Spiel gebracht wird. Man wird heute darüberhinaus die bei Hegel selbst implizit gehaltene Seite der Natur-Formation durch Arbeit nachhaltig beachten müssen und auf die Qualifikations- und Autonomie-dimension zu beziehen haben. Denn es steht zu vermuten, daß eine öko-logisch unreflektierte Arbeitspraxis mit der Naturbasis des Selbst auch dessen Autonomie untergräbt.

Der Begriff des *allgemeinen Selbstbewußtsein*s (vgl. Hegel 10/226) ist des-wegen bedeutsam, weil er den Vernunftbegriff Hegels sozial konkretisiert und damit den Kern seiner Sozialontologie bildet. Zudem ist diese Auflö-sungsgestalt des Kampfes um Anerkennung sehr gut dazu geeignet, vielen Hegel-Kritiken den Boden zu entziehen. In ihr zeigt sich nämlich, daß für Hegel soziale Allgemeinheit und individuelle Einzelheit nur in ihrer Kon-

stellation existieren können. Die Betonung der »Individualisierungsoption« (Marotzki) muß also überhaupt nicht auf Kosten der »Vermittlungsoption« gehen.
»Real« ist Hegel zufolge die Allgemeinheit des Selbstbewußtseins nur als »Gegenseitigkeit« der Anerkennung der einzelnen Selbstbewußtseine in ihrer »absoluten Selbständigkeit« - nicht als über den einzelnen schwebendes allgemeines (Über-)Subjekt. Aus der Semantik des Hegelschen Geist- und Vernunftbegriffs ist die unverwechselbare Individualität geistiger Lebewesen nicht zu eliminieren. Das spekulative Ineinanderscheinen von Allgemeinheit und Einzelheit, wie es im allgemeinen Selbstbewußtsein gesetzt ist, wird von Hegel zur "Substanz der Sittlichkeit" (Hegel 10/227) erklärt. Sittlichkeit, der Schlüsselbegriff der Hegelschen Sozialontologie, ist daher ihrerseits nicht zur Epiphanie eines überindividuellen oder gar übergesellschaftlichen »Weltgeistes« zu erklären.

4. Subjekt, Natur, Gesellschaft - Zu Hegels Philosophie des objektiven Geistes

Hegels Philosophie des objektiven Geistes bzw. seine Rechtsphilosophie enthält seine *Sozialontologie*. Wenn es insgesamt zutrifft, daß "Idealität" (Hegel 10/12), die Aufhebung des Auseinanderseins der Natur, die Grundbestimmung des Geistes ist, dann meint gerade der Ausdruck »objektiver Geist« keine isolierbare Seite des Geistes - in soziologischer Umschreibung etwa: Gesellschaft im Unterschied zu den Individuen -, sondern zielt auf eine Konstellation aus Natur, Gesellschaft und Individuen. "Identität" erlangt der Geist "nur als Zurückkommen aus der Natur" (Hegel 10/17). Von daher ist Natur ein nicht negierbares Moment des Geistes. Und da die Allgemeinheit des Geistes nicht jenseits der sie konstituierenden Einzelheit gedacht werden kann, bilden Natur und Individuen die beiden Momente der Objektivität des Geistes.
Gerade die Rechtsphilosophie hat vehemente Kritik erfahren: Hegel erscheint darin als »preußischer Staatsphilosoph« (Haym) oder doch als jemand, der "von der Bedeutungslosigkeit des Individuums gegenüber Institutionen" (Steinvorth 1983, 165) ausgeht.
Diese Deutung geht an ihrem Gegenstand vorbei. Das wird zunächst durch die Basisbestimmung der Hegelschen Sozialontologie deutlich: Grundlage der Objektivität des Geistes ist die *Freiheit*, die sich ein soziales und individuelles *Dasein* geben muß. Unter der *Idee* des Rechts im umfassenden Sinn - diese ist der Gegenstand der Rechtsphilosophie - versteht Hegel daher ein Dasein als Dasein des freien Willens (vgl. Hegel Rph § 29). Im Zuge seiner Exposition des freien Willens greift Hegel er-

76

neut auf die spekulative Begriffsdialektik zurück: Freiheit ist die *Aufhebung der Antinomie von abstrakter Freiheit (Allgemeinheit) und abstrakter Verantwortung (Besonderheit) in der freien Verantwortung des lebendigen Subjekts (Einzelheit)* (vgl. Hegel Rph §§ 5-7 und Westphal 1980). Auch hier impliziert der Vorrang der Einzelheit keine monologisch orientierte »Verdrängung von Intersubjektivität« (vgl. dagegen Theunissen 1982 und Hösle 1987), sondern zielt vielmehr auf die symmetrische *Anerkennung* freier Individuen - mithin auf die zum Selbstsein befreiende Integration von Individualität und Sozialität. Das ist auch der Kern von Hegels Kritik am "präsozialen Freiheitsbegriff der neuzeitlichen Naturrechtstradition" (Theunissen 1982, 319) und ihres impliziten »Besitzindividualismus« (vgl. Benhabib 1984). Man muß von die Entwicklung der Rechtsphilosophie vom Recht über die Moralität hin zur Sittlichkeit als schrittweise Konkretion einer Sozialontologie betrachten, die in institutionalisierten Anerkennungsverhältnissen (Sittlichkeit) den "Träger" und die "Grundlage" (Hegel Rph § 141 Z.) von Rechtsverhältnissen und moralischer Subjektivität erblickt. Die Darstellung Hegels kann daher als ein "Implikationszusammenhang" (Steinvorth 1983, 211) verstanden werden, der die anfänglich gewählte methodische Abstraktion rein rechtsförmiger Sozialbeziehungen schrittweise korrigiert. Bildungs- und Evolutionsprozesse sind daher nicht zufällig erst auf der Stufe der Sittlichkeit thematisch. Rechts- und Moralentwicklung basiert für Hegel auf der Entwicklung sozialer Insititutionen und sozialen Bewußtseins.

Eine Sozialontologie, die wie die Hegelsche auf den Begriff des selbstbewußten und freien Willens abstellt - er macht schließlich "das Prinzip des Rechts, der Moralität und aller Sittlichkeit aus" (Hegel Rph § 21 A.) -, steht heute unter dem Verdacht, dem herrschaftlichen Subjekt der Neuzeit und seinen politischen Derivaten das Wort zu reden. So zumindest sieht es Habermas: "Die Logik des sich selbst begreifenden Subjekts erzwingt (..) den Institutionalismus eines starken Staates" (Habermas 1985, 54).

Aber eine genauere Lektüre kann zeigen, daß sich zumindest der »idealistische Subjektbegriff« Hegels nicht auf eine Spielform der protestantischen Ethik redzuieren läßt. Die angeführte Kritik überspringt den *internen Zusammenhang von Freiheit und Glück* in Hegels Subjektbegriff. "In der Glückseligkeit hat der Gedanke schon eine Macht über die Naturgewalt der Triebe, indem er nicht mit dem Augenblicklichen zufrieden ist, sondern ein Ganzes von Glück erheischt." (Hegel Rph § 20 Z.) Die denkend bewirkte Allgemeinheit des Subjekts zielt bei Hegel also nicht auf den Gedanken der Allgemeinheit als solchen - von Logik wird der Geist nicht glückselig -, sondern auf die durch ihn bewirkte Verallgemeinerung subjektiver Triebbefriedigung. Glückseligkeit zielt "nicht nur (auf) ein einzelnes Vergnügen, sondern einen fortdauernden Zustand, zum Teil des wirklichen Vergnügens selbst, zum Teil auch der Umstände und Mittel, wodurch man immer die Möglichkeit hat, sich, wenn man will, Vergnügen zu schaffen." (Hegel 4/231) In dieser durch Denken vermittelten konkreten Allgemeinheit der Glücksfähigkeit besteht "der absolute Wert der *Bildung*" (Hegel Rph § 20). Bildung darf also nicht produktivistisch enggeführt werden. Sie muß mehr meinen als die Qualifikation des Subjekts zur Arbeitskraft oder auch zum politischen Subjekt. Obwohl Hegel selbst den Begriff der Bildung im Kontext seiner Diagnose der bürgerlichen Gesellschaft als "*Arbeit* der (..) Befreiung" (Hegel Rph § 187 A.) anspricht und mit dem Vorgang der Produktion verknüpft, geht Bildung bei Hegel in Qualifikation nicht auf. Wenn es richtig ist, daß zum Begriff der geistigen Subjektivität bei Hegel zentral die Individualität gehört, dann kann die Bildung von Individuen nicht auf die Ausbildung individueller Fähigkeiten und Fertigkeiten zum Zwecke ihres Lebensunterhalts in der bürgerlichen Gesellschaft beschränkt werden. Die Entwicklung subjektiver Glücksfähigkeit - also der rezeptiven und aktiven Fähigkeiten, sich konkret und möglichst dauerhaft mit sich selbst zusammenzuschließen - ist ein im Hegelschen Subjektbegriff begründetes notwendiges Bildungsziel. Und da nach Hegel die sozioökonomische Dynamik der bürgerlichen Gesellschaft die Ausdifferenzierung von Bedürfnissen, Produkten, Produktions- und Konsumtionsweisen vorantreibt (vgl. Hegel Rph §§ 190 ff.), muß eine Bildung zur Glückseligkeit auch solche subjektiven Kompetenzen stärken, die nicht nur funktional für Markt- und Produktionssphäre sind. Gleichwohl hätte Bildung in einem derart umfassenden (und darum zugegebenermaßen schwierig zu operationalisierenden) Sinn zweifellos an den Individualisierungs- und Glücksoptionen anzusetzen, die die bürgerliche Gesellschaft - in vieler Hinsicht: unabsichtlich - bietet. Qualifikation und Glückseligkeit sind für Hegel nicht dasselbe, schließen sich allerdings auch nicht aus. Es muß auf dem jeweiligen Entwicklungsstand einer Gesellschaft *empirisch* ausgemacht werden, wie diese *prinzipiell* notwendige Verschränkung von Qualifikations- und Glückseligkeitsbildung jeweils auszusehen hat. Festzuhalten aber bleibt, daß es gerade Hegels Konzept des (objektiven) Geistes ist, das die Dimension eines verallgemeinerungsfähigen subjektiven Glücksstrebens ausdrücklich anerkennt und als Bildungsproblem formuliert.

Wenn es richtig ist, daß Hegels Rechtsphilosphie erst mit der Stufe der *Sittlichkeit* den »Träger und Grund« ihrer Darstellung erreicht, dann ist Sittlichkeit auch der Schlüsselbegriff für Hegels Sozialontologie. Er umschreibt als *Idee* den *Begriff der Freiheit* - das »sittliche Sein« oder die »sittliche Substanz«, den Nachfolgebegriff des moralisch Guten - und dessen *Realität* - das *besondere Selbstbewußtsein* der Individuen (vgl. Hegel Rph § 142). Die *Einheit* beider wird von Hegel als *Wissen* bestimmt (vgl. Hegel Rph § 143) und damit an die gesellschaftlichen *Individuen* gebunden, nicht an eine von ihnen abgelöste Objektivität »delegiert« (Theunissen, Henrich). Zudem ist es gerade der (logische) Charakter der Idee, daß sie ihre *Unterschiede* als aufeinander verwiesene *totale Momente* ausdifferenzieren muß. Das ist die *strukturelle* Basis für die *Erhaltung* der Intentionen, die gewöhnlich mit Recht (und auch von Hegel) mit der moralischen Subjektivität verbunden werden. Sittlichkeit ist die aufgehobene, nicht die abgeschaffte Moralität. Von daher kann von einem "Verlust kritischer Rationalität (..) bei Hegel" (Löwisch 1989, 211) keine Rede sein.

Eine erste Konsequenz der strukturellen Anlage von Hegels Sittlichkeitsbegriff ist, daß die »sittliche Substanz« als sich *ausdifferenzierendes* und durch die Individuen hindurch *reproduzierendes* "System" (Hegel Rph § 145) von Institutionen, Organisationen und Strukturen expliziert wird. In diesem weitgefaßten Sinn muß man Hegels (vor-soziologischen) Begriff der "*an und für sich seienden Gesetze* und *Einrichtungen*" (Hegel Rph § 144) verstehen. Familie, bürgerliche Gesellschaft und Staat werden als die basalen "*Institutionen*" (Hegel Rph 263) der modernen Sittlichkeit eingeführt. Auch an dieser besonders exponierten Stelle seiner Sozialontologie geht es nicht um die theoretische Konstruktion eines sozialen Hyperakteurs - etwa um »den Staat«. Hegel betont ausdrücklich, daß soziale Institutionen nur in der Interaktion von Individuen Realität gewinnen können. Das "Sittliche" als rein "*Allgemeines*" ist "ein Untätiges" und hat allein "an dem Subjekte sein Betätigendes" (Hegel 10/298), d.h. seine "Vorstellung, erscheinende Gestalt und Wirklichkeit" (Hegel Rph § 145). Auch für Hegel ist mithin etwa der "Staat" "keine substantielle Einheit" (i.S. eines Übersubjekts), sondern "ein organisierter Handlungs- und Wirkzusammenhang" von Individuen, welche "im eigentlichen Sinn seine »Träger« sind", die ihn "aktualisieren und verwirklichen" (Böckenförde 1991, 219). Hegel benennt im Begriff der »sittlichen Substanz« keinen »eigentlichen Akteur«, sondern verweist allein auf die schwer bestreitbare Tatsache, daß sich Handlungen und Interaktionen von Individuen zu objektiven Handlungsmustern und entsprechenden Vorstellungssystemen verdichten können, die gegenüber den jeweils individuell aufweisbaren Intentionen und Aktionen eine bisweilen äußerst nachdrückliche Emergenz an den Tag legen. Das ist soziologisch alles andere als naiv (vgl. Weber 1976, 6f).

Diese kollektive Identität ist ihrerseits ein komplexes Gefüge von Handlungsmustern, Einstellungen, Systemproblemen und Naturbeziehungen.
Zu ihrer Aufhellung kann man Hegels *Schlußlogik* heranziehen (vgl. Hegel 6/425, Hegel 8/356, Henrich 1982), die ja methodisch für den System-
begriff Hegels konstitutiv ist. Dann wird deutlich, daß es sich bei »der
Gesellschaft« oder »dem Staat« nicht um kompakte »Blöcke« handelt,
sondern um alltäglich reproduzierte Sozialbeziehungen von Individuen.
Analoge Überlegungen gelten auch für den Begriff des *Interesses*, dessen
Zentralität für Hegels Handlungs- und Sozialtheorie erst in dieser Differenzierung zurecht behauptet werden kann (vgl. Hegel 10/297 f.). Die ge-
rade heute diskutierte Notwendigkeit, u.a. durch Bildungsprozesse zur
Reflexivität individueller Interessen beizutragen, kann daher gut an He-
gels differenzierten Interessenbegriff anknüpfen:
"Indem die Individuen Reflexivität in ihr Handeln einbauen, heben sie ein
Stück weit die Entfremdung von ihren eigenen gesellschaftlichen
Reproduktionsbedingungen auf. Eine solche Reflexivität ist nicht zu regeln, zu verordnen; allerdings sind demokratische und rechtsstaatliche
Regeln eine Voraussetzung ihrer Existenz bzw. Wirksamkeit." (Hoffmann
1991, 467)
Reflexivität wird nach Hegel durch die zweite und dritte Figur der Inter-
essenkonstellation eingebaut: durch innere Distanzierung und durch die
Hereinnahme der Interessen anderer. Gleichwohl ist auch die Vermittlung durch die Allgemeinheit (z.B. als Gemeinwohlorientierung) (a)
durch die subjektive Deutung derselben vermittelt und (b) ihrerseits keine
abstrakte Negation meines eigenen Interesses. Für Hegel geht es nicht um
eine abstrakte Moralisierung der Politik, sondern um das konkrete Vorantreiben des Prozesses ihrer Versittlichung - ein Vorantreiben, das an
die wirklichen Lebens- und Interessenlagen und deren Konflikte innerhalb einer Gesellschaft anknüpfen kann und muß. Hegel spricht ausdrücklich von dem "unendlichen Recht des Subjekts, daß es sich selbst in
seiner Tätigkeit und Arbeit befriedigt findet" (Hegel 12/36 f.). Bis hinauf
zu den "reinsten rechtlichen, sittlichen und religiösen" Willensbe-
stimmungen muß "dies Moment der Einzelheit (...) seine Befriedigung erhalten"; "ich als dieses Individuum will und soll in der Ausführung des
Zwecks nicht zugrunde gehen. Dies ist mein *Interesse" (Hegel 10/298)*.
Nicht haltbar dürfte damit die Behauptung sein, "das Recht der Individuen" reduziere sich für Hegel darauf, "dem Weltgeist dienlich zu sein"
(Löwisch 1989, 210).
Über ihre schlußlogische Differenzierung hinaus vertritt Hegel nicht nur
eine Theorie objektiver, sondern vor allem auch eine Theorie *reflexiver
Institutionen*: Aus dem Charakter der Sittlichkeit als »Idee« folgt für die

ausdifferenzierte »sittliche Substanz«, daß sie *reflexive* - d.h. auf sich selbst als ganze bzw. auf sich selbst in ihren Teilsystemen, Elementen oder Prozessen bezogene - *Mechanismen* dauerhaft institutionalisieren muß. Das ist zuletzt Produkt der geschichtlichen Ausbildung *moderner Subjektivität*, wie ein Vergleich mit der »unsittlichen Sittlichkeit« (vgl. Hösle 1986) in den orientalischen Despotien, aber auch in der griechischen Antike zeigt. Für die Moderne im Hegelschen Verständnis jedenfalls gilt: "Eine unreflektierte Sittlichkeit kann nunmehr gegen das Prinzip der subjektiven Freiheit nicht stattfinden." (Hegel 12/404) Die von Hegel dargestellte moderne Sittlichkeit ist *reflexiv*: auf sich selbst zurückbezogen und sich selbst »beobachtend«. Und da die »sittliche Substanz«, das formierte gesellschaftliche Leben, nicht als homogener »Block« konzipiert wird, sondern als ausdifferenziertes System, müssen *reflexive Mechanismen* in den jeweiligen *Teilsystemen selbst* eingebaut werden. Verfassungs- und Verwaltungsgerichtsbarkeit oder staatliche Gewaltenteilung wären Beispiele dafür aus dem politisch-rechtlichen Bereich. Die von Hegel hervorgehobene Tatsache, daß moderne Gesellschaften auf der *subjektiven Freiheit aller* beruhen (vgl. Ritter 1977), zeigt sich an der Art, wie die objektiven Insitutionen der »sittlichen Substanz« verfaßt sind. Wenn sie in ihrem eigenen »Handeln« auf ihr Komplement, das "Selbstbewußtsein" (Hegel Rph § 142) der gesellschaftlichen Individuen bezogen bleiben, dann beruht ihre lebensprägende Macht auf dem Willen der einzelnen, nicht auf der Zwangsgewalt ihrer Machtmittel. Sich selbst beobachtende und an den Bedürfnissen, Interessen und Vorstellungen der Gesellschaftssubjekte immer wieder orientierende Institutionen, Organisationen und Verbände fallen ihrem Machtpotential gleichsam selbst in den Arm. Die Subjekte sind so von der »Dauerreflexion« institutioneller Strukturen und Prozesse *entlastet, ohne* daß diese individuelle Reflexion für die »sittliche Substanz« doch entbehrlich wäre. Denn es gibt keine Garantie dafür, daß auch sich durch Reflexion zivilisierende Institutionen nicht doch ihr Eigeninteresse und ihren »Gestaltungswillen« mit der Interessenwahrnehmung des allgemeinen Selbstbewußtseins verwechseln. Bei aller notwendigen Reflexivität der Teilsysteme selbst ist daher (a) die wechselseitige Beobachtung der Teilsysteme und (b) die Beobachtung des »Systems der Sittlichkeit« insgesamt durch die gesellschaftlichen Subjekte unabdingbar. Dieses Grundelement der demokratischen Kontrolle gesellschaftlicher Machtstrukturen ist bei Hegel darin fundiert, daß es für seine Sozialontologie kein individuelles (Selbst)Bewußtsein der Substanz, sondern nur ein mögliches *substantielles Bewußtsein* der Individuen gibt.
Nicht zufällig ist daher die gegenwärtige Diskussion um eine »*ökologische Verfassung*« (Blanke, Preuß) das beste Beispiel für die Aktualität des

Konzepts reflexiver Institutionen. Denn in ihr geht es nicht allein darum, durch welchen Wandel im institutionellen Arrangement des Politischen moderne Gesellschaften die ökologisch destruktiven Folgen ihres eigenen Handelns und Unterlassens abwenden oder doch deutlich minimieren können, sondern vor allem auch darum, wie dies auf der Höhe der von den gesellschaftlichen Akteuren selbst formulierten Interessen- und Vorstellungsorientierungen möglich sein kann. Erst durch beide Aspekte *zusammen* kann von einer »ökologischen Demokratie« gesprochen werden (vgl. Demirovic 1987 und 1991). Es käme - von Hegel her gesehen - nicht nur darauf an (a) die reflexiven Mechanismen gesellschaftlicher Basisinstitutionen zu verstärken und sie (b) an den sozialen und ökologischen Folgen des institutionellen »Handelns« vorweg zu orientieren. Es käme darüberhinaus auch (c) darauf an, die Diagnosen und Ziele gesellschaftlicher Gruppen (die Seite des »Selbstbewußtseins«) mit den (reflexiven) Institutionen »in Kontakt« zu halten. Anders gesagt: auch sozial-ökologisch reflektierte Institutionen können auf die demokratische Kontrolle durch die Gesellschaft nicht verzichten. Aus der Dialektik von sozialer Bewegung und institutionellem Arrangement ist nicht auszubrechen - auch und gerade dann nicht, wenn es auf die interne sozial-ökologische Umgestaltung der Institutionen ankommt. Da es zugleich keine prästabilierte Harmonie zwischen Demokratisierung und Ökologisierung der Politik gibt, verweist gerade dieser Aspekt auf die Notwendigkeit individueller und kollektiver Lernprozesse auch *unterhalb* der Ebene gesellschaftlicher Institutionalisierung. Am Beispiel der *Wissenschaft* läßt sich das zeigen: So bedeutsam der Streit von Experten und Gegenexperten für eine »differentielle Politik« (Beck) ist - so sehr es also erstrebenswert ist, daß die "Möglichkeiten der *Selbstkritik*" der Wissenschaft "*institutionell abgesichert* werden" (Beck 1986, 372) - so wenig kann doch dieser reflexive Mechanismus der ökologischen Selbstbeobachtung des Wissenschaftssystems auf die Impulse, Beobachtungen und Interessenlagen sozialer Akteure *außerhalb* des Wissenschaftssystems verzichten. Nur dort nämlich wird die »sittliche Substanz« der Wissenschaft *selbst*, ihre Bedeutung als ein gesellschaftliches Projekt, auch hinreichend vom »Selbstbewußtsein« kontextualisiert - z.B. auch durch »unwissenschaftliche« Kritik an der Wissenschaft von Experten *und* Gegenexperten. Geschieht dies nicht, droht der institutionalisierten Selbstkritik der Wissenschaft mit der Entpolitisierung auch die wissenschaftliche Entschärfung (vgl. Schramm 1990). Nur zusammen mit dieser »Reflexion nach außen« kann die Institutionalisierung der Wissenschaftskritik Moment der »Idee« der Sittlichkeit sein. Ohne sie drohen die "*Listen der Ohnmacht*" (Beck 1988, 277) nur ohnmächtig zu bleiben.

Neben ihrer Ausdifferenzierung und Reflexivität ist es ein drittes Charakteristikum der »sittlichen Substanz«, daß sie als *sedimentierte* oder *institutionalisierte Anerkennung* aufgefaßt werden muß - das hatte Hegel bereits im subjektiven Geist angedeutet. Die Institutionen der Sittlichkeit sind "entgegenkommende Lebensformen" (Habermas 1986, 28) dann und deshalb, wenn und weil sie auf Dauer gestellte soziale Interaktions- und Lebenszusammenhänge darstellen, in die (in historisch wechselnden, vom »Kampf um Anerkennung« abhängenden Graden) symmetrische Anerkennung funktional spezifiziert eingegangen ist. Es gibt für Hegel also *nicht-verdinglichte soziale Objektivität*. Sie ist nicht nur sedimentierter Handlungszwang - das ist sie in unterschiedlichem Ausmaß immer auch -, sie ist vor allem soziale Handlungsressource und als diese die *Ermöglichungsbedingung* der Selbst-Werdung, -Reproduktion und -Entwicklung[2]. Trotz häufig konservativer Parteinahme ist Hegels Philosophie des objektiven Geistes ihrem sachlichen Gehalt nach eine durchaus *kritische Theorie sozialer Institutionen*; sie wendet sich nicht gegen Kritik im Namen des Bestehenden, sondern formuliert Bedingungen, unter denen Kritik selbst Ferment/Moment einer fortschrittlichen sozialen Praxis sein kann (»immanente Kritik« - vgl. Peperzak 1982). Der *normative* Gehalt des Anerkennungsbegriffs kommt hier als *Maßstab* der Kritik zum Tragen. Berührungspunkte mit Habermas' Diskursethik sind damit gegeben; deutlicher als Habermas benennt Hegel allerdings die *institutionellen Voraussetzungen* (und möglichen *Hindernisse*) rationellen Einverständnisses. Gleichwohl: Durch die inhaltliche Verknüpfung der Objektivität des gesellschaftlichen Lebens mit dem Prinzip der Anerkennung macht Hegel deutlich, daß er mit »sittlicher Substanz« keineswegs auf eine normativ indifferente Sphäre sozialer Intergration abstellt, sondern einen normativ gehaltvollen Begriff ins Spiel bringt. Dessen Elemente (Allgemeinheit als Wechselseitigkeit der Individuen, Freiheit, Gleichheit) sind zugleich Fermente einer demokratischen Gesellschaftsentwicklung. Obwohl Hegels Äußerungen zur Demokratie (vgl. Hegel Rph §§ 273 A. und 279 A.) in dieser Hinsicht nicht ermutigend sind, enthält seine normativ gehaltvolle Sozialontologie doch - womöglich wider den Willen ihres Autors - eine demokratische Substanz.

Zurecht hat gerade das Verhältnis von *bürgerlicher Gesellschaft und Staat* bei Hegel große Aufmerksamkeit in der Literatur gefunden. Oft wird aber die Pointe dieses Verhältnisses fälschlich darin gesehen, daß Hegel aufgrund seiner Einsicht in die Krisenhaftigkeit der bürgerlichen Gesellschaft die Position eines starken, in die Gesellschaft per Zwang intervenierenden Staates vertreten habe.

"Die moralischen und kulturellen Probleme, die eine kapitalistische Modernisierung der Gesellschaft mit sich bringt, sind für Hegel nur durch einen Staat zu bändigen, der gegenüber der bürgerlichen Gesellschaft die »Wirklichkeit der sittlichen Idee« autoritär zur Geltung bringt." (Dubiel 1991, 125)

Es trifft zu: Die Allgemeinheit der Individuen, ihr "allgemeines Leben", ist "der wahrhafte Inhalt und Zweck" (Hegel Rph § 258 A.) des Staates. Dem Staat im eigentlichen Sinn weist Hegel genuin politische Aufgaben zu; sein Zweck ist die "*Vereinigung* als solche" (Hegel Rph § 258 A.) - also die Aufhebung der in der bürgerlichen Gesellschaft sich reproduzierenden sozialen Ungleichheit. Aber das kann nur der Fall sein, weil sich bereits *innerhalb* der bürgerlichen Gesellschaft Strukturen, Prozesse, Institutionen und subjektive Verhaltensweisen ausgebildet haben, die die ansonsten dort dominierende Orientierung an den unmittelbar eigenen Interessen transzendieren. Die tatsächlich vorhandenen *wirtschafts- und sozialstaatlichen Ansätze* bei Hegel (Polizei, Kooperation; vgl. Hegel RpH § 231 ff. und Avineri 1976) firmieren noch unter dem Titel »bürgerliche Gesellschaft«. Das impliziert: Erfolgreich i.s. von krisenvermeidend/-entschärfend können nach Hegel nur diejenigen staatlichen Maßnahmen sein, die an der *Selbstorganisation* der Gesellschaft *ansetzen, ohne* sie *unmittelbar* unter staatliche Gewalt zu bringen. Er betont zwar mit durchaus aktuellem Nachdruck, daß die "verschiedenen Interessen der Produzenten und Konsumenten" zu einer "Kollision" führen können, die der staatlichen "Regulierung" (Hegel Rph § 236) bedarf. Er unterstreicht aber zugleich, daß der den Markt regulierende Staat nicht in "das andere Extrem" fallen darf: in "die Versorgung sowie die Bestimmung der Arbeit aller durch öffentliche Veranstaltung" (Hegel Rph § 236 A.). Zwar darf "die Gewerbefreiheit" "nicht von der Art sein, daß das allgemeine Beste in Gefahr kommt" (Hegel Rph § 236 Z.) - sie darf etwa nicht dazu führen, daß die Naturgrundlagen gesellschaftlicher Reproduktion aufgrund privatwirtschaftlicher Interessenkalküle nachhaltig untergraben werden. Gleichwohl darf gerade der von Hegel anvisierte moderne Staat keine planwirtschaftliche Überinstanz und auch keine Öko-Diktatur sein. Sonst nämlich würde er die Vernünftigkeit der Orientierung an den eigenen Interessen und Zielvorstellungen der gesellschaftlichen Individuen - die spezifisch moderne Sittlichkeit mithin - einfach überspringen. Daß die öko-systemische Intelligenz und Effizienz einer Planungsbürokratie mindestens so schlecht ist wie die eines sich selbst überlassenen Marktes dürften die ökologischen Probleme im ehemaligen »real existierenden Sozialismus« deutlich belegen - soweit sie sich bislang überhaupt überblicken lassen.

Hegels Staat ist von daher kein starkes Sozialgebilde, sondern eher "a very minimalist state" (Avineri 1987, 225). Er muß zwar in die Marktprozesse, Sozialbeziehungen und technischen Infrastrukturen der bürgerlichen Gesellschaft intervenieren und intervenieren können. Aber er tut dies dann am erfolgversprechendsten, wenn er bestimmte Tendenzen innerhalb der zivilen bürgerlichen Gesellschaft aufgreift, unterstützt und in eine bestimmte Richtung lenkt. Darum ist es nur "einerseits" richtig, den Staat als eine "*äußerliche* Notwendigkeit" der Gesellschaft gegenüber zu begreifen; "andererseits" aber - und das wird von Hegel-Kritikern in der Regel übersehen - "ist er ihr *immanenter* Zweck und hat seine Stärke in der Einheit seines allgemeinen Endzwecks und des besonderen Interesses der Individuen" (Hegel Rph § 261). Letztes Ziel und basaler Legitimationsgrund des Staates in seiner eigenen Sphäre ist *nicht* die Dominanz des abstrakt Allgemeinen über die einzelnen, sondern die Dominanz des *konkreten* über das *abstrakt* Allgemeine - also die *Vereinigung* der Individuen zum Zwecke ihrer allgemeinen Anerkennung als freier Naturwesen.

Staat und Individuen stehen nach dieser Auffassung in einem *Anerkennungsverhältnis* zueinander: Vertrauen, zustimmende Reflexion und affirmatives Denken kann das Individuum nur dann dem Staat gegenüber entwickeln, wenn dieser das sich reproduzierende Dasein des substantiellen (Seite der Allgemeinheit) *und* des partikularen (Seite der Besonderheit) Interesses der einzelnen Staatsbürger ist (vgl. Hegel Rph § 268). Dementsprechend ist die »sittliche Substanz« des Staates garnicht die Allgemeinheit allein, sondern als "*Idealität*" selbst die *Einheit von Allgemeinheit und Besonderheit*. Nur wenn es zu den Zwecken des Staates gehört, die Einzelnen *auch* nach ihrer Partikularität zu erhalten - wenn er sie in ihrem "*Recht*" sichert und ihrem "*Wohl*" (Hegel 10/330 f.) fördert -, ist er für sie in ihrer inneren Dopplung (vgl. Hegel Rph § 264) kein Fremdes. In diesem Sinn bestimmt Hegel "das *allgemeine* Interesse als solches *und* darin als ihrer Substanz die Erhaltung der *besonderen* Interessen" als den "*Zweck des Staates*" (Hegel Rph § 270 - herv. F.R.). Die sittliche Substanz des Staates wird damit als ein den Individuen gegenüber Anderes bestimmt, das zugleich - wenn es diesen Bedingungen genügt - kein Anderes für sie ist. In ihm sind sie folglich zu sich selbst als frei zurückgekehrt - subjektive Realität des objektiven Geistes. Politische Bildung darf daher nicht als »Staatspädagogik« (Hegel an Niethammer) in dem Sinn verstanden werden, daß sie den Individuen die Normen und Werte staatlicher Organe implementiert. Politische Bildung hat vielmehr das individuelle Bewußtsein für die »Idee der Sittlichkeit« zu schärfen - ein Bewußtsein, zu dem neben dem objektiven System der »sittlichen Substanz« eben auch das gesellschaftliche »Selbstbewußtsein« in seiner unvertretbaren individuellen Ausprägung gehört. Impulse, die vom »Selbst-bewußtsein« auf die »Substanz« ausgehen, gehören also ebenfalls zum Bildungsprozeß. Politische Bildung ist damit auch ein Moment der Bildung der Gesellschaft selbst.

Literatur

Avineri, S. (1976): Hegels Theorie des modernen Staates. Frankfurt Avineri, S. (1987): The Paradox of Civil Society in the Structure of Hegels Views on »Sittlichkeit«. In: Hegel-Jahrbuch, 216-225

Bätzing, W. (1990): Ökologische Stabilität und menschliche Arbeit - Naturphilosophische Überlegungen zur Mensch-Natur-Beziehung aus geoökologischer Sicht. In: Hegel-Jahrbuch, 455-460

Beck, U. (1986): Risikogesellschaft. Frankfurt

Beck, U. (1988): Gegengifte - Die organisierte Unverantwortlichkeit. Frankfurt

Benhabib, S. (1984): Obligation, contract and exchange - on the significance of Hegel's abstract right. In: Pelczynski (1984), 159-177

Böckenförde, E.-W. (1991): Recht, Staat, Freiheit - Studien zur Rechtsphilosophie, Staatstheorie und Verfassungsgeschichte. Frankfurt

Breidbach, O. (1982): Das Organische in Hegels Denken - Studie zur Naturphilosophie und Biologie um 1800. Würzburg

Cohen, R. S./Wartofsky, M. W. (Hg.) (1984): Hegel and the Sciences. Dordrecht/Boston/Lancaster

Daniel, C. (1983): Hegel verstehen. Frankfurt/New York

Demirovic, A. (1987): Demokratie, Ökologie, Ökologische Demokratie - Demokratievorstellungen und -konzepte der Neuen Sozialen Bewegungen und der Partei »Die Grünen«. Frankfurt (Sozial-ökologisches Arbeitspapier Nr. 27)

Demirovic, A. (1991): Ökologische Krise und die Zukunft der Demokratie. In: Prokla 84, 443-460

Dreier, R. (1981): Recht - Moral - Ideologie. Studien zur Rechtstheorie. Frankfurt

Dubiel, H. (1991): Die Ökologie der gesellschaftlichen Moral. In: Müller-Doohm (1991), 123-137

v. Engelhardt, D. (1976): Hegel und die Chemie - Studie zur Philosophie und Wissenschaft der Natur um 1800. Wiesbaden

Falkenburg, B. (1987): Die Form der Materie - Zur Metaphysik der Natur bei Kant und Hegel. Frankfurt

Forschungsgruppe Soziale Ökologie (1987): Soziale Ökologie - Gutachten zur Förderung der sozial-ökologischen Forschung in Hessen. Frankfurt

Frank, M. (1986): Die Unhintergehbarkeit von Individualität. Frankfurt

Fulda, H. F. (1991): Spekulative Logik als die eigentliche Metaphysik - Zu Hegels Verwandlung des neuzeitlichen Metaphysikverständnisses. In: D. Pätzold/A. v. Jagd (Hg.): Hegels Transformation der Metaphysik. Köln, 9-27

Giddens, A. (1984): Interpretative Soziologie. Frankfurt

Giddens, A. (1988): Die Konstitution der Gesellschaft. Frankfurt/New York

Habermas, J. (1985): Der philosophische Diskurs der Moderne. Frankfurt

Habermas, J.(1986): Moralität und Sittlichkeit - Treffen Hegels Einwände gegen Kant auch auf die Diskursethik zu? In: Kuhlmann (1986), 16-37

Haferkamp, H./Schmid, M. (Hg.) (1987): Sinn, Kommunikation und soziale Differenzierung. Frankfurt

Hansmann, O./Marotzki, W. (Hg.) (1989): Diskurs Bildungstheorie II - Problemgeschichtliche Orientierungen - Rekonstruktionen der Bildungstheorie unter Bedingungen der gegenwärtigen Gesellschaft. Weinheim

Hastedt, H. (1988): Das Leib-Seele-Problem - Zwischen Naturwissenschaft des Geistes und kultureller Eindimensionalität. Frankfurt

Hegel, G. W. F.(1969 ff.): Werke in 20 Bänden (ed. Moldenhauer/Michel). Frankfurt
- (PhdG): Phänomenologie des Geistes (ed. Hoffmeister). Hamburg 1952
- (Rph): Grundlinien der Philosophie des Rechts oder Naturrecht und Staatswissenschaft im Grundrisse (ed. Reichelt). Frankfurt/Berlin/Wien 1972

Heinrich, K. (1982): Versuch über die Schwierigkeit nein zu sagen. Basel/Frankfurt

Heinrich, M. (1990): Zum Verhältnis sozialwissenschaftlicher und naturwissenschaftlicher Formen des Wissens. In: Prokla 79, 88-106

Henrich, D. (1982): Logische Form und reale Totalität - Über die Begriffsform von Hegels eigentlichem Staatsbegriff, in: Henrich/Horstmann (1982), 428-450

Henrich, D./Horstmann, R.-P. (Hg.) (1982): Hegels Philosophie des Rechts - Die Theorie der Rechtsformen und ihre Logik. Stuttgart 1982

Hösle, V. (1986): Eine unsittliche Sittlichkeit - Hegels Kritik an der indischen Kultur. In: Kuhlmann (1986), 136-182

Hösle, V. (1987): Hegels System - Der Idealismus der Subjektivität und das Problem der Intersubjektivität (2 Bde.). Hamburg

Hoffmann, J. (1991): Freiheit und Demokratie gegen Ökologie? In: Prokla 84, 461-481

Ihmig, K.-N. (1989): Hegels Deutung der Gravitation. Frankfurt

Krohn, W. (1972): Die formale Logik in Hegels »Wissenschaft der Logik« - Untersuchungen zur Schlußlehre. München

Kuhlmann, W. (Hg.) (1986): Moralität und Sittlichkeit - Das Problem Hegels und die Diskursethik. Frankfurt

Lamb, D. (Hg.) (1987): Hegel and Modern Philosophy. London/New York/Sydney

Löwisch, D.-J. (1989): G. W. F. Hegel. In: W. Fischer/D.-J. Löwisch: Pädagogisches Denken von den Anfängen bis zur Gegenwart. Darmstadt, 200-211

Marotzki, W. (1984): Subjektivität und Negativität als Bildungsproblem - Tiefenpsychologische, struktur- und interaktionstheoretische Perspektiven moderner Subjektivität. Frankfurt

Marotzki, W. (1989): Strukturen moderner Bildungsprozesse - Über einige systematische Voraussetzungen der Bildungstheorie G. W. F. Hegels. In: Hansmann/Marotzki (1989), 147-180

Müller-Doohm, S. (1991): Soziologie ohne Gesellschaft? Notizen zum Gegenstandsverlust einer Disziplin. In: Müller-Doohm (1991), 48-99.

- (Hg.) (1991): Jenseits der Utopie - Theoriekritik der Gegenwart. Frankfurt

Pelczynski, Z. A. (Hg.) (1984): The State and Civil Society - Studies in Hegel's Political Philosophy. Cambridge

Peperzak, A. (1982): Hegels Pflichten- und Tugendlehre. In: Hegel-Studien Bd. 17, 97-117

Petry, M. J. (Hg.) (1987): Hegel und die Naturwissenschaften (Spekulation und Erfahrung, Abt. II, Bd. 2). Stuttgart/Bad Cannstatt

Plessner, H. (1975): Die Stufen des Organischen und der Mensch - Einleitung in die philosophische Anthropologie. Berlin/New York

Reusswig, F. (1991): Das Leben des Geistes - Zu Struktur, systematischer Entwicklung und aktueller Bedeutung des Begriffs der Subjektivität bei Hegel. (Diss. Universität Frankfurt)

Reusswig, F./Ritsert, J. (1990): Spekulative Identität - Über Sinn und Bedeutung eines dialektischen Grundgedankens bei Hegel. Frankfurt 1990 (Seminarmaterialien 5)

Riedel, M. (1976): Theorie und Praxis im Denken Hegels. Frankfurt/Berlin/Wien

Ritter, J. (1977): Hegel und die französische Revolution. In: ders.: Metaphysik und Politik - Studien zu Aristoteles und Hegel. Frankfurt, 183-255

Rorty, R. (1987): Der Spiegel der Natur. Frankfurt

Salomon, W. (1982): Urteil und Selbstverhältnis - Kommentierende Untersuchung zur Lehre vom Urteil in Hegels »Wissenschaft der Logik«. Frankfurt

Schramm, E. (1985): Ökosystem und ökologisches Gefüge. In: G. Böhme/E. Schramm (Hg.): Soziale Naturwissenschaft. Frankfurt 1985, 63-90

- (1990): Die Verwissenschaftlichung der Oppositionsbewegungen. In: Prokla 79, 22-36

Schubert, A. (1985): Der Strukturgedanke in Hegels »Wissenschaft der Logik«. Königstein/Ts.

Steinvorth, U. (1983): Stationen der politischen Theorie. Stuttgart

Teubner, G. (1987): Hyperzyklus in Recht und Organisation - Zum Verhältnis von Selbstbeobachtung, Selbstkonstitution und Autopoiese. In: Haferkamp/Schmid (1987), 89-128

Theunissen, M. (1980): Sein und Schein - Die kritische Funktion der Hegelschen Logik. Frankfurt

- (1982): Die verdrängte Intersubjektivität in Hegels Philosophie des Rechts. In: Henrich/Horstmann (1982), 317-381

Tuschling, B. (1988): Widerspruch und Konsistenz. In: Zeitschrift für philosophische Forschung 42, 71-94

Vogel, M. R. (1983): Gesellschaftliche Subjektivitätsformen. Frankfurt/New York

Wandschneider, D. (1982): Raum, Zeit, Relativität - Grundbestimmungen der Physik in der Perspektive der Hegelschen Naturphilosophie. Frankfurt

Weber, M. (1976): Wirtschaft und Gesellschaft. Tübingen

Weimann, R./Gumbrecht, H. U. (Hg.) (1991): Postmoderne - globale Differenz. Frankfurt

Wolff, M. (1986): Der Satz vom Grund, oder: Was ist philosophische Argumentation? In: Neue Hefte für Philosophie Nr. 26, 89-114

Albert Scherr

Bildung als Entgegensetzung zu systemischer Autopoiesis und individueller Ohnmacht

1. Die bildungstheoretische Relevanz der Theorie autopoietischer Systeme

Der nachhaltige Einfluß der von N. Luhmann vorgelegten Theorie autopoietischer sozialer Systeme auf die sozial- und erziehungswissenschaftliche Diskussion ist neben der ungewöhnlichen Produktivität des Autors nicht zuletzt auch darauf zurückzuführen, daß dieser mit dem Anspruch auftritt, eine alternativlose paradigmatische Grundlegung mit fachuniversalem Anspruch begründen zu können. Vorgängigen Theorien wird der Status von Klassikern zugewiesen, an deren Problemstellung noch angeschlossen werden kann, deren begriffliche Mittel der Problembearbeitung sich aber als untauglich erwiesen haben. Insbesondere den Versuch, das Programm einer kritischen Sozialwissenschaft weiterzuentwickeln, erklärt Luhmann für obsolet (vgl. Luhmann 1991). Der vorliegende Beitrag hat jedoch nicht die spezifischen Schwierigkeiten zum Gegenstand, mit denen eine als Fachwissenschaft verstandene Soziologie in der Auseinandersetzung mit der neueren Systemtheorie konfrontiert ist. Vielmehr diskutiere ich die Theorie autopoietischer Systeme unter bildungstheorischen Gesichtspunkten. Dies ist insofern kein dieser Theorie äußerlicher Aspekt, wie die Begriffe Bildung und Vernunft von Luhmann als Ausdruck einer Denktradition verstanden werden, die zu überwinden zu seinen erklärten Absichten gehört (Luhmann 1984, 20 f sowie 628 ff.). Bildungstheorie unterscheidet sich von vergleichbaren sozialwissenschaftlichen Unternehmungen dadurch, daß sie in Übereinstimmung mit den klassisch-pädagogischen Bildungstheorien (vgl. Klafki 1986) mit dem Begriff der Subjektivität normativ gehaltvolle Grundannahmen in Anspruch nimmt. Die Rede von Subjektivität verweist darauf, daß Selbstbewußtsein und Selbstbestimmung Potentiale sind, die nicht nur eine spezifische Qualität menschlicher Lebenstätigkeit beschreiben, sondern darüber hinaus der Analyse und Kritik gesellschaftlicher Wirklichkeit normativ zugrundegelegt werden können. Bildungstheorien beanspruchen in diesem Sinne, eine Kritik von Macht- und Herrschaftsverhältnissen zu begründen, die die Entfaltung des Selbstbewußtseins und der Selbstbestimmung aller Individuen behindern (Sünker 1989). Sie verbleiben damit in einer Denktradition, die von Vertretern zeitgenössischer Systemtheorien mit

dem Verdikt des alteuropäischen belegt wird und damit spezifischen Begründungsverpflichtungen unterstellt werden soll. Sowohl bezüglich der Grundbegriffe Vernunft und Subjektivität wie die bezüglich der Behauptung, daß vernünftige Selbstbestimmung die Grundlage einer vernünftigeren Gestaltung der gesellschaftlichen Allgemeinheit sein kann, wird erklärt, daß die theoretischen und gesellschaftlichen Voraussetzungen dieser Annahmen nicht länger gegeben seien (vgl. Luhmann 1984, 51). Systemtheorie steht dagegen für den Anspruch, daß mit den Theoremen der funktionalen Differenzierung und der Autopoiesis Darstellungen der Struktur und Entwicklungsdynamik gegenwärtiger Gesellschaften formuliert werden können, die dem alteuropäischen Denken überlegen sind und die seine normativen Implikationen hinfällig werden lassen. Systemtheorie wird als eine Form der Gesellschaftsbeobachtung präsentiert, für die behauptet wird, daß sie auf eine normative Grundlegung verzichten kann. Es ist nicht zuletzt der Sachverhalt, daß damit eine theoretische Position bezogen wird, für die noch elementare Normativitäten nichts anders sind als kontingente Unterscheidungen, mit den Systeme operieren (vgl. Luhmann 1985), die häufig Anlaß für Polemiken ist, die eine differenzierte Auseinandersetzung aber nicht ersetzen können.
Die Herausforderung, die die Theorie autopoietischer Systeme für die Programmatik einer kritischen Bildungstheorie enthält, liegt jedoch wesentlich nicht in diesem latent zynischen Gestus, mit dem Luhmann seine Theorie vorträgt. Die Theorie autopoietischer Systeme enthält vielmehr eine fundamentale Infragestellungen der Möglichkeit von Bildungstheorie und Bildungspraxis: Die Luhmannsche Systemtheorie ist, indem sie die Verzichtbarkeit des Subjektbegriffs behauptet und eine strikte Trennung von sozialen und psychischen Systemen zugrundelegt, eine radikale Zurückweisung jener Grundannahmen sozialwissenschaftlichen Denkens, die für eine Theorie der Bildung, die die Programmatik der klassischen Bildungstheorien fortentwickeln will, unverzichtbar sind. Anders und zugespitzt formuliert: *Akzeptiert man die Theorie autopoietischer sozialer Systeme als Grundlegung von Gesellschaftstheorie, muß man den Versuch der Entwicklung einer Bildungstheorie als gescheitert betrachten* (s. Luhmann 1984, 628 ff). Die Annahme einer autopoietischen Reproduktion differenzierter sozialer Systeme schließt - wie im Folgenden genauer zu zeigen sein wird - ein, daß individuelle Bildungsprozesse auf die Struktur und Dynamik der gesellschaftlichen Entwicklung keinen Einfluß ausüben können, Bildungstheorie also an ihrem Anspruch, individuelle Bildungsprozesse in bezug auf eine vernunftgemäße Umbildung der gesellschaftlichen Verhältnisse denken zu können, gescheitert ist.

Versuche einer kritischen Adaption systemtheoretischen Denkens scheitern in der Konsequenz daran, daß die Theorie autopoietischer Systeme
nur dann als eine angemessene Gesellschaftsbeobachtung gelten kann,
wenn die gesellschaftlichen Voraussetzungen von Kritik obsolet geworden
sind. Diese These möchte ich zunächst belegen, indem ich Grundannahmen der Luhmannschen Systemtheorie diskutiere. In einem zweiten
Argumentationsschritt versuche ich zu zeigen, daß die Überzeugungskraft
dieser Theorie nicht zuletzt auch daraus erwächst, daß sie eine konsequente und radikalisierte Deutung von Entwicklungsprozessen formuliert, die durch - in Marxschen Termini gesprochen - Tendenzen zu einer
fortschreitenden Verselbständigung der gesellschaftlichen Verhältnisse
gegenüber dem Willen und Bewußtsein der Individuen gekennzeichnet
sind (vgl. Berger 1985). Eine Gesellschaftsbeobachtung, die solche Tendenzen fokussiert, gewinnt ihre Plausibilität nicht zuletzt auch daraus, daß
sie mit Erfahrungen der Einflußlosigkeit der Einzelnen in komplexen und
dynamischen Weltverhältnissen übereinstimmt. Bildungstheorie muß
demgegenüber ihre Begründbarkeit erweisen, indem sie einerseits auf-
zeigt, an welche Grenzen eine Begriffsstrategie stößt, die die Selbstreferenz sozialer Systeme als Autopoiesis faßt. Sie muß zudem verdeutlichen,
welche realen Einflußchancen der Individuen auf gesellschaftliche
Entwicklungsprozesse in der gegenwärtigen Situation angenommen werden können, welche nachvollziehbaren Motive also für die Zumutung benannt werden können, sich zu bilden.

2. Subjektivität und Selbstreferenz

In einem nicht-subjektivistischen Verständnis von Bildungstheorie wird
angenommen, daß rationale Selbstbestimmung und gesellschaftliche Allgemeinheit in einer dreistelligen Relation aufeinander bezogen sind (vgl.
Theunissen 1981). Zum einen ist Bildung Aneignung des gesellschaftlich
entwickelten Wissensvorrats, also eine Entwicklung des Sich-auf-Sich-
Beziehens, die durch das Beziehen auf Andere und Anderes erst möglich
wird. Zweitens verweist der Begriff Bildung auf die Dimension einer
rationalen Vergewisserung der Einzelnen über die Gesellschaftlichkeit ihrer Existenz. Die vorgefundene Abhängigkeit der Einzelnen von ihren
gesellschaftlichen (und natürlichen) Lebensbedingungen soll durch Bildung in ein bewußtes Verhältnis transformiert werden. Die darin begründete Forderung, daß individuelle Lebenspraxis sich daran zu bemessen
hat, ob sie verallgemeinerbar ist, ist kein bloß moralisches Postulat, das
Individuen qua Verpflichtung auferlegt werden soll. Vielmehr ist es rational einsehbar und in diesem Sinne vernünftig, daß eine Gesellschaft nicht

auf Handlungsweisen begründet werden kann, deren Verallgemeinerung die Voraussetzungen gesellschaftlichen Zusammenlebens und damit auch der individuellen Lebenspraxis auf Dauer gesehen zerstören (vgl. Ebeling 1990). So kann Kommunikation nicht auf das Prinzip der Lüge gegründet werden, Tausch nicht auf das Prinzip der Übervorteilung, Produktion nicht auf das Prinzip der Naturzerstörung, Herrschaft nicht auf das Prinzip der Vernichtung der Unterworfenen. Solche Grundsätze einer nicht nur formalen Vernunft, einer Vernunft "in konkreten sozialen und kulturellen Verhältnissen, in der Art und Weise wie Menschen ihren Lebensunterhalt produzieren, sich zur Natur und zueinander verhalten" (Fetscher 1989, 667) sind ausgezeichnete Bezugspunkte eines nicht-subjektivistischen Bildungsbegriffs (vgl. Klafki 1986, 591 ff.). Dieser bedarf - entgegen dem postmodernen Verdacht, daß jede Beanspruchung einer allgemeine Geltung beanspruchenden Vernunft der Gefahr unterliege, Grundlage der Legitimation von Herrschaft zu sein (vgl. Scherr 1991) - nicht der Annahme, daß die je konkret gegebene noch einer künftige gesellschaftlichen Allgemeinheit als vernunftgemäß qualifizierbar ist und folglich Unterwerfung verlangen kann. Gefordert ist spezifisch Selbstbestimmung im bewußten Verhältnis zu den Reproduktionsbedingungen, die der individuellen Lebenspraxis vorausgesetzt sind, was die Möglichkeiten begründeter Verweigerung und rational motivierten Widerstandes einschließt. Drittens wird der Vernunftfähigkeit der Individuen die Eigenschaft zugesprochen, Irrationalitäten in den gesellschaftlichen Verhältnissen erkennen und delegitimieren zu können sowie vernünftige Zwecksetzungen artikulieren zu können. Rationalität wird hier als eine Fähigkeit von Individuen verstanden, die Mechanismen der Selbsterhaltung von Systemen durch Anpassung an ihre Umwelten überlegen ist, indem sie Einsichten in Bedingungen und Gestaltungsmöglichkeiten gesellschaftlicher Praxis ermöglicht, die sich als verallgemeinerbare Interessen lebendiger Subjekte qualifizieren lassen.

Im Unterschied zu postmodernen Kritiken der Programmatik von Bildungstheorie wird in systemtheoretischer Perspektive nicht generell die Beanspruchung des Subjektbegriffs problematisch. Selbstbezüglichkeit und Selbstbestimmungsfähigkeit gelten dort im Gegenteil als selbstverständlich anzunehmende Eigenschaften autopoietischer Systeme. Dies schließt Selbstbewußtsein als einen Modus der Selbstreferenz psychischer Systeme ein, für die angenommen wird, daß sie ihre "Selbstreferenz in der Form von Bewußtsein" (Luhmann 1984, 594) prozessieren.

Luhmann bezieht das Konzept der Autopoiesis aus der Theorie des Biologen Maturana, der Selbstbezüglichkeit als Spezifikum lebender Prozesse faßt. Maturanas Theorie liegt das Interesse zugrunde, "eine Theorie der Kognition zu entwickeln", die "eine adäquate Erkenntnis der funktionalen Organisation des erkennenden Organismus" mit einer Erklärung von Phänomenen wie "begriffliches Denken, Sprache und Bewußtsein" (zit. nach Roth 1987, 54) verbindet. Das zugrundeliegende Problem besteht darin, daß Wahrnehmen und Denken auch hinsichtlich ihrer organismischen Grundlagen nicht als bloße Reiz-Reaktions-Koppelung faßbar sind. Das Konzept der Autopoiesis trägt zur Bearbeitung der genannten Fragestellung bei, indem es darauf verweist, daß selbstbezügliche Systeme durch ihre Umwelt nicht determiniert sind, sondern ihren Lebensprozeß selbst determinieren. Zustandsveränderungen der Umwelt lösen keine eineindeutigen Reaktionen des Bewußtseins aus, sondern sind für dieses Irritationen, die nach Maßgabe der Eigenstruktur des Bewußtseinsprozessses von diesem wahrgenommen und verarbeitet werden. Denken und Wahrnehmen sind folglich keine bloßen Reflexe auf Veränderungen der Umwelt, sondern gewinnen durch Selbstbezüglichkeit und Selbstdetermination des Bewußtseinsprozesses Autonomie. Damit wird der aktive Charakter von Wahrnehmen und Denken begreifbar und auf Beschreibungen der Verknüpfungen neuronaler Netze beziehbar.

Die Theorie autopoietischer sozialer Systeme basiert auf der Annahme einer Verallgemeinerbarkeit der Eigenschaften, die Maturana lebenden Systemen zuspricht. Sie ist also keine direkte Übertragung subjekttheoretischer Konzepte auf soziale Systeme (vgl. Habermas 1985, 426 ff). In Übereinstimmung mit Maturana und einer ersten Parallele zur Hegelschen Philosophie wird Selbstbezüglichkeit nicht als exklusive Eigenschaft des Bewußtseins verstanden, sondern angenommen daß, wie Hegel formuliert, "das Leben ... als Subjekt und Prozeß wesentlich mit sich vermittelnde Tätigkeit" (Hegel 1983, 342) ist. In Differenz zu Maturana und in einer zweiten Parallele zu Hegel betrachtet Luhmann nicht nur das Lebendige als selbstreferentiell, sondern auch die Selbstbewegung der Objektivität und Allgemeinheit, deren Hegelsche Bestimmung als Geist Marx materialistisch als Bewegung des gesellschaftlichen Reproduktionsprozesses dechiffriert hat.

Luhmann bestreitet folglich explizit nicht Prozesse der Selbstbezüglichkeit, der Selbstbeobachtung und Selbstbestimmung, sondern postuliert, daß solche Prozesse keine exklusive Eigenschaft lebender Systeme oder menschlicher Individuen seien. Seine Kritik des Subjektbegriffs richtet sich deshalb zentral gegen die Behauptung, daß ausschließlich menschliches Selbst-Bewußtsein ein selbstreferentieller Prozeß sei. Ebenso sei anzunehmen, daß soziale Systeme sich durch Selbstreferenz und darauf beruhender Autonomie gegenüber ihren Umwelten auszeichnen [1].

Diese These ist gesellschaftstheoretisch betrachtet weniger überraschend und innovativ, als Luhmann unterstellt. Bereits die Marxsche Analyse des Reproduktionsprozesse des Kapitals kann präzise als Beschreibung der Struktur eines Prozesses verstanden werden, der sich als ausdifferenziertes soziales System und als eine selbstbezüglicher Prozeß konstituiert hat, der Geld in mehr Geld verwandelt und sich dabei auf menschliche Individuen und Natur als seine Umwelten bezieht (vgl. Daniel 1983, 218 ff.). Interpretiert man die Marxsche Kritik der politischen Ökonomie in Termini der Luhmannschen Systemtheorie, dann kann "das Marxsche Wertgesetz als Exempel für systemische selbstreferentielle Prozesse dienen" (Daniel 1983, 220). Nicht zufällig bezeichnet Marx das Kapital als ein "automatisches Subjekt" (MEW 23, 168) und spricht somit dem Prozeß der Kapitalreproduktion die Eigenschaft der bewußtlosen Selbstbezüglichkeit zu.

3. Autopoiesis und strukturelle Koppelungen

Folglich kann nicht generell die Behauptung der selbstbezüglichen Reproduktion sozialer Systeme als ein Spezifikum der Theorie sozialer Systeme beansprucht werden, mit der diese ihren erklärten Anspruch einlösen könnte, einen grundlegenden Bruchs mit der alteuropäischen Denktradition zu vollziehen. Ihre Eigenart liegt darin begründet, daß sie in Unterschied zur Marxschen Theorie wie zu konkurrierenden zeitgenössischen soziologischen Theorien den Prozeß der Herstellung und Erhaltung individueller Subjektivität, der es sozialen Systemen erst erlaubt, sich zu reproduzieren, systematisch aus dem Gegenstandsbereich der Gesellschaftstheorie ausklammert. Die Annahme, daß Individuen Teil von Gesellschaften, Gesellschaften ein wie immer auch komplex organisierter Zusammenhang von Individuen seien, gilt ihr vielmehr als eine zentrale Blockierung soziologischer Erkenntnismöglichkeiten (vgl. Luhmann o. J., 5). Die Einsicht der soziologischen Theorietradition in Prozesse der Verselbständigung der gesellschaftlichen Verhältnisse gegenüber dem Handeln, Willen und Bewußtsein der Individuen, also in die Differenz von Sozialintegration und Systemintegration, wird so radikalisiert: Die Theorie sozialer Systeme insistiert darauf, daß "soziale(n) Systeme nicht aus psy-

---

1. Daß Luhmann die alternative Strategie einer Ausweitung des Subjektbegriffs nicht in Betracht zieht, scheint damit zusammenhängen, daß sein kritischer Bezugspunkt die Husserlsche Phänomenolgie ist.

chischen Systemen, geschweige denn aus leibhaftigen Menschen bestehen" (Luhmann 1984, 346). Vielmehr wird angenommen, daß diese wechselseitig füreinander Umwelten bilden. Damit gewinnt Luhmann die Möglichkeit, das klassische Problem des Verhältnisses von Gesellschaft und Individuum in systemtheoretischer Begriffssprache zu behandeln und formuliert zugleich die These der Emergenz soziale Systeme. Zwar weist auch Luhmann darauf hin, daß die Autopoiesis sozialer Systeme auf das Vorhandensein menschlicher Individuen angewiesen ist: "Autopoiesis qua Leben und Bewußtsein ist Voraussetzung der Bildung sozialer Systeme, und das heißt auch, daß soziale Systeme eine eigene Reproduktion nur verwirklichen können, wenn die Fortsetzung des Lebens und des Bewußtseins gewährleistet ist" (Luhmann 1984, 297). Diese Einsicht wird in systemtheoretischer Begriffsstrategie mit dem Konzept der strukturellen Koppelungen thematisiert. Der Begriff strukturelle Koppelung verweist auf unhintergehbare Umweltabhängigkeiten sozialer Systeme, auf Voraussetzungen ihrer Reproduktion. Für die strukturelle Koppelung zwischen Systemen wird angenommen, daß sie nicht "bestimmt ... was im System geschieht. Sie muß aber vorausgesetzt werden, weil andernfalls die Autopoiesis zum Erliegen käme und das System aufhören würde zu existieren" (Luhmann, o.J., 24). Individuen bzw. psychische Systeme sind so gefaßt *bloße Voraussetzungen* gesellschaftlicher Reproduktion, d.h. ihre Existenz ist Bedingung von Gesellschaft, *wie* sie existieren hat aber keinen Einfluß auf die konkrete Ausgestaltung gesellschaftlicher Prozesse. Geradlinige (kausale) Zusammenhänge zwischen individuellen Handlungen und sozialen Prozessen sind vor diesem Hintergrund nicht anzunehmen. Vielmehr wird behauptet: "Soziale Systeme entstehen auf Grund der Geräusche, die psychische Systeme erzeugen bei ihren Versuch zu kommunizieren." (Luhmann 1984, 292). Damit aber rekurriert er auf das klassische soziologische Konzept, das behauptet, Gesellschaft sei die unbeabsichtigte Folge absichtsvoller Handlungen.

Aber auch die zugrundeliegende These, daß soziale Systeme nicht aus Menschen bestehen, ist - trotz der Luhmannschen Behauptung, sich hiermit von der soziologischen Theorietradition abzusetzen - theoretisch wenig innovativ. Die Annahme, daß Gesellschaft nicht als "die Totalität der in einem Zeitabschnitt lebenden Menschen" begriffen werden kann, hatte bereits Adorno (1973, 137) in seinen Reflexionen zum Gesellschaftsbegriff formuliert. Während jedoch Adorno bei aller Einsicht in das "Übergewicht von Verhältnissen über die Menschen, deren entmächtigte Produkte diese nachgerade sind" (ebd., 137), die individuelle Lebenspraxis noch als Moment des gesellschaftlichen Reproduktionsprozesses faßt, gelten die Individuen der Luhmannschen Systemtheorie nurmehr als Teil der gesellschaftlichen Umwelt. Dies ist mehr als eine bloß terminologische Differenz. In der Hegelschen und Marxschen Tradition faßt Adorno das Verhältnis von Gesellschaft und Individuum als eine widersprüchliche Konfiguration, in der die Individuen als eigenständige in den übergreifenden gesellschaftlichen Prozeß eingeschlossen sind, was ihre Existenz bis in deren "innere Komposition" (Adorno 1979, 307) bestimmt. Die dialektische Figur des Enthaltenseins der Gegensätze in sich ist Grundlage solcher Reflexion. Noch die Entstehung autonomer Individualität wird so als ein Resultat gesellschaftlicher Prozesse und Bedingungen gefaßt, also gerade nicht vorausgesetzt, sondern in ihrer Abhängigkeit von sozialen Verhältnissen zu verstehen versucht (vgl. Kappner 1977).

Dagegen rechnet Luhmann mit einer weitgehenden Autonomie der Gesellschaft im Verhältnis zu den Individuen wie der Individuen im Verhältnis zur Gesellschaft und lehnt folglich auch jede soziologische Sozialisationstheorie ab, die direkte Einflüsse der gesellschaftlichen Lebensbedingungen auf die individuelle Entwicklung aufzuweisen versucht. Noch Sozialisation faßt er als Selbstsozialisation, als einen autopoietischen Prozeß, dem gesellschaftliche Kommunikation wiederum bloß vorausgesetzt ist.

Akzeptiert man diese Begriffsstrategie, dann scheint auch die wissenschaftliche Arbeitsteilung zwischen Soziologie und Psychologie der Struktur sozialer Wirklichkeit angemessen zu sein. Entsprechend formuliert Luhmann: "Die Begriffe Subjekt oder Individuum fungieren .. als Leerformel für einen in sich hochkomplexen Tatbestand, der in den Zuständigkeitsbereich der Psychologie fällt und den Soziologen nicht weiter interessiert." (Luhmann 1987, 4) Dieser Behauptung scheint die evidente Tatsache entgegenzustehen, daß es menschliches Handeln ist, das beobachtet wird, wenn soziale Systeme beobachtet werden und dessen Einheit von Körperlichkeit, Selbstgefühl, Selbstbewußtsein und kooperativer Praxis die wissenschaftliche Arbeitsteilung von Physiologie, Psychologie und Soziologie nicht gerecht wird. Die Wirklichkeit, so hatte Max Weber formuliert, gehört keiner wissenschaftlichen Disziplin an.

Auf diesen naheliegenden Einwand reagiert Luhmann mit drei weiteren Spezifizierungen seiner Theorie, die wie folgt zusammengefaßt werden können:

* Kommunikation und Handeln sind nicht auf das Bewußtseins der beteiligten Individuen reduzierbar, Kommunikation ist "eine emergente Realität, eine Realität sui generis" (Luhmann 1987, 4).
* Die Zurechnung von Handlungen auf Personen ist ein Mechanismus der Komplexitätsreduktion sozialer Systeme, keine natürliche Identität von Handelnden und Handlungen (vgl. Luhmann 1991).

* Nicht Handeln ist die Grundeinheit von sozialen Systemen, sondern Kommunikation.

Die erste Behauptung, daß die sozial strukturierte Verkettung individueller Kommunikationsakte nicht *zureichend* als Ausdruck der intentionalen Handelns der beteiligten Einzelnen verstehbar ist, ist soziologisch gesehen trivial. Erst mit dieser Annahme wird ein eigenständiger Gegenstandsbereich der Sozialwissenschaften konstituiert. Sie begründet für sich genommen, wie Versuche zu einer Integration von Struktur- und Handlungstheorie zeigen (vgl Giddens 1988; Haferkamp 1987), nicht hinreichend die für die Theorie autopoietischer sozialer Systeme grundlegende Entscheidung, daß die systemtheoretisch so genannte Eigenkomplexität psychischer Systeme für den Soziologen irrelevant, d.h. bei der Analyse der Entwicklung und Struktur sozialer Systeme vernachlässigbar sei. Bedingungen die dadurch gesetzt sind, daß es Individuen sind, die handeln, sind im Gegenteil relevanter, als das Konstrukt der Koppelung autopoietischer Systeme unterstellt. Darauf verweisen Phänomene wie etwa die Grenzen, auf die die Organisation von Arbeitsprozessen durch die begrenzte körperliche Leistungsfähigkeit oder durch begründete Handlungsverweigerungen stößt. *Die Emergenz sozialer Systeme erweist sich damit als ein Phänomen, das nicht einfach gegeben ist und theoretisch vorausgesetzt werden kann, sondern das gesellschaftlich hergestellt und aufrechterhalten werden muß. Ebenso sind es sind spezifische Formierungen der individuellen Subjektivität, Prozesse der Fremd- und Selbstdisziplinierung, die es sozialen Systemen erst erlauben so zu operieren, als ob sie die Eigenkomplexität psychischer Systeme voraussetzen und über sie verfügen könnten.* Darauf haben in sozialgeschichtlicher Perspektive sowohl N. Elias als auch M. Foucault nachdrücklich hingewiesen, wie es auch sozialisationstheoretisch offensichtlich ist, daß Sozialisation gleichzeitig zu autonomer Handlungsfähigkeit befähigen wie die Einpassung von Individuen in vorgebene soziale Verhaltenserwartungen bewerkstelligen muß. Werden diese widersprüchlichen Prozesse aber als je gegebene Eigenkomplexität psychischer Systeme vorausgesetzt, also nicht als konstitutive Aspekte gesellschaftlicher Reproduktion analysiert, werden gesellschafts- wie bildungstheoretisch außerordentlich bedeutsame Phänomene für irrelevant erklärt.

Folgenreicher ist das zweite Argument: Es ist in dem Sinne interpretierbar, daß, was für ein soziales System als Ereignis fungiert, durch die Strukturen dieses Systems gesetzt wird, nicht durch das Selbstverständnis der Handelnden bestimmt ist. Die kommunikative Verkettung von Äußerungen folgt den Codes und Programmen, mit den soziale Systeme operieren. Diese setzten zwar voraus, daß Individuen sprechen. Die

Sprechakte der Individuen jedoch sind bloß das Material der Kommunikation, die Individuen sind nicht die Instanz, die den Verlauf der Kommunikation steuern. Daß Ereignisse in der sozialen Kommunikation auf
das Handeln von Individuen zurückgeführt werden (Y ist geschehen, weil
X z getan hat), wird als ein Mechanismus der Komplexitätsreduktion sozialer Systeme gefaßt, nicht als angemessene Beschreibung des Kommu-
nikationsprozesses. Soziale Systeme verfügen in dieser Sicht über das
Handeln von Individuen als Bezugspunkt ihrer Kommunikation, nehmen
dieses selektiv wahr und verknüpfen es nach sozial gültigen Regeln.
Solche Überlegungen gewinnen ihre Evidenz aus dem kaum bestreitbaren
Sachverhalt, daß soziale Systeme in der Lage sind, Handlungen von
Individuen zu ignorieren. Nicht das ganze Individuum und die subjektiv
erlebte Einheit einer Handlung sind für den Reproduktionsprozeß sozialer Systeme jeweils relevant, sondern nur solche Kommunikationsakte,
die in der Sprache der für Teilsysteme je spezifischen Kommunikationsmedien artikuliert und die im Kommunikationsprozeß aufgegriffen werden. Ob eine subjektive Handlung im weiteren Prozeß Anschluß findet,
entscheidet darüber, ob sie als soziales Ereignis stattgefunden hat. Demnach sind nicht intentional handelnde Individuen für soziale Systeme relevant, sondern nur diejenigen Verhaltensweisen, die für soziale Systeme
relevante Handlungen sind. In dieser Weise ist auch die These begründbar, daß es nicht Individuen sind, die zum Aufbau und zur Entwicklung
sozialer Systeme beitragen, sondern - in Parsonscher Terminologie - ac-
tion units, Handlungseinheiten, die als solche Einheiten durch systemische
Prozesse konstituiert und Individuen zugerechnet werden, ohne daß die
für den Reproduktionsprozeß des Systems relevante Handlung identisch
sein muß mit dem, was den Individuen intentional als Handlungseinheit
gilt. Die Aussage, daß die Eigenkomplexität von Individuen ein externer
Sachverhalt für den Reproduktionsprozeß sozialer Systeme sei, ist auf
dieser Grundlage solange tragfähig, wie der Versuch der Individuen zu
kommunizieren, nicht zu solchen Irritationen führt, die den systemischen
Reproduktionsprozeß nachhaltig irritieren.
In dieser Weise (unter Beanspruchung des Handlungsbegriffs) interpretiert, ist die Argumentation jedoch mit der Schwierigkeit konfrontiert, daß Handeln eng an "die organisch-psychische Konstitution des
Menschen" (Luhmann 1984, 193) gebunden ist. Handeln ohne handelnde
Subjekte - im Sinne einer prozessierenden Einheit von Körperlichkeit,
Selbstgefühl und Selbstbewußtsein (vgl. Vogel in diesem Band) - aber ist
nicht vorstellbar. Die Existenz handlungsfähiger Individuen können soziale Systeme aber nur insofern voraussetzen, wie es Individuen gelingt,
subjektiv ein nicht-pathologisches Verhältnis von Körperlichkeit, Selbst-

gefühl und Kognition aktiv aufrechtzuerhalten. Die Entwicklung und Stabilisierung von individueller Handlungsfähigkeit ist ein sozial voraussetzungsvoller Prozeß, der Scheitern kann. Eine konsequente Ausklammerung der Eigenkomplexität psychischer Systeme aus dem Gegenstandsbereich der Soziologie ist deshalb nicht aufrechtzuerhalten, solange Handeln als Grundbegriff der Soziologie angenommen wird. Vielmehr muß es dann als eine gesellschaftstheoretische Grundfrage gelten, wie der Aufbau und die Aufrechterhaltung der Eigenständigkeit und Eigenkomplexität individueller Lebenspraxis sozial ermöglicht wird und es zugleich gelingt, individuelle Lebensäußerungen für gesellschaftliche Zwecke zu funktionalisieren. Dies ist jedoch eine Fragestellung, die nur dann sinnvoll bearbeitet werden kann, wenn die systemtheoretisch geforderte Trennung von sozialen und psychischen Systemen, von Soziologie und Psychologie, durchbrochen wird.

Damit verlagert sich die Beweislast auf das dritte Argument, daß Kommunikation, nicht Handlung die Grundeinheit sozialer Systeme sei. Mit dieser Annahme gerät Luhmann in die Schwierigkeit, daß gerade Kommunikation, verstanden als sprachlich konstituierte Intersubjektivität, in den an Mead und Wittgenstein anschließenden sozialwissenschaftlichen Theorien gerade für jenes Spezifikum menschlicher Vergesellschaftung steht, das die Koordination individueller Handlungen auf komplexen Niveau ermöglicht, soziale Systeme als kooperatives Handeln vergesellschafteter und zugleich individuierter Personen erst möglich macht (vgl. Habermas 1988). Luhmann muß demgegenüber mit einem Sprachbegriff operieren, der die Leistung von Sprache nicht in der Ermöglichung intersubjektiver Kooperation und Verständigung sieht, sondern der es erlaubt, Bewußtsein und Kommunikation zu entkoppeln, ohne sich in die Aporien eines strukturalistischen Sprachkonzepts zu verstricken, gemäß dem die Sprache die Individuen spricht und die folglich innovatives Lernen von Individuen und sozialen Systemen nicht mehr erklären kann (vgl. Miller 1987). Eine strukturalistische Variante von Sprachtheorie würde die Differenz von sozialen und psychischen Systemen - auf der ja Luhmann nachhaltig insistiert - ebenso einebnen wie ein intentionalistisches Verständnis von Kommunikation.

Luhmann bearbeitet dieses Problem - ohne bislang eine eigenständige Sprachtheorie entfaltet zu haben - mit folgender Argumentation: Für den Fall sprachlich vermittelter verbaler Kommunikation wird die als *Ausgangspunkt* behauptete strikte Differenz von psychischen und sozialen Systemen deutlich abgeschwächt (vgl. Luhmann 1984, 243). Luhmann bezieht sich auf das sprachtheoretisch gängige Konzept, daß sprachliche Kommunikation kcinc kausale Verkettung individueller Bewußtseinsakte ist, die nach einem Reiz-Reaktions-Modell verstanden werden könnte, sondern daß in sprachlicher Kommunikation das Bedeutungspotential individueller Äußerungen selektiv realisiert wird. Dadurch gewinnen Kommunikationsprozesse eine Eigenständigkeit gegenüber den Motiven und Interessen der beteiligten Individuen. Diese sprachtheoretische Variante der Emergenzthese faßt Luhmann zu der Formulierung zusammen: "Kein Bewußtsein geht in Kommunikation auf und keine Kommunikation in einem Bewußtsein." (1984, 367). Daran schließt er die Überlegung an, daß zwar "Sprache .. soziale in psychische Komplexität (überführt)" (1984, 368), was offensichtlich einen engen Zusammenhang zwischen Bewußtsein und Kommunikation begründet, daß aber "der Bewußtseinsprozeß (nie) identisch mit sprachlicher Form" (ebd.) wird.

Wenn ich recht sehe, kann so die Ausklammerung der Eigenkomplexität psychischer Systeme aus dem Gegenstandsbereich der Sozialwissenschaften trotz der ihrerseits problematischen Umstellung vom Begriff der Handlung auf den der Kommunikation nicht durchgehalten werden. *Wie Handeln notwendig auf die Körperlichkeit lebendiger Subjekte verweist, verweist Sprache auf Bewußtseinsprozesse, die mit den in Prozessen der Kommunikation realisierten Bedeutungen nicht identisch, davon aber auch nicht vollständig abzulösen sind. Bewußtsein und sprachlich vermittelte Kommunikation sind keine wechselseitigen Implikate, aber auch nicht nach dem Modell von System und Umwelt faßbar.* Bewußsein existiert nicht sprachunabhängig, bedient sich nicht als außersprachlich gegebenes einer bloß äußerlichen sprachlichen Form. Noch das Gefühl, daß es die aktuell verfügbaren sprachlichen Ausdruckformen nicht erlauben, das zu sagen, was man zu sagen beabsichtigt, wird bewußt, indem es symbolisiert oder verbalisiert wird.

Gleichwohl behauptet Luhmann, daß Kommunikation "eine emergente Realität, ein Sachverhalt sui generis" (Luhmann 1987, 5) sei. Dieses Postulat läßt sich aber auch dann nicht durchhalten, wenn an die Stelle des Sprachbegriffs derjenige der symbolisch generalisierten Kommunikationsmedien gesetzt wird. Luhmann führt die gesellschaftstheoretische These ein, daß die "erfolgreichste/ folgenreichste Kommunikation ... in der heutigen Gesellschaft über solche Kommunikationsmedien abgewikkelt" wird (1984, 222). Wenn Kommunikation nicht im Medium der Sprache, sondern der Macht oder des Geldes gedacht wird, so hat dies zur Folge, daß eine dem Fall der gesprochenen Sprache vergleichbar enge Koppelung von psychischen und sozialen Systemen nicht zwingend angenommen werden muß. Gleichwohl gilt, daß auch Machtausübung zustimmungsabhängig ist (oder, weil sie mit Zustimmung nicht rechnen kann, gewaltförmig realisiert werden muß) und Geldvermehrung ein zahlungsfähiges Bedürfnis voraussetzt. Auch hier wiederum läßt sich gegen Luhmann einwenden: Daß es gelingt, das Handeln und Bewußtsein von Individuen in den Prozeß der Geldvermehrung bzw. der Machtausübung einzubinden, ist Voraussetzung der Reproduktion sozialer Systeme. Diese logische Voraussetzung kann jedoch nicht einfach als gegebener Sachverhalt unterstellt werden. Die soziologisch entscheidende Frage ist gerade diejenige, durch welche Prozesse und in welchen Formen dies gelingt bzw. mißlingt [2]. *Nur wenn mit Luhmann angenommen wird, daß die "Kausalität der Macht ... in der Neutralisierung des Willens, nicht unbedingt in der Brechung des Willens der Unterworfenen" (Luhmann 1975, 12) besteht, ist die These der hergestellten Autopoiesis sozialer Systeme zutreffend.* Die zugrundeliegende Frage nach der gegenwärtigen Gestalt des Verhältnisses von gesellschaftlicher und individueller Reproduktion ist aber nicht auf der Ebene grundbegrifflicher Setzungen entscheidbar, sondern erfordert empirisch gehaltvolle Gesellschaftsanalysen, die aber nur dann möglich ist, wenn deren Grundbegriffe so angelegt sind, daß sie theoretischen Vorannahmen entgegenstehende Sachverhalte noch zu beschreiben erlauben, wenn also nicht empirisch gehaltvolle und überprüfbare Hypothesen zu basalen Grundbegriffen erklärt werden. Eine Schwäche der Theorie autopoietischer Systeme liegt so gesehen darin, daß sie in Absehung von hinreichend gegenstandsbezogenen Analysen mit weitreichenden Annahmen über die Realität gegenwärtiger Gesellschaften operiert, die sich aus der allgemeinen Systemtheorie folgern lassen. Diese aber ist gerade keine Theorie, die spezifisch zur Erklärung gesellschaftlicher Sachverhalte entwickelt wurde.

4. Abstand und Nähe zur alteuropäischen Tradition

Die Luhmannsche Theorie kann - zusammenfassend formuliert - auch mit einem vom Sprachgebrauch abstrahierenden Kommunikationsbegriffs die strikte Trennung von psychischen und sozialen Systemen nicht durchhalten. Die Behauptung eine klaren Grenze zwischen psychischen und

---

2. Zu behaupten, daß soziale Systeme ihren Umwelten immer schon angepaßt sind, weil sie ansonsten nicht existieren würden, ist überabstrakt. Die These, "daß das zentrale Problem der Humanwissenschaften heute darin besteht, eine vergleichende Theorie der Bedingungen zu konstruieren, unter denen sich sozio-ökonomische Systeme reproduzieren oder nicht reproduzieren" (Godelier 1990, 58), ist demgegenüber gerade angesichts der Krise der gesellschaftlichen Naturverhältnisse zwingend.

sozialen Systemen bleibt postulativ. Die als Ausgangspunkt der Analyse gesetzte Differenz von System und Umwelt resultiert in der durchgeführten Theorie gerade nicht in dem begründeten Nachweis, daß soziale Systeme gegenüber psychischen Systemen autonom werden, vielmehr in der Darstellung eines wechselseitig konstitutiven Verhältnisses von sozialen Systemen und dem zu ihrer Umwelt erklärt Bewußtsein von Individuen (vgl. Luhmann 1984, 242). Dies wird bei Luhmann mit dem Begriff der strukturellen Koppelung auch berücksichtigt. In der Sprache der auf Hegel und Marx zurückgehenden Theorietradition formuliert, ist Luhmanns Theorie sozialer Systeme als eine Analyse von Vermittlungsprozessen zwischen eigengesetzlichen Reproduktionskreisläufen, der Verhältnisbestimmungen von individuellen und gesellschaftlichen Reproduktionsprozessen interpretierbar, die sich wechselseitig voraussetzen und ermöglichen. Seine Kritik des Subjektbegriffs reduziert sich folglich auf die Distanzierung von einer monistischen Subjektkonzeption, welche Gesellschaft nicht als widersprüchliche Einheit von individueller und gesellschaftlicher Reproduktion begreift, sondern eine individuelle bzw. transzendentale Subjektivität als Grund gesellschaftlichen Lebens faßt. Luhmanns Sozialtheorie setzt sich somit von der Husserlschen Phänomenologie wie der Kantschen Transzendentalphilosophie ab und unterstellt dabei fälschlich, daß diese das Problembewußtsein der alteuropäischen Tradition repräsentieren. Er verzichtet zugleich auf eine Auseinandersetzung mit der Subjektproblematik in der kritisch-dialektischen Theorietradition, auf die seine in bezug auf Husserls und Kant formulierten Einwände nicht zutreffen. Dies wird in folgender Formulierung Luhmanns deutlich: "So enthält denn auch die Aussage, Personen gehörten zur Umwelt sozialer Systeme, keine Gewichtung der Bedeutung von Personen für sich selbst oder für anderes. Nur die Überschätzung, die im Subjektbegriff lag, nämlich die These der Subjektivität des Bewußtseins, wird revidiert. Sozialen Systemen liegt nicht 'das Subjekt', sondern die Umwelt 'zu Grunde', und mit 'Zu Grunde liegen' ist dann nur gemeint, daß es Voraussetzungen der Ausdifferenzierung sozialer Systeme (unter anderen: Personen als Bewußtseinsträger) gibt, die nicht mit ausdifferenziert werden."(Luhmann 1984, 244).
Luhmann gerät mit solchen Formulierungen in eine überraschende Nähe zu klassischen Konzepten der alteuropäischen Denktradititon. Das Verhältnis von Individuum und Gesellschaft ist etwa bereits bei G. Simmel wie folgt bestimmt: "Die Gesellschaft will eine Ganzheit und organische Einheit sein, so daß jedes ihrer Individuen nur ein Glied ist; in spezielle Funktionen, die es als solche zu üben hat, soll es womöglich seine gesamten Kräfte gießen, soll sich umformen, bis es ganz zum geeignetsten

Träger dieser Funktion geworden ist. Allein gegen diese Rolle sträubt sich der Einheits- und Ganzheitstrieb, den das Individuum für sich allein hat. Es will in sich abgerundet sein und nicht nur die Gesellschaft abrunden helfen, es will die Gesamtheit seiner Fähigkeiten entfalten, gleichviel, welche Verschiebungen unter ihnen das Interesse der Gesellschaft forderte. "(Simmel 1984[4], 69).

Zieht man die "begriffstechnisch" zweifelos unpräzisen Formulierungen Simmels ab, kann die Übereinstimmung Luhmanns mit der klassischen Soziologie meines Erachtens darin gesehen werden, daß angenommen wird, daß sowohl Individuen sich selbst von ihnen gesellschaftlich zugewiesenen Verhaltenserwartungen unterscheiden, ihre individuelle Identität als von ihnen gesellschaftlich auferlegten Bestimmungen unterschiedene behaupten, wie auch soziale Systeme sich auf Individuen nicht in ihren vollen Komplexität beziehen, sondern in ihren Reproduktionsprozeß individuelles Verhalten nach Maßgabe ihrer Funktionsgesetzlichkeiten einbeziehen. Sowohl auf der Seite der Individuen wie auf der Seite sozialer Systeme sind "Prozesse der Selbstbeobachtung" beobachtbar, "die die Differenz von System und Umwelt in den Systemen selbst verfügbar machen" (Luhmann 1984, 247).

Was Luhmann als konsequenten Bruch mit der alteuropäischen Denktradition behauptet, erweist sich hinsichtlich der hier diskutierten Aspekte in der Durchführung seiner Analysen - trotz gegenteiliger Stilisierungen - nicht als eine Unvereinbarkeit der analytischen Konzepte . Die als Ausgangspunkt gesetzte strikte Grenze zwischen sozialen Systemen und den ihrer Umwelt zuzurechnenden psychischen Systemen reduziert sich in der Durchführung der Analyse auf die Bestimmung der Vermittlung zwischen eigengesetzlichen Reproduktionskreisläufen. *Die Luhmannsche Begriffsstrategie schließt jedoch aus - und hierin sehe ich das zentrale Problem seiner Theoriekonstruktion - daß das eigengesetzliche Prozedieren sozialer Systeme nach erfolgter Ausdifferenzierung wieder rückgebunden werden könnte an eine im Kommunikationsprozeß vergesellschafteter Individuen entwickelte Rationalität.* Die Ausdifferenzierung sozialer Systemen gegenüber ihren Umwelten wird als evolutionär eingetretenes Entwicklungsstadium begriffen, das nicht mehr rückgängig zu machen ist. Die Annahme, daß eine die Funktionslogik, die formale Rationalität ausdifferenzierter Teilsysteme übergreifende prozedurale oder substantielle Rationalität möglich und als Steuerungsinstanz beanspruchbar sei, bezeichnet Luhmann entsprechend als naiv (Luhmann 1984, 593 ff.). Die zur Begründung beanspruchte Behauptung, daß die durch Ausdifferenzierung gesteigerte Eigenkomplexität von Teilsystemen zu entwickelt sei, um noch eine externe Beeinflussung zuzulassen, die Wissen kann, was sie bewirkt, ist aber nur als sachhaltige Aussage einer Gesellschaftstheorie formulierbar. Sie sprengt den Rahmen einer allgemeinen Theorie sozialer Systeme, die über Autonomisierungs*grade* und Komplexitäts*niveaus*, wie sie für gegenwärtige Gesellschaften spezifisch sind, keine Aussagen treffen kann. Die Fragen also, welches Niveau von Eigenkomplexität, welchen Grad an Ausdifferenzierung und damit welchen Autonomiegrad soziale Systeme gegenüber dem sinnhaften Handeln und Bewußtsein von Individuen erreicht haben, sind deshalb für empirisch gehaltvolle, gegenstandsbezogene Debatten zu öffnen. Sie können nicht durch eine Gleichsetzung gesellschaftlicher Entwicklung mit biologischer Evolution beantwortet werden, die unterstellen müßte, daß gesellschaftliche Entwicklung den Zwängen der Selbsterhaltung in einer komplexen und veränderlichen Umwelt folgt (vgl. Roth 1987, 70). Damit würden diejenigen Eigenschaften gesellschaftlichen Lebens ignoriert, die gerade dadurch möglich sind, daß die Zwänge des physischen Überlebens nicht vollständig den Möglichkeitsraum sozialen Handelns begrenzen.

Die somit anzunehmende Differenz von organischem Überleben und gesellschaftlicher Reproduktion kann begrifflich - wie G. Roth (1987) vorgeschlagen hat, als *Differenz von autopoietischer und selbstreferentieller Reproduktion* gefaßt werden. Während Autopoiesis für jenen spezifischen Modus der Selbstreferenz lebender Organismen stehen kann, die auch materiell-energetisch an ihre Umwelt gekoppelt sind und die ihre Eigenkomplexität nur innerhalb eines relativ engen Spielraumes möglicher Veränderungen der Umwelt behaupten können, beschreibt Selbstreferenz einen offeneren Modus von Selbstbezüglichkeit. Kognition und gesellschaftliche Reproduktion setzen die autopoietischen Prozesse der Selbsterhaltung ihrer materiellen Grundlagen voraus. Sie müssen sich selbst nicht organisch erhalten, sondern gewinnen ihrer Entwicklungsmöglichkeiten dadurch, daß sie gegenüber den unmittelbaren Prozessen der Lebenserhaltung einen eigenständigen Operationsmodus entwickeln können. Damit wird es möglich, daß kognitive Systeme wie soziale Systeme sich selbst bestimmen können, ohne daß die Freiheitsgrade dieser Selbstbestimmung vollständig durch Zwänge des organischen Überlebens begrenzt wäre. Nicht evolutive Anpassungszwänge, sondern gelingende Überlebenssicherung voraussetzende Selbstreferenz ist für gesellschaftliche Entwicklung typisch. Über Entwicklungsoptionen aber, die nicht durch die Zwänge evolutiver Anpassung determiniert sind, kann und muß entschieden werden.

5. Selbstreferenz und Interpenetration

Unter bildungstheoretischer Gesichtspunkten wird damit die Frage entscheidend, ob und wie das theoretische Konstrukt autopoietischer Systeme als angemessene Beschreibung gegenwärtiger gesellschaftlicher Wirklichkeit anzusehen ist. *Unterstellt man geschlossene Selbstreferenz als Eigenschaft beobachtbarer sozialer Systeme, des Erziehungssystems, des politischen Systems, des Wirtschaftssystems etc., dann werden Vorstellungen obsolet, die individuelle und kollektive Willensbildung und darauf beruhende Partizipation an Entscheidungen als mögliche Grundlage vernünftiger Gesellschaftsgestaltung annehmen* (vgl. Luhmann 1987a). Zwar sind autopoietische Systeme im Verständnis Luhmanns keine autark-geschlossenen, also durchaus durch Veränderungen in ihrer Umwelt - etwa im Bewußtsein psychischer Systeme - irritierbar. Sie verarbeiten aber Irritationen, etwa ökologische Proteste, nach ihren Eigengesetzlichkeiten. Vernünftige Einsichten können demnach nicht direkt in politisches und ökonomisches Handeln übersetzt werden. Soziale Systeme verarbeiten die Artikulation solcher Einsichten nach Prinzipien, die durch ihre je eigenen Strukturen determiniert sind, durch Prinzipien der Machterhaltung im Bereich der Politik, durch Prinzipien der Geldvermehrung im Bereich der Ökonomie. Der Realismus, den eine solchen Realitätsdiagnose für sich beansprucht, kommt etwa in folgender Formulierung zum Ausdruck: "Man hat ... mit Recht die Frage aufgeworfen, ob eine Wettbewerbsdemokratie ... überhaupt in der Lage ist, Umweltthemen kontrovers in die Politik einzubringen. Bei aller Bereitschaft zu Bekenntnissen und Absichtserklärungen und trotz der spektakulären Karriere des Themas selbst: viel ist bisher nicht zu spüren. Man hat sofort Einvernehmen darüber hergestellt, daß etwas geschehen müsse, und wartet nun offenbar darauf, daß die Probleme so dringlich werden, daß man ohne Aussicht auf Verlust von Wählerstimmen aktiv werden kann." (Luhmann 1986, 181).

Damit ist gesellschaftstheoretisch die Frage aufgeworfen, ob der Zusammenhang von Selbstverwirklichung und Allgemeinheit noch in einer Weise gedacht werden kann, die die Annahme erlaubt, daß aus individuellen Bildungsprozessen Folgen für die Entwicklung der gesellschaftlichen Allgemeinheit resultieren. Folgt man der Luhmanschen Theorie, ist diese Frage entschieden zu verneinen, sofern auf unmittelbare Rückwirkungen gesetzt wird. Veränderungen des Bewußtseins und des Handelns von Individuen sind Veränderungen in der Umwelt sozialer Systeme. Bewußtseinsveränderungen werden von sozialen Systemen nur insofern wahrgenommen, wie sie in der Sprache der für ausdifferenzierte Teilsysteme spezifischen Kommunikationsmedien kommunizierbar sind.

Selbst wenn es also gelingt, z. B. Wissen über die naturzerstörenden Folgen industrieller Warenproduktion in Handlungen zu übersetzen, die - vermittelt über die Beeinflussung politischer Entscheidungen - dazu führen, daß Preise geändert, also z. B. Steuern für den Verbrauch von Rohstoffen erhoben bzw. erhöht werden, wird das Wirtschaftssystem darauf gemäß seiner eigenen Logik reagieren. Umweltbewußtsein läßt sich also nicht in das Wirtschaftssystem implementieren, dieses kann lediglich gezwungen werden, sich auf veränderte Beschaffungskosten einzustellen. Ob dies dann zu mehr oder weniger oder bloß zu anderer Umweltzerstörung führen wird, ist nicht entscheidbar.

Solche Überlegungen legen es nahe, das Konzept der Autopoiesis mit solchen Prozessen zu parallelisieren, die Polanyi (vgl. Godelier 1990, 183 ff) als Entwicklung einer disembedded economy beschrieben hat. Polanyi beschreibt die Entwicklung der industriellen Ökonomie als Herauslösung der Warenproduktion aus der Einbindung von Produktion, Zirkulaton und Konsumption aus normativen Bindungen, wodurch die Entwicklung der Eigenlogik der Ökonomie ermöglicht wird. Bereits 1944 behauptet Polanyi die folgende Konsequenz einer solchen Entwicklung: "Die maschinelle Produktion in einer kommerziellen Gesellschaft bedeutet letztlich nichts geringeres als die Transformation der natürlichen und menschlichen Substanz in Waren. Die Schlußfolgerung, ist zwar unheimlich, aber für völlige Klarstellung unvermeidlich: Die von solchen Einrichtungen verursachten Verschiebungen müssen zwangsläufig die zwischenmenschlichen Beziehungen zerreißen und den natürlichen Lebensraum des Menschen mit Vernichtung bedrohen. Eine solche Gefahr drohte in der Tat. Wir werden ihr wahres Wesen erkennen, wenn wir die Gesetze untersuchen, die den Mechanismus des selbstregulierendes Marktes bestimmen." (71)

Nun sind einer Theorie nicht die Tatsachen vorzuwerfen, die sie zu erkennen erlaubt. Auch kann eine Theorie nicht sinnvoll abgelehnt werden, weil sie unangenehme Einsichten ausspricht. Gegenüber der Behauptung der hergestellten Autopoiesis sozialer Systeme die Möglichkeiten von Bewußtseinsbildung bloß zu beschwören, wäre eine theoretisch wie praktisch hilflose Geste.

Vor diesem Hintergrund ist meines Erachtens die von R. Münch (1991, 175) vorgetragene These folgerichtig, daß Versuche einer gesellschaftskritischen "Wendung von Luhmanns Theorie ... theoretisch ratlos bleiben müssen". Wird mit Luhmann eine intentional nicht mehr steuerbare Entwicklung ausdifferenzierter sozialer Systeme angenommen und in einer kritischen Wendung des Theorems als Ursache gesellschaftlicher Probleme begriffen, dann müssen Forderungen nach einer rationalen

Steuerung der Entwicklung appelativ bleiben. Sie können auf der Grundlage der Luhmannschen Theorie gerade nicht angeben, wie eine solche
Steuerung der Entwicklung möglich wäre. Sie legen ihrer Kritik eine
Theorie zugrunde, gemäß der eine Verwandlung von Kritik in gesellschaftliche Praxis nicht länger möglich ist.

Hält man die Behauptung der hergestellten autopoietischen Reproduktion gesellschaftstheoretisch für überzeugend, wäre Bildungstheorie
folglich zu einer konsequenten Subjektivierung des Bildungsbegriffs gezwungen. Bildung wäre nur noch als Selbst-Bildung von Individuen, systemtheoretisch gesprochen: als Modus des Selbstreferenz psychischer
Systeme faßbar, als ein Prozeß für den gilt, daß er, was immer er auf der
Seite der Individuen bewirken mag, für die gesellschaftliche Reproduktion
extern ist. Will man dagegen begründet am Projekt kritischer Bildungstheorie festhalten , also am Interesse der Herstellung eines Zusammenhanges von individueller Bildung und Prozessen der Gestaltung der
gesellschaftlichen Wirklichkeit, ist man folglich auf eine Kritik des Luhmannschen Theorieprogramms verwiesen.

6. Bildung als Entgegensetzung

Zur Begründung einer Kritik des Luhmannschen Theorieprogramms kann
weiter geltend gemacht werden, daß die selbstreferentielle Reproduktion
gesellschaftlicher Teilsysteme nicht das Ergebnis der eigengesetzlicher
Evolution, sondern von macht- und herrschaftsdurchzogenen Prozessen
ist, von Prozessen also, denen individuelle bzw. kollektive Interessen
zugrundeliegen, die gegen entgegenstehende Interessen durch den Rückgriff auf allokative und autoritative Machtressourcen durchgesetzt werden
(vgl. Giddens 1988, insbesondere 313 ff.). Es sind interessierte Akteure,
die in sozialen Konflikten und gegen den Widerstand anderer etwa die
Verselbständigung des Wirtschaftssystems gegenüber dem politischen System und gegen die religiöse Moral durchgesetzt haben und aufrechterhalten (vgl. Thompson 1980). An die Stelle einer evolutions-
theoretisch gedachten Eigenlogik der Entwicklung autopoietischer sozialer Systeme kann deshalb theoriestrategisch das herrschafts- und
konflikttheoretische Konzept der gegen andere Interessen durchgesetzten
und stabilisierten Autonomie sozialer Teilsysteme treten. Den Vorzug einer solchen Theorievariante sehe ich zunächst darin, daß sie genauere
Analyse sozialgeschichtlich evidenter Sachverhalte erlaubt. Sie kann zweitens dem von G. Elwert (1984) entwickelten Argument Rechnung tragen,
daß eine konsequent realisierte Autopoiesis sozialer Systeme selbst-
destruktiv wäre. Elwert verdeutlicht, daß eine radikale Ausdifferenzie-

rung des Wirtschaftssystems, also die alleinige Steuerung ökonomischer Prozesse durch Zahlungs- und Profiterwartungen, die Voraussetzungen einer funktionsfähigen Ökonomie untergraben muß, denn diese muß voraussetzen, daß rechtliche Rahmenbedingungen garantiert sind, welche erst stabil erwartbares Marktverhalten ermöglichen. Wird Recht käuflich und verlieren damit etwa Verträge ihre unabhängig von der Zahlungsbereitschaft des Handelnspartners garantierte Verbindlichkeit, wird ökonomisches Handeln unkalkulierbar. Eine Selbststeuerung der Ökonomie, die nicht durch Prinzipien der Moralökonomie begrenzt ist, ermöglicht - wie Elwert in bezug auf postkoloniale Gesellschaften darstellt - eine Expansion des Warenprinzips, die "nicht zu entfalteten Industriegesellschaften, (sondern) zur generalisierten Käuflichkeit" (ebd., 509) führt.

Es sind also, verallgemeinernd formuliert, spezifische Formen von Interpenetration und Interdepedenz, die als Charakteristikum moderner industrieller Gesellschaft gelten können (vgl. Münch 1991). Autopoiesis und Differenzierung erweisen sich in dieser Perssvektive als Grenzbegriffe, als theoretische Abstraktionen, die systematisch von den je konkreten Formen und Modalitäten, in denen konkrete soziale Prozesse sich vollziehen, absehen. Soziale Systeme werden beschrieben, als ob sie autopoietische wären. Dies ist in dem Maß eine sinnvolle Abstraktionen, wie sie es erlaubt, die Tendenzen zu einer realen Verselbständigung gesellschaftlicher Teilsysteme zu beschreiben und die Konsequenzen zu denken, die die Durchsetzung dieser Verselbständigung nach sich ziehen bzw. nach sich ziehen würden. Gegenüber einer Gleichsetzung dieser *analytischen* Abstraktion mit der realen gesellschaftlichen Entwicklung jedoch ist gesellschafts- und bildungstheoretisch die Frage nach "Form und Ausmaß des Autonomisierungsgrad(es)" (Luhmann 1984, 311) zu stellen. Damit erst wird sinnvoll das Problem bearbeitbar, ob und wie Bildungstheorie noch von einer Verfassung gesellschaftlicher Verhältnisse ausgehen kann, die es erlaubt, ein Konzept der Beeinflussung gesellschaftlicher Entwicklungen durch den Willen und das Bewußtseins von Individuen zu beanspruchen.

Neben dem Verweis auf die gerade auf in der kritischen Sozialwissenschaften unterschätzen Potentialen der Verbesserung von Teilnahmechancen an politischen Willensbildungsprozesses (vgl. Rödel/ Frankenberg/ Dubiel 1989) sind diesbezüglich unter bildungstheoretischen Gesichtspunkten die sog. neuen sozialen Bewegung von besonderer Bedeutung (vgl. Görg in diesem Band). Sie können zweifellos nicht als Kollektivsubjekte beansprucht werden, in denen sich eine Vernunft verkörpert, die als Steuerungsinstanz an die Stelle der Eigenlogik sozialer Teilsysteme treten könnte. Werden soziale Differenzierung und Autopoiesis als in gesellschaftlichen Konflikten durch interessierte Akteure durchgesetzte und stabilisierte Tendenzen begriffen, dann können soziale Bewegungen jedoch als Akteure verstanden werden, die sich sich solchen Tendenzen bewußt entgegensetzen. Gegen die eigengesetzliche Entwicklung des Wirtschaftssystem verweist die Ökologiebewegung auf die Notwendigkeit, Grenzen des Wachstums und ökologische Kriterien für Produktions- und Produktnormen durchzusetzen. Gegen die ökonomisch hoch effektive Perpetuierung des Hungers in der sog. dritten Welt wird die Rückbindung der Ökonomie an Normen der allgemeinen Menschenrechte eingefordert.

Meine abschließende These lautet, *daß soziale Bewegungen in zweierlei Hinsicht konstitutiv sind für die Ermöglichung von Bildung*: Sie stellen zum einen den bildungstheoretisch geforderten Zusammenhang von individuellen bzw. kollektiven Lernprozessen einerseits und gesellschaftlicher Entwicklung andererseits in dem Sinne her, daß sie rational begründete Einsichten in ein gesellschaftliches Konfliktpotential transformieren. Individuelle und kollektive Lernprozesse werden mittels des Drohpotentials der Loyalitätsverweigerung zum Bestandteil gesellschaftlicher Kommunikation und erzeugen so Resonanzen in gesellschaftlichen Teilsystemen. Auf sich ausbreitende soziale Bewegungen muß politisch reagiert werden, wenn Wählerstimmen gefährdet sind, ökonomisch reagiert werden, wenn Absatzchancen sich verringern. Dies ist zumindest ein Ansatzpunkt für gesellschaftliche Lernprozesse, in denen vernünftige Einsichten in gesellschaftliche Regulationen übersetzt werden können.

Zum anderen sind durch soziale Bewegungen erzeugte soziale Konflikte in dem Sinn bildungstheoretisch relevant, wie erst die durch sie sichtbar werdenden Handlungsmöglichkeiten und Einflußchancen eine Motivstruktur für individuelle Bildungsprozesse verallgemeinerbar werden lassen, in der Bildung sich auf das Begreifen der und das Eingreifen in die gesellschaftlichen Rahmenbedingungen der individuellen Lebenspraxis beziehen läßt. M. Gronemeyer (1976) hat meines Erachtens überzeugend aufgezeigt, daß eine Deutung eigener Handlungsmöglichkeiten und Einflußchancen, die sich zu der Annahme individueller Ohnmacht verdichtet, zu Blockierungen der Bildungsbereitschaft führt. Lernprozesse, die sich als Ermöglichung eines Zugewinns an Handlungs- und Gestaltungschancen erfahren lassen, setzen demgegenüber Bildungsmotivationen frei. Nicht zufällig also ist in Handlungszusammenhängen sozialer Bewegungen eine Entfaltung von Bildungsinteressen beobachtbar, die zu erzeugen noch die ausgefeilteste Didaktik in Bildungsinstitutionen nicht in der Lage ist. Werden dagegen gesellschaftliche Entwicklungen als verselbständigte Prozesse erlebt, denen sich die Einzelnen ohnmächtig gegenüberstehen, wird das Begreifen dieser Prozesse objektiv kontingent und subjektiv sinnlos. Bildung reduziert sich dann auf eine Anstrengung zur Verbesserung individueller Aufstiegschancen, daß sich hierfür zudem als untauglich erweist (vgl. Nunner-Winkler 1991).

Mit diesen Überlegungen ist der gesellschaftstheoretische Stellenwert sozialer Bewegungen zweifellos nicht zureichend bestimmt (vgl. Giessen 1986). Sie können jedoch verständlich machen, daß die in sozialen Bewegungen regelmäßig stattfindende Erzeugung von Bildungsmotivationen keineswegs zufällig, noch von diesen Bewegungen ablösbar ist. Indem diese sowohl auf die Notwendigkeit gesellschaftlicher Lernprozesse verweisen wie Möglichkeiten individueller Beteiligung am Versuch der Herstellung solcher Lernprozesse eröffnen, erlauben sie es, die Erfahrung individueller Ohnmacht im Verhältnis zur gesellschaftlichen Allgemeinheit zumindest punktuell zu durchbrechen. Damit wird eine notwendige (zweifellos aber nicht hinreichende) Voraussetzung für individuelle Bildungsprozesse hergestellt, die außerhalb sozialer Bewegungen nicht verfügbar ist. *Bildung läßt sich so gesehen nicht als ein in sich geschlossenes pädagogisches Programm begreifen, sondern ist auf außerpädagogische gesellschaftliche Prozesse verwiesen.*

Das Konzept der sozialen Differenzierung verweist meines Erachtens zwingend darauf, daß die in individuellen und kollektiven Lernprozessen ausgebildete Vernunft nicht als eine zentrale Steuerungsinstanz der gesamtgesellschaftlichen Entwicklung beansprucht werden kann. Die Eigenlogik sozialer Systeme kann jedoch nicht nur beobachtet werden, sie ist in dem Maße beeinflußbar, wie scheinbare Sachzwänge als Ergebnisse interessengebundener Entscheidungen aus alternativen Möglichkeiten erkennbar werden, die nach Maßgabe einer "privatwirtschaftlich eingeengten Rationalität" (Hack 1988, 236) und der instrumentellen Rationalität politischer Machterhaltung getroffen werden. Das Interesse, die Prozeduren der "Erzeugung sozialer Realität" (ebd., 37) rückzubinden an eine substantielle Rationalität, ist jedoch auf das Konzept *einer* Rationalität, die sich politisch als Steuerungszentrum etabliert, nicht angewiesen. Bildungsprozesse, soziale Bewegungen und Öffentlichkeiten, in denen Überlebensinteressen der Gattung und Lebensinteressen von Einzelnen und Gruppen artikuliert werden, sind ein Potential rational begründbarer Kritik, die in sozialen Konflikten wirksam werden kann, in denen versucht wird, der Eigengesetzlichkeit ausdifferenzierter Teilsysteme Grenzen aufzuerlegen. Diese Rationalität postmodern dem Verdacht zu unterstellen, Grundlage einer Hegemonie der einen Rationalität zu sein, die der Vielfalt von Sprachspielen und Lebensformen aufgeherrscht wird, ist

insofern berechtigt, wie angenommen werden kann, daß rational begründete Interessen macht- und herrschaftsförmig durchgesetzt werden
und die Beanpruchung von Rationalität sich dabei als Mittel der Legitimation von Herrschaft erweist. Unterscheidungen zwischen der formalen
Rationalität verselbständigter sozialer Systeme, der legitimatorischen Inanspruchnahme von Vernunft im Interesse der Durchsetzung von Herrschaft und der vernünftige Interessen artikulierenden Vernunft der Kritik
aber sind gegenüber einem pauschalisierenden Herrschaftsverdacht
ebenso unverzichtbar, wie sie selbst nur in argumentativen Auseinandersetzung entwickelt werden können. *Nicht die Gestaltung der Gesellschaft nach Maßgabe der einen Vernunft, die von einem Steuerungszentrum repräsentiert und durchgesetzt wird, vielmehr die Ermöglichung individueller und kollektiver Lernprozesse in vielfältigen Öffentlichkeiten und sozialen Bewegungen wäre also das Programm einer kritischen Bildungstheorie.*
Diese steht als Reflexionsinstanz pädagogischen Handelns gegenwärtig
zentral vor dem Problem, wie sie der Fiktion gesellschaftlicher Autopoiesis korrespondierende Erfahrungen individueller Ohnmacht Er-
möglichungen von Erfahrungen entgegensetzen kann, in denen sich durch
Bildung Handlungsoptionen erschließen lassen, mit denen nicht nur die
private Lebenspraxis, sondern auch die gesellschaftlichen Rahmenbedingungen der je individuellen Lebenspraxis sich als gestaltbar erweisen.

* Für kritische Anmerkungen zu einer früheren Fassung dieses Textes
danke ich Michael Bommes.

Literatur

Adorno, Th. W. (1973): Gesellschaft. In: Ders.: Aufsätze zur Gesellschaftstheorie und Methodologie. Frankfurt

Adorno, Th. W. (1979[2]): Minima Moralia. Franfurt

Berger, J. (1985): Der Kapitalismus - ein unvollendbares Projekt ? In: B. Lutz (Hg.): Soziologie und gesellschaftliche Entwicklung. Verhandlungen des 22. deutschen Soziologentages. Frankfurt/New York

Daniel, C. (1983): Hegel verstehen. Frankfurt/ New York

Ebeling, H. (1990): Das Subjekt im Dasein. Ein Versuch über das bewußte Sein. In: K. Kramer u.a. (Hg.): Theorie der Subjektivität. Frankfurt

Elwert, G. (1985): Märkte, Käuflichkeit und Moralökonomie. In: B. Lutz (Hg.): Soziologie und gesellschaftliche Entwicklung. Verhandlungen des 22. deutschen Soziologentages. Frankfurt/ New York 1985

Fetscher, I. (1989): Aufklärung über Aufklärung. In: A. Honneth u.a. (Hg.): Zwischenbetrachtungen im Prozeß der Aufklärung. Frankfurt

Giddens, A. (1988): Die Konstitution der Gesellschaft. Frankfurt/ New York

Giessen, B. (1986): Der Herbst der Moderne ? Zum zeitdiagnostischen Potential der neuen sozialen Bewegungen. In: J. Berger (Hg.): Die Moderne - Kontinuitäten und Zäsuren. Göttingen (Soziale Welt, Sonderband 4)

Godelier, M. (1990): Natur, Arbeit, Geschichte. Hamburg

Gronemeyer, M. (1976): Motivation und politisches Handeln. Hamburg

Habermas, J. (1985): Der philosophische Diskurs des Moderne. Frankfurt

Habermas, J. (1988): Individuierung durch Vergesellschaftung. Zu H. H. Meads Theorie der Subjektivität. In: Ders.: Nachmetaphysisches Denken. Frankfurt

Haferkamp, H. (1987): Autopoietisches soziales System oder konstruktives soziales Handeln ? In: H. Haferkamp & M. Schmid (Hg.): Sinn, Kommunikation und soziale Differenzierung. Frankfurt

Hegel, G. W. F. (1983): Enzyklopädie der philosophischen Wissenschaften, Teil II: Naturphilosophie. Werke Bd. 9 (hg. von E. Moldenhauer und K. M. Michel). Frankfurt

Kappner, H.-H. (1977): Adornos Refelxionen über den Zerfall des bürgerlichen Individuums. In: H. L. Arnold (Hg.): Th. W. Adorno. Sonderband der Reihe Text + Kritik, München

Luhmann (o.J.): Gesellschaftstheorie. Bielefeld

Luhmann, N. (1975): Macht. Stuttgart

Luhmann, N. (1984 a): Die Wirtschaft der Gesellschaft als autopoietisches System. In: Zeitschrift für Soziologie, H. 4, 13. Jg.

114

Luhmann, N. (1984): Soziale Systeme. Grundriss einer allgemeinen Theorie. Frankfurt

Luhmann, N. (1985): Die Soziologie und der Mensch. In: Neue Sammlung, H. 1, 25. Jg.

Luhmann, N. (1986): Ökologische Kommunikation. Opladen

Luhmann, N. (1987): Was ist Kommunikation. In: Information Philosophie, S. 4 - 16

Luhmann, N. (1987 a): Partizipation und Legitimation: Die Ideen und die Erfahrungen. In: Ders.: Soziologische Aufklärung 4. Opladen

Luhmann, N. (1991): Das Ende der kritischen Soziologie. In: Zeitschrift für Soziologie, H. 2

Miller, M. (1987): Selbstreferenz und Differenzerfahrung. In: H. Haferkamp & M. Schmid (Hg.): Sinn, Kommunikation und soziale Differenzierung. Frankfurt

Münch, R. (1991): Dialektik der Kommunikationsgesellschaft. Frankfurt

Nunner-Winkler, G. (1990): Jugend und Identität als pädagogisches Problem. In: ZfPäd, H. 4

Polanyi, M. (1978): The Great Transformation. Frankfurt

Ritsert, J. (1981): Anerkennung, Selbst und Gesellschaft. In: Soziale Welt, H. 3, 32. Jg.

Rödel, U. & G. Frankenberg & H. Dubiel (1989): Die demokratische Frage. Frankfurt

Roth, G. (1987): Autopoiese und Kommunikation: Die Theorie H. R. Maturanas und die Notwendigkeit ihrer Weiterentwicklung. In: G. Schiepek (Hg.): Systeme erkennen Systeme. München/Weinheim

Scherr, A. (1991): Das Projekt Postmoderne und die pädagogische Aktualität kritischer Theorie. In: W. Marotzki & H. Sünker: Kritische Erziehungswissenschaft - Moderne - Postmoderne. Weinheim

Simmel, G. (1984^4): Grundfragen der Soziologie. Berlin/ New York

Sünker, H. (1989): Bildung, Alltag und Subjektivität. Weinheim

Thompson, E. P. (1980): Plebejische Kultur und moralische Ökonomie. Frankfurt/ Berlin/ Wien

Vogel, R. M. (1984): Theorie gesellschaftlicher Subjektivitätsformen. Frankfurt/ New York

Franz Grubauer

Modernisierung gesellschaftlicher Subjektivität - neue Bildungszuschnitte zwischen System und Organisation?

Daß gesellschaftlich gebildete Subjektivität historisch veränderlich sei, galt, trotz gegenteiliger Hinweise auf arbeitsteilig monotone Arbeitsprozesse, isolierend-begrenzende Reproduktionstätigkeiten etc. als der argumentative, negativ-gegensinnige Angelpunkt, um emanzipatorische Perspektiven zu begründen.

Daß also ganz andere Subjektivität bildbar wäre als die gesellschaftlich zur Anwendung kommende des jeweils historisch aktuellen Zuschnitts einer die Subjekte doch augenscheinlich funktionalisierenden und verwaltenden Welt, ist bislang der kritische Ausgangspunkt einer dialektisch argumentierenden Subjekttheorie.[1]

Mit dieser subjekttheoretischen Position freilich schien man lange antiquiert, jedenfalls viel zu wenig einseitig fürs jeweilige Lager.

Der Gedanke einer Eigenständigkeit von Subjektivität, die auf das System verwiesen ist, ja es zugleich trägt und dennoch sich nicht reduzieren läßt auf die funktionalen Reproduktionsmechanismen, paßte nicht in die sozialwissenschaftlich immer wieder neu belebte Perspektive, die Subjekte seien ausschließlich die deformierten Opfer der systemischen Verhältnisse. Entweder Opfer, oder Mittäter; entweder, oder, nie beides. Für eine Dialektik von gesellschaftlicher Subjektivität, gerade auch dann, wenn sie auf das Verhältnis von Individuum und gesellschaftlicher Organisation gerichtet ist, sind Polarisierungen dieser Art unzureichende Analyseinstrumente. Denn ein dialektisch verstandener Zusammenhang zwischen Individuum und Organisation konstituiert für beide Seiten das innere Enthaltensein der Gegensätze in sich; alle entgegengesetzten Momente, die Individuen an Organisationen beklagen und darunter leiden, müssen so auch als Teil ihrer eigenen Subjektivität verstanden werden.

Deshalb wird eine subjektorientierte Organisationsanalyse gerade auch auf diese hochgradig komplexen, in sich oft ambivalenten Bewußtseins- und Handlungsorientierungen der Subjekte und deren Veränderungen in der Handlungsmotivation und in den Sinnorientierungen wert legen. Solche sensiblen Untersuchungen lagen aber auch lange nicht im Interessenshorizont des auf Arbeitsteilung und Taylorismus abgestellten 'scientific management' in den meisten Unternehmen.

---

1. vgl. auch hierzu die Beiträge von Martin Rudolf Vogel und Jürgen Ritsert in diesem Band

116

Entgegen vielfacher Erwartung, die das System zudem ohne das
'alteuropäische' Subjekt auskommen sahen oder die Verminderung des
Subjekts zur Bedeutungslosigkeit innerhalb der Systemstrukturen befürch-
teten, scheinen aber gesellschaftliche Modernisierungstrends in eine andere Richtung zu weisen: der industrielle Bedarf an Schlüsselqualifikatio-
nen, der Wertewandel, der verstärkte Trend von Individualisierungsprozessen, die Erfahrung einer Risikogesellschaft oder wie die in der media-
len Öffentlichkeit auch immer genannten Themen heißen mögen, zeigen
offenbar an, daß die Gesellschaft für ihre hochkomplexen Steuerungs-
und Entscheidungsprozesse der Reproduktion zunehmend 'Subjektquali-
fikationen' benötigt. Bislang sind diese aber weder ausreichend vorhanden, noch besteht Klarheit, ob sie und in welchem Umfang im Interesse
systemfunktionaler und politischer Imperative liegen . Wenn damit vom
System neue Anforderungen an gesellschaftliche Subjektivität gestellt werden, dann stellt sich die Frage, ob diese Qualifizierung über die Anforde-
rung der Systemreproduktion hinausreichen kann.
Ein besonders eindrückliches Beispiel für die aktuelle Bruchstelle zwischen Systemreproduktion und individueller Reproduktion liefert derzeit
die anhaltende *Diskussionen über Managementstile und Unternehmenskultur* und deren Reflex in der Organisationstheorie. Entlang dieser Auseinandersetzungen lassen sich die hier angesprochenen subjekttheoretischen
Positionen abarbeiten, weil offensichtlich durch objektive Dysfunktionalitäten sich verändernder Reproduktionsbedingungen nun von den Subjekten und deren zu bildenden Kompetenzen Lösungen erhofft werden, die
in den vergangenen Jahrzehnten nicht im mindesten zum Problemlöser sy-
stemischer Probleme auserkoren waren.

Knut Bleicher, einer der führenden Vertreter moderner Management-
theorien an der St. Gallener Hochschule für Wirtschafts-, Rechts- und Sozialwissenschaft, spricht von zunehmender Dysfunktionalität des Prinzips
arbeitsteiliger Organisation (vgl. Bleicher 1990). Stattdessen empfiehlt er
ganzheitliches Denken, mit dem er die Einsicht der Organisationslehre
verbindet, von der aufgabengeprägten Rationalisierung von Systemen zur
Entwicklung von Mitarbeitern in ihrer Motivation, ihrem Wissen und
Können zu gelangen. Mit zahlreichen aktuellen Veröffentlichungen zur
Organisationsentwicklung teilt er die Umkehrung des von F.W. Taylor
aufgestellten Satzes, der jetzt zu lauten habe: "in the past systems have
been first, now man will be first (again)".(Bleicher, a.a.O)
Der feststellbare Wandel in den Umweltbedingungen schlage auf die
Unternehmungen als Notwendigkeit durch, ihm durch erhöhte An-
passungsfähigkeit zu entsprechen. "Auf der Zeitachse haben wir ständig

größer werdende Veränderungen in immer kürzeren Aktions- und Reaktionszeiten zu bewältigen." Dem stehe bei größeren Unternehmen die Tendenz gegenüber, durch bürokratische Verhaltensweisen und hierarchische Strukturen immer mehr Zeit zu benötigen. Mit Organisationsstrukturen, die zu langsam, zu schwerfällig sind und zuviel Eigenkomplexität produzierten, könne man nicht überleben: weder ökologisch noch im ökonomischen Wettbewerb[2]. Der zu beobachtende Wandel des Menschenbildes in Organisationskonzepten sei durch diese Entwicklung evoziert, statt zentrale Lenkung, Standardisierung und Normierung von Arbeitsvollzügen mit intensiven Fremdkontrollen gehe es nun um die Gestaltung von Arbeitsbedingungen zur Aktivierung des Leistungs- und Erfolgstrebens einer intelligenten Mitarbeiterschaft.

Wenn das Motto also heißen soll 'von der Mißtrauensorganisation zur Vertrauensorganisation', dann sind "...zukunftsführende flexible Systeme ... vor allem abhängig von den Fähigkeiten der Menschen, die sie gestalten und lenken. Die sich mit ihnen verbindenden Prozesse sind nur bedingt im Hinblick auf alle Probleme und Möglichkeiten durch Vorgabe von standardisierten Regeln programmierbar" (Bleicher 1990, 12).

Es sind also Subjekte gefragt, die unternehmerisch tätig sind und in Organisationen Techniken des 'intrapreneurship' beherrschen, wie folgende Regeln eines Großunternehmens belegen:

* Umgehe alle Anweisungen, die dich daran hindern, deinen Traum zu verwirklichen.

* Unternimm alles, um dein Projekt fortzuführen, ganz gleich, was in deiner Stellenbeschreibung steht.

* Arbeite im Untergrund so lange du irgendwie kannst, vorzeitige publicity löst den Immunmechanismus einer Unternehmung aus.

* Denke daran, daß es einfacher ist, um Vergebung als um Erlaubnis zu bitten." (zitiert nach K.Bleicher, a.a.O.)

Geradezu subversiv, wie geschrieben für eine task force, weisen diese Regeln auf zweierlei hin: den Unternehmen fehlt für die neuartigen Reproduktionsbedingungen die Organisation wie das Personal, und die Anfor-

---

2. Es wäre an anderer Stelle zu hinterfragen, ob die Probleme der Ökologie und der Ökonomie so einfach nebeneinandergestellt werden können. Auch wenn es in Organisationsstrukturen unseres Systems Gemeinsamkeiten gibt, so sind diese Strukturen in Sonderheit sehr verschieden; eine politische oder kirchliche Organisation o.ä. ist jeweils etwas anderes und selbst Unternehmensorganisationen- wie hinlänglich bekannt - unterscheiden sich nicht nur in der vielzahl der Kriterien zwischen Deutschland und Japan.

derungen - wenn hier zunächst auch nur für die Führungsebene gedacht[3] - beschreiben sehr vielseitige, reflexive, souveräne Individuen. Aber: sie verweisen auf ein weiteres entschiedenes Dilemma, das Bleicher als *Ganzheitlichkeits-gap* bezeichnet: Die Strukturen der Organisation und die sie tragenden Menschen zeigen sich widerständig.

Aus subjekttheoretischer Perspektive erscheint es doch sehr zweifelhaft, ob dieses 'gap' mit solchen Pressure-groups zu überwinden wäre, denn diese Rezepte verändern nicht das Verhältnis von Individuum und Organisation reflexiv, sondern es läuft letztlich nur auf die Inthronisation neuer Machtgruppen hinaus. Individuelle Subjektivität läßt sich eben nicht so einfach umprogrammieren, weil sie sich solchen direkten Zugriffen allemal entzieht, bewußt oder unbewußt. Nicht nur sind die arbeitsteilig eingesetzten und weisungsgebundenen Individuen selbst an das System angepaßte Träger dieser beklagten Strukturen und wollen statt wager Experimente ihre berufliche Reproduktion sichern; auch wenn sie, was für die jüngere Generation zutrifft, Gestaltungsansprüche an Arbeit haben, so ist der funktionale Mechanismus von Konkurrenz und Herrschaftsstrukturen in Organisationen doch so wirksam, daß Mißtrauen und kalkuliertes strategisches Verhalten dominieren.

Zugespitzt müßte Bleicher die Frage beantworten, wie in einem funktionalen, auf Konkurrenz zentrierten Organisationsgebilde zugleich in den auf Kooperation angewiesenen Sektoren situativ solidarisches Handeln zu organisieren ist, ohne die Organisationsmitglieder paranoid und damit handlungsunfähig zu machen oder zu einem Scheinverhalten anzustiften, das sich in Organisationen einer ideologischen Sprache der Ganzheitlichkeit bedient, aber in der Praxis wesentlich die gleiche verknöcherte Organisationsstruktur mit dem entsprechenden output reproduziert.

Wenn Bleicher schließlich von der Notwendigkeit spricht, daß eine Vorstellung von Ganzheitlichkeit ohne Sinnbezug als Orientierungsfunktion undenkbar sei, dann wird dieser weitgefaßte Sinnbezug 'real-politisch' von dem mikropolitischen Organisationsansatz auf das heruntergebracht, was eben auch Alltag in Organisationen ist: der Kampf um die Macht (s. Küpper/ Ortmann 1987). Der Ausgangspunkt in diesem Ansatz, eine System- und Handlungstheorie, die nach den Spielräumen für das Agieren von Individuen und Gruppen in einer auch für Organisationen kontingenten Wirklichkeit fragt, ist die These, daß es den Individuen zwar auch um die

---

3. Allerdings sind gerade die Konzepte der Unternehmenskultur dabei diese Aktivierung für alle Ebenen der Organisation zu erreichen. Zum Beispiel neue Beurteilungssysteme oder die Einrichtung von 'profitcenters' auf unterster Betriebsebene zeigen dies an.

'Sache' ginge, aber zugleich "der Kampf um Positionen und Besitzstände, Ressourcen und Karrieren, Einfluß und Macht" stattfände. Wenngleich Bleichers Zustandsbeschreibungen und Charakterisierungen von System, Individuum und Organisation in vielem zutreffend sind, ja kritisch unbedingt auch auf die Non-profit-Organisationen angewandt werden müssen, die sich selbst oftmals als Gegenspieler des Systems beschreiben, ohne den eigenen funktionalen Charakter zu gewahren, so verweisen gerade die Argumente der Mikropolitiker auf erheblich größere Widerspruchspotentiale zwischen System und Subjekt.

Der gesellschaftliche Bildungsprozeß und der individuelle Bildungsprozeß sind eben deshalb so vielschichtig und komplex, weil die sie einbettenden doppelten Reproduktionsprozesse nicht dauerhaft synchronisierbar und gleichgerichtet sind.

Das soll hier im folgenden genauer am systemtheoretischen Ansatz Luhmanns und an dem macht- und spieltheoretischen Ansatz von Küpper/ Ortmann - beides gewichtige Erklärungsansätze in der Diskussion - aufgezeigt werden. Diese verfehlen ihrerseits diesen komplexen Zusammenhang ebenfalls, weil sie die Position der Systemreproduktion und die nur von dort ausgerichtete Perspektive auf's Subjekt letztlich nicht überschreiten. Zur Verortung dieser organisations-theoretischen Diskussion skizziere ich zunächst einige historische Schnitte, die jeweils typische Konstellation zwischen System und Subjekt aufzeigen.

2. Organisationstheorie als Spiegel des Wandels von System und Subjekt

* Zu Beginn der bürgerliche Gesellschaft ist Organisation verbunden mit den Konstitutionsmerkmalen dieser Vergesellschaftungsform: die freie Zugehörigkeit, die prinzipielle Gestaltbarkeit von Strukturen, die freie Zwecksetzung auf spezielle Ziele und in Hinblick auf Interessenskonstellationen. Damit rücken die Fragen nach Entscheidungs-freiheit, nach Rationalität von Organisationshandeln und der Zusammenhang und Austausch der Organisation mit der Gesellschaft ins Zentrum.

Mit dieser Entwicklung ist ein Verhältnis von System und Subjekt konstelliert, das in dieser Phase in seiner Komplexität theoretisch noch nicht begriffen werden kann; stattdessen ging es zunächst um die Absicherung der Vereinigungsfreiheit auf staatstheoretischer Ebene und um die Aufhebung von Zunftzwängen auf ökonomischer Ebene.

Diese entstehende Komplexität zwischen System und Subjekt wird dann mit den realen Widersprüchen zwischen der Vertragsfreiheit individueller Arbeitsverträge und diese radikal beendenden ökonomischen Krisen als soziale Frage bewußt. Marx zeigt bekanntlich diese Differenz zwischen den Reproduktionsbedürfnissen und -interessen der Lohnarbeit und den davon notwendig unabhängigen Reproduktionsinteressen des Kapitals in seiner strukturellen Widersprüchlichkeit auf. Rationalität in Organisationen ist demnach nicht universell, sondern interessenbezogen.

Die organisationstheoretische Reflexion dieser Verhältnisse ist eher bestimmt vom Optimismus gegenüber der Wirksamkeit und Kraft von Organisationen, die sich auf die Subjekte als Kollektiv beziehen. Die Studien zur Arbeiterbewegung und zur Organisation von Gegenmacht beschreiben diesen typischen Zuschnitt von Individuum und Organisation.

* In der Zeit um die Jahrhundertwende reflektiert sich das Verhältnis von Subjekt und Organisation aus den Erfahrungen von Dysfunktionalitäten einerseits sowie aus der relativen Unterlegenheit der Subjekte gegenüber den von ihnen geschaffenen Strukturen andererseits. Dafür stehen die bekannte Arbeit von Michels über die Oligarchisierungstendenzen in den politischen Parteien wie die Arbeiten von Weber über die Bürokratie. Die Erkenntnis der Eigenständigkeit von Strukturen, deren Härte und zerstörerische Kraft gegenüber dem Individuum, standen dabei im Vordergrund.

* Während der nationalsozialistischen Diktatur wird die theoretische Reflexion von allem Kritischen und Widersprüchlichen in der Beziehung zwischen Subjekt und Organisation gesäubert und als totalitäre Einheit ideologisch überhöht. Eine furchtbare Erfüllung der Weber'schen Prognose, welche in der Gleichschaltung der Individuen und in der organisierten Kontrolle aller Lebensbereiche in ihrer Ausführung die Widersprüche und damit die Individuen stillzustellen, diese Vision noch übergipfelte.

Nach dieser Erfahrung gibt es erst wieder eine nennenswerte Organisationssoziologie in den 60er Jahren, für die unter anderen die Namen R. Mayntz und N. Luhmann (vgl. Mayntz 1963; Luhmann 1964) stehen.

* Weitaus unbemerkter hatten sich in Deutschland schon in den zwanziger Jahren ähnlich wie in den Vereinigten Staaten Konzepte zum 'scientific management' entwickelt. Geläufig sind der Taylorismus und Fordismus, beides Produktions- und Organisationskonzepte, die den Einsatz des 'Faktors Arbeit' instrumentell planen. Diese Konzepte sind insofern eine Antwort auf eine Verschiebung des Verhältnisses von Subjekt und Organisation, weil großtechnische Produktionsprozesse und Massenproduktion mit Hilfe analytischer Arbeitsteilung am effektivsten zu orga-

nisieren sind und zugleich damit ein Kontrollinstrument gegenüber einer erstarkten Arbeiterbewegung geschaffen ist. Bereits aber schon in den 30er Jahre stellen Forscher wie Mayo (1933; Roethlisberger/ Dickson 1939) fest, daß eine rein instrumentelle Organisationsform die Motivation der Subjekte sinken läßt, ein Widerspruch, der in unterschiedlichen Ausprägungen die Organisationsforschung bis heute beschäftigt.

Der 'Human Ressource Ansatz' (vgl. dazu Staehle 1989) mit Arbeiten von Maslow (1954) und McGregor (1960) entwickelt diesen Ansatz weiter zu einer Zeit, die durch den 'Sputnikschock' wiederum mehr auf Qualifizierung und Bildung setzt, um im internationalen Wettbewerb bestehen zu können. Damit verschieben sich aber wieder die Gewichte in Richtung auf das Subjekt im funktionalen Kontext.

* Aktuelle Modernisierungs- und Reproduktionskrisen spiegeln sich in der Verwerfung des kontingenztheoretischen Konzepts. Die zunehmende Entchronisierung zwischen den funktionalen Reproduktionsbereichen der Gesellschaft - hier vor allem die technologische Umwälzung, der Weg zur Kommunikations- und Dienstleistungsgesellschaft, Veränderungen des Weltmarktes etc. - und die neue Vielfältigkeit individueller Reproduktion, wie Veränderung der Wertstruktur, Auflösung traditionaler Lebenswelten, häufiger Berufswechsel etc. haben in der Organisationstheorie zur Entwicklung komplexerer Modelle beigetragen. K. Türk (1989) macht vier Trendlinien aus. Als "Entmythologisierung" der Organisationssoziologie bezeichnet er die Problematisierung und Relativierung der Rationalitätsannahmen (s. Child 1972; Schimank 1981); als "Politisierung" sieht er die Thematisierung von Kontroll- und Herrschaftsfunktionen (s. Clegg/ Dunkerley 1980; Crozier/ Friedberg 1979) in Organisationen unter Bezugnahme auf allgemeine Theorien der kapitalistischen Gesellschaftsformation; eine "Dynamisierung" erfolgt durch die Thematisierung von Zeit und Bewegung in der Organisationstheorie (s. Hannan/ Freeman 1977; Kieser 1985); und als "Humanisierung" bezeichnet er die Thematisierung von lebensweltlichen und subkulturellen Phänomenen in Organisationen (s. Volmerg 1986; Dülfer 1984).

Diese Vielfalt der Organisationstheorien thematisiert im Kern immer wieder die Dimensionen individueller Reproduktion im Kontext funktionaler Reproduktion von Organisation und in Bezug auf das System-Umwelt-Problem.

Die Wiederentdeckung des Subjekts scheint eingeleitet! Trotzdem bleibt die Schlüsselfrage: welches?

Aus der Fülle dieser Ansätze sollen deshalb zwei zentrale Ansätze ausge-
wählt werden, um die Frage nach den Subjekten in Organisationen detail-
lierter zu diskutieren.

3. Subjekt und Organisation in der Handlungs- und Systemtheorie

Luhmann (1987) nimmt die Kritik an den klassischen Rationalitäts-
erwartungen der Organisation auf, indem er skeptisch fragt, ob denn die
durch den Wertewandel angestoßenen Sinnfragen für Organisationen, wie
sie sich in 'corporate identity' oder 'organization culture' beispielsweise
spiegeln, einen neuen Zugang zu Rationalitätsfragen bieten. Im Gegenteil
sieht er diese Bewegung auch nur eingereiht in die Tradition organisati-
onstheoretischer Forschung, die von außen (vom Forscher) oder vermeintlich von innen rationalitätstheoretische Prämissen an die Organisation heranträgt. Sein Versuch, diese von ihm als begrenzend aufgefaßte
Frage nach Zielen, Mitteln und Optimierungsmodellen zu umgehen, besteht in der Perspektive, Organisationen als selbstreferentielle autopoietische Systeme zu beschreiben.

Diese Theorie "organisierter Sozialsysteme" ist zweifellos aus der hier
vertretenen subjekttheoretischen Perspektive relevant, weil sie a) kon-
trafaktisch Aussagen über die Subjekte von Organisationen thematisiert
und b) an diesen anwendungsorientierten Aussagen die Ambivalenz der
Systemtheorie gegenüber der Bedeutung und Stellung von Subjekten und
deren Subjektivität deutlich werden läßt sowie c) es sich weiterhin aufzeigen läßt, daß sich die systemische Rationalitätsfrage nur im Kontext
unterschiedlicher Interessen von individueller Reproduktion und Systemreproduktion aufklären läßt.

Organisationen sind in Luhmanns Begriffssprache also Systeme, die aus
Entscheidungen bestehen und diese als ihre elementaren Einheiten selbst
anfertigen, indem Entscheidungen auf Entscheidungen Bezug nehmen,
etc. Diese Eigenproduktion ist natürlich nur in einer Umwelt möglich,
sowie mit deren Reizen, Störungen etc.

Entscheidungen müssen aber ersichtlich von Subjekten getroffen werden,
die bei Luhmann Entscheider genannt werden. Diese, das wird ausgeführt, sind in der Lage, Entscheidungen zu vergleichen, Entscheidungen
zu unterlassen, (was auch Entscheidungen bedeutet), Entscheidungen als
Erfolge (im eigenen Interesse) zu interpretieren und zu deuten; Entscheidungen sind zudem Auswahlen und Selektionen in Kontingenzräu-
men, Entscheidungen gehören aber auch zur Entfaltung der Erkennungs-
regel als Mitgliedschaftsregel; kurz: in abstrakter Terminologie werden
die Subjekte als handlungs-, strategie-, und kommunikationsfähig vorge-

stellt, wenn eine Voraussetzung stimmt, nämlich daß die Umwelt der Organisation hinreichenden Entscheidungsspielraum läßt. Damit läßt sich aber Luhmann selbst die Rationalitätsfrage offen - wie er sagt.

Um die autopoietische Struktur der Organisation hinsichtlich ihrer Veränderung auch im Umweltkontext zu stärken, führt Luhmann den Begriff der Redundanz ein, als strukturelle Einschränkung von Entscheidungszusammenhängen und den Begriff der Varietät, der die Verschiedenartigkeit der Entscheidungen zum Ausdruck bringt. Hier verläßt er quasi unbemerkt wieder die Ebene der Entscheider und beschreibt das System an sich - ohne Subjekte.

Die Möglichkeiten und Kombinierbarkeiten dieser hochabstrakten Regulative lassen sich leichter nachvollziehen als die Frage, wer Träger dieser oszillierenden Organisationsbewegung ist "zwischen Aufnahme oder Abweisen von Rauschen (der Umwelt, F.G.) und zwischen Verlust und Wiederherstellung von Redundanz" (Luhmann 1987, 175).

Die Subjekte tauchen erst wieder in einer weiteren Differenzierung der Organisation auf, den "Entscheidungsprämissen". Mit gleicher Funktion stehen sie hier als "Personen" neben Entscheidungsprogrammen und den Kommunikationsnetzen.

Die Personen stellen "dem Entscheidungsbetrieb Körper und Geist, Reputation und persönliche Kontakte zur Verfügung", was Ausweitung oder Einschränkung der Entscheidung nach sich ziehen kann. Bleibt Luhmann mit dieser Zuordnung der 'Prämisse Person' wiederum seiner Verminderung des Subjekts treu, so verkehrt sich diese partielle Funktion im nachfolgend ausgeführten Beispiel ins genaue Gegenteil. Denn wenn "für viele Arten der Organisation ... hier die schärfste Absicherung der Redundanz" liegt, weil Personen kaum veränderbar sind und durch die Kenntnis der Person strategische und taktische Strategien um den Ausgang von Entscheidungen zu treffen möglich sind, dann kommt doch mehr von der umfassenden Subjektivität und Intersubjektivität der 'Entscheider' ins Spiel. Wenn Personen im Unterschied zu Programmen kaum änderbar sind - wie Luhmann es einschätzt - dann bleibt aber erst recht die Änderbarkeit von Programmen und Kommunikationsnetzen abhängig von der Änderbarkeit der Subjekte und den daran sich anschließenden neuen Entscheidungen vom Typ Varietät, um in der Luhmann'schen Begriffssprache zubleiben.

Auf dem Pfade erweiterter Reproduktion von Entscheidungen und damit Systemausdifferenzierungen trifft Luhmann ein weiteres Subjekt, den "Parasiten", der sich die Möglichkeit des Systems zunutze macht. Dieser trifft keine neuen Optionen von Entscheidungen im Sinne von Varietät, "er bereichert das System nicht, sondern reguliert es nur" (Luhmann 1987,

179). An seiner Beschreibung dieses Subjekts der Organisation lassen sich die Widersprüche dieses Ansatz bündeln: wiederum ist dieses Subjekt in seinem Organisationshandeln nicht nur gewitzt, sondern auch reflexiv, verfügt also über ein weites Spektrum von Handlungsqualifikationen. Das Reflexive ist aber obendrein negativ, weil es die Gelegenheit von Entscheidungen - ein Reservat des Entscheiders - zerstört, er, der Parasit, wird zum Antityp des Entscheiders. Mit reflexivem Entscheiden nämlich steige die Unsicherheit einer einigermaßen sicheren Erwartung und das könne zu einem Motivabfall führen. Die Frage ist dann, wer und was ist gemeint? Luhmann antwortet: es sind die ideologisch favorisierten Trends der jüngsten Vergangenheit, Rationalisierung und Demokratisierung. Wie mächtig sind doch offenbar die Subjekte im System, wenn sie ganze Trends beeinflussen! Liegt es da nicht nahe, mehr über die Subjektivität zu wissen inclusive aller Rationalitäts- und Irrationalitätsdimensionen? Zudem wird an der Zuschreibung des Parasiten deutlich, wie begrenzt eine Perspektive ist, die nicht zwischen Funktionalität und Intentionalität von System und Subjekt unterscheidet. Benötigt nicht ein demokratischer Vorgang immer mehr Entscheidungen und Raum, als funktional dafür, aber auch herrschaftlich angestrebt ist, und ist das dann nicht auch wünschbar? Zudem läßt diese Perspektive keinen Spielraum, wirklich aufgeblähte bürokratische Verfahren gegenüber gewünscht demokratischen zu kritisieren. Oder war Luhmann, diese Variationen von Möglichkeiten übersehend, nur fixiert auf einen bestimmten Typ betriebswirtschaftlicher Rationalisierung, dessen ökonomische Dysfunktionlität aus der Perspektive des Systems man ihm nicht absprechen könnte? Entscheider, Person, Parasit, man mag eine solche Typologie von in Organisationen Handelnden für ungenügend ansehen, wichtiger ist, daß sich Luhmann mit diesen Subjekten die Rationalitätsproblematik längst wieder in die gesäuberte Abstraktion von Redundanz und Varietät hineingeholt hat. Und nicht nur diese. Alle Sorten von Normen und Wertvorstellungen, Bewußtseinslagen etc. Entscheidungen müssen Gründe haben, insbesondere, wenn es um "eine Justierung des Verhältnisses von System und Umwelt" geht. Luhmann weiß das und führt hier auch am Ende sein Rationalitätskriterium wieder ein: Entscheidend für das Rationalitätskriterium ist für ihn, daß das System "zu einem Führungswechsel zwischen Redundanz und Varietät befähigt bleibt" (Luhmann 1987, 182).

Das aber ist nichts anderes als Reflexivität, die die Differenz und die Einheit von System und Umwelt begreift. Mit diesem Schritt muß aber das System seine autopoietische Geschlossenheit auch öffnen können, was die autopoietische Struktur selbst paradox macht. Zudem ist es wieder nicht das System, sondern es sind die Individuen, die sich vor den Reflexionsentscheidungen ausgesetzt sehen, entweder mehr Redundanz zu erzeugen oder mehr Varietät zuzulassen. Bemerkenswert ist an dieser am Problem entlanggeführten Argumentation, daß sie vielleicht deutlicher als früher die Subjekte zulassen muß. Deren Subjektivität bleibt aber auch in Bezug auf die Organisationsproblematik - immerhin heißt der Titel des Aufsatzes 'Organisation' - unterbestimmt. Luhmann steht für mich für den Hegelschen Typ von System-Subjekt-Beziehung: das eigentliche Subjekt soll das System sein; die eigentlichen Subjekte aber sollen Statisten sein, Speicher, Medien und Körper, durch die hindurch sich das System reproduziert. Entscheider, Person und Parasit sind als Subjekte aber mehr, es sind lebendige Subjekte mit Bewußtsein, Rationalitäten, Zielen, Perspektiven, das System aber ist weniger: es ist kein lebendiges Subjekt, sondern ein Konstrukt. Deshalb mißlingt bei Hegel wie bei Luhmann das Durchhalten dieser Theoriefigur: Beide machen unversehens das Subjekt prominent, heben es heraus, lassen Gewaltiges von ihm vollbringen, um es als eine vielversprechende, aber unvollendete Skulptur in den folgenden Seqenzen ruckartig verschwinden zu lassen.

Die fehlende Differenz und Widersprüchlichkeit zwischen System und Subjekt, die gleichgerichtete Reproduktionsmechanik, begrenzt diese Organisationstheorie auf bestimmte Typen von funktionalen Organisationskrisen. Ob sie diesen mit dem geringen und abstrakten Instrumentarium für die Subjektseite gerecht werden kann, steht dahin. Schließlich ist auch der funktionalste Manager in seinen Handlungs- und Bewußtseinsmustern - Luhmann würde sagen, paradox.

Der von W. Küpper und G. Ortmann vertretene Ansatz der Mikropolitik in Organisationen versucht das Handeln der Akteure und die Zwänge des Systems zu verstehen. Organisationen sind für sie "in Wirklichkeit Arenen heftiger Kämpfe, heimlicher Mauscheleien und gefährlicher Spiele mit wechselnden Spielern, Strategien, Regeln und Fronten. Der Leim, der sie zusammenhält, besteht aus partiellen Interessenskonvergenzen, Bündnissen und Koalitionen, aus side payments und Beiseite geschafftem, aus Kollaboration und auch aus Résistance...(Küpper/Ortmann, 1987, 7) Organisation wird theoretisch insofern gefaßt als "Gesamtheit miteinander verzahnter Spiele, die kontingente, d.h. relativ autonome menschliche Konstrukte darstellen und durch ihre formalen und informellen Spielregeln eine indirekte Integration konfligierender Machtstrategien der Organisationsmitglieder bewirken." (Küpper/ Ortmann 1986). Mit dieser theoretischen Annahme versuchen die Autoren sowohl eine Hypostasierung des Systems aber auch des Akteurs zu vermeiden. Im system- und handlungstheoretischen Sinne gehen sie davon aus, daß alles

Handeln im Medium von Strukturen und Systemzwängen stattfindet, die
aber selbst konstituiert werden von den Individuen und die diese ebenso
ständig reproduzieren. Aus der hier vertretenen subjekttheoretischen Perspektive stellt sich nun
auch an diesen Ansatz die Frage, wie die Subjekte in der Organisation
veranschlagt sind, bzw. wie der Widerspruch von System und Subjekt im
Einzelnen konzipiert ist. Ausgangspunkt des mikropolitischen Ansatzes ist
dabei die Analyse menschlichen Verhaltens in Organisationen als Ausdruck einer Strategie, wobei strategisches Verhalten immer auch zugleich
"kontingentes Verhalten" meint; denn dieses ist abhängig von a) einem organisatorischen Kontext, b) den vorhandenen Gelegenheiten und c) dem
von ihm auferlegten materiellen und menschlichen Zwängen aber auch d)
unbestimmt und damit autonom und frei. Strategisch handelnde Subjekte,
die wählen, entscheiden und abwägen können, so die Autoren, sind aber
offensichtlich zugleich hoch reflektierte Individuen, die in irgendeiner
Weise die System-Umwelt-Bedingungen in ihr Handeln miteinbeziehen.
Sie verhalten sich also dementsprechend in der jeweiligen Weise rational,
jedenfalls subjektiv. Dabei ist nach Küpper/ Ortmann das zentrale Motiv
des Handelns in Organisationen das machiavellistische Motiv der Macht
und der Machtvermehrung.

Die bestehenden Machtbeziehungen zwischen Organisationsmitgliedern
werden als zentrale Stabilisierungs- und Regulierungsmechanismen ihrer
sozialen Interaktion angesehen, wenn das Verhalten der Beteiligten in einer Machtbeziehung vorhersehbar ist und damit Bündnisse, Gegner-
schaften, Blockaden etc. kalkulierbar werden. Die eigentliche Macht eines
Akteurs ist somit abhängig von der von ihm "kontrollierten Unsicherheits-
zone" und deren Relevanz für die Handlungsfähigkeit anderer Akteure".
Verhaltensweisen, die auf eine Ausweitung des eigenen und auf eine
Verminderung des organisatorischen Freiraumes anderer gerichtet sind,
können als Machtstrategien bezeichnet werden" (a.a.O. S. 596). Die Subjekte dieses Ansatzes sind in ihrem machtpolitischem Verhalten in Organisationen also zugleich Subjekte der vollendeten Konkurrenz und sie sind
im Verfolg ihrer eigennützigen Interessen utilitaristische Subjekte. Aus
dieser Logik ergibt sich auch eine Antwort auf die Frage, was Organisation integriert und ihren Bestand sichert. Um über Macht zu verfügen,
muß man zumindest teilweise die Erwartungen der anderen erfüllen, was
gewissermaßen 'kollektives' Handeln möglich macht. Somit muß jeder
einzelne sich auch auf Spielregeln anderer einlassen, die seinen Hand-
lungsspielraum einengen, solange er durch seine Teilnahme selbst Nutzen
aus der Organisation hat. Insofern ist in diesem Ansatz Rollenambiguität

nicht die Ausnahme, sondern der Normalfall der Interaktion, die den Zusammenhalt individueller Rationalitäten strukturiert. Eigenständigkeit und Struktur der Organisation, Integration und Erhaltung kommen insofern indirekt als Nebenfolgen zustande. Solche institutionalisierten Spiele - wie Küpper/ Ortmann es nennen - sind abhängig von den jeweiligen Kräfteverhältnissen. Nach der Spieltheorie handele es sich dabei vom Typus her um a) "ungerechte (nicht-faire) Spiele", d. h. bestimmte Spieler sind schon von den Spielregeln her durch geringere Gewinnchancen benachteiligt; b) "nicht-symetrische Spiele", d.h. ein Austausch der Spieler würde das Spiel verändern; c) "unbestimmte Spiele", die mehrere Lösungen zulassen; d) "Spiele mit unvollständigen Informationen"; e) "Spiele mit sehr wohl kontext-abhängigen als auch persönlichen Zügen der Spieler"; f) "Spiele, in denen Täuschen und Bluffen (Zurückhaltung, Filterung oder Verzerrung von Informationen) konstituierend sind.

"Formale Strukturen sind also aus dieser Perspektive in ihrer Bedeutung relativiert. Für die Subjekte erscheinen sie durchaus als Zwänge, sind aber keine selbständigen und von ihnen unabhängigen Existenzen und schon gar nicht an und für sich rational. "Sie werden als provisorische Kodifizierungen einer Machtbalance zwischen den Strategien unterschiedlich mächtiger Akteure gedeutet" (Küpper/ Ortmann 1987, 596)·[4]

Die Tourrainsche Rede von 'der Rückkehr der Akteure' (Alain Touraine, 1984) trifft zweifellos für diesen Ansatz der Organisationsforschung auch zu, der auch als Kritik gesehen werden kann am gängigen Determinismus von System und Subjekt, wie er im kontingenztheoretischen Ansatz der Organisationssoziologie zum Ausdruck kam, aber auch in den strukturalistischen Versionen des Marxismus. "Irrationale, dysfunktionale Folgen der Verhaltensweisen von Organisationsmitgliedern, wie sie etwa in einer an allgemeinen Systemrationalitäten orientierten Systemtheorie definiert werden, sind nicht das Ergebnis eines schlechten Bewußtseins, fehlender Motivation oder Irrationalität der Akteure; sie sind vielmehr das Produkt von Spielstrukturen, die subjektiv begrenzt rationale Strategien der Mitglieder hervorbringen und regulieren. Nur diese Spielstrukturen können irrational und dysfunktional sein." (Küppers/ Ortmann 1987, 596/597)

---

4. "Ohne das systematische Denken kommt die strategische Analyse nicht über eine phänomenologische Interpretation hinaus, ohne strategische Verifizierung bleibt die systematische Analyse spektakulativ, und ohne Anregung des strategischen Denkens wird sie deterministisch"(Crozier/ Friedberg 1979, 137)

Zur Einordnung und Kritik des mikropolitischen Ansatzes: In bezug auf die subjekttheoretischen Überlegungen bietet dieser Ansatz im Kern die dialektische Differenzierung zwischen und System und Subjekt, oder Organisation und Subjekt, die gekennzeichnet ist durch die jeweilige Eigenständigkeit der Reproduktion. Gesichert ist zudem die dialektische Grundlogik, daß in dem jeweiligen Pol im Inneren die Gegensätze des jeweils anderen Poles mit repräsentiert und enthalten sein müssen. Ebenso teile ich die darin enthaltene Kritik und den Antwortversuch gegenüber jedem Determinismus. Bedenklich erscheint mir jedoch die Begrenzung der Subjekte auf den zweckrationalen und machtorientierten Impuls. Das wäre dann eine Dialektik, die Funktionalität und systemische Vernunft nicht überschritte. Es sei denn die Dimensionen von Anerkennung, Zuwendung und Solidarität wären keine Bedingungen mehr von individueller Reproduktion, die als Berufsarbeit auch Teil von Organisation ausmacht. Daß die Machtstruktur der Organisation als der letztlich entscheidende Bestimmungsfaktor der Organisationsstruktur zu gelten habe, beschreibt insofern die Funktionalität eines Großteil gesellschaftlicher Organisationen -und nicht nur Industriebetriebe und Banken, sondern auch Gewerkschaften und Parteien, etc. Die Position wird aber eigentümlich normativ, wenn man die Antriebe der Subjekte in ihrem Organisationshandeln und die Bedingungen ihrer Selbstkonstitution darauf verkürzte. Die Frage also, die bleibt, ist, was liegt jenseits der Opfer der Verhältnisse und dem machiavellistischen Utilitaristen im Verhältnis von Subjekt und Organisation?

4. Perspektiven einer aufgeklärten und kritischen Organisationstheorie

Es gibt bei Hegel, bezeichnenderweise in dem Abschnitt der Phänomenologie des Geistes, der die Überschrift trägt „"der sich entfremdete Geist, die Bildung", die Beschreibung einer Organisationsentwicklung, wie wir heute sagen würden; darin entfaltet Hegel eine Dialektik zwischen der Konstitution von Struktur am Beispiel der 'Staatsmacht', die sich durch die Handlungsverläufe von Subjekten festigt. Weil Hegel sieht, daß es in solchen Prozessen auch immer um Normativität geht, beginnt dieser Organisationsprozeß polarisiert mit einem edelmütigem und einem niederträchtigem Bewußtsein[5] und den entsprechend entgegengesetzten Intentionen des Handelns. Am Ende dieses Entwicklungsverlaufes, der ein

---

5. Wobei das edelmütige Bewußtsein der Organisation zu dienen und nutzen scheint, das niederträchtige Bewußtsein aber allein auf seinen Vorteil aus ist und auf seine singulären Interessen.

Kampf um Anerkennung und Macht ist, kann Hegel aufzeigen, daß die scheinbar edelmütige Intention durchaus auch mit der niederträchtigen behaftet ist, wie umgekehrt, und daß die Konstitution der "Staatsmacht" lange nicht so monolithisch ist, sondern ständig durch diesen prozessierenden Handlungsvorgang auch zersetzt wird.

Der mikropolitische Ansatz hat auf dieser Ebene seinen vergleichbaren Ansatzpunkt. Aber der dialektische Grundsatz "des inneren Enthaltenseins der Gegensätze in sich" differenziert sich in einer Dialektik zwischen Subjekt und Organisation weiter aus. Denn wie auch immer die Subjekte der Organisation entfremdet "als identische Einheit ihrer selbst und ihrer als des Entgegengesetzten"(Hegel) erscheinen, so ist ihr zweckrationales Handeln und sind ihre Spiele nicht einvernehmlich, sondern hochgradig subjektiv widersprüchlich. Und so dürfte für viele Handlungsverläufe zutreffen, was Hegel so beschreibt: Alles ist ebenso "nach Außen das verkehrte dessen, was es für sich ist; und wieder, was es für sich ist, ist es nicht in Wahrheit, sondern etwas anderes, als es sein will, das Fürsichsein vielmehr der Verlust seiner selbst und die Entfremdung seiner vielmehr die Selbsterhaltung" (Phänomenologie des Geistes, S. 386).

Die Subjekte solcher Erfahrungsprozesse reagieren aber bei Hegel nicht nur mit neuen Spielzügen, sondern ebenso mit 'tiefster Empörung', sie reagieren also ebenso mit Empfindung und Gefühl. Diese Reaktion scheint bisweilen hilflos, weil das Individuum in dem Grade der Verstrickung mit der Struktur in seiner Empörung auch zugleich seine Selbst-Zerissenheit anschaut, weil eben die Handlungs- und Bewußtseinsintentionen des Subjekts der Organisation und der Gesellschaft vielfach gebrochen und nicht identisch ist; auch nicht zweckrational identisch.

Daß aber das Subjekt diese Empörung verspürt, ist begründet in einer nicht funktional begrenzbaren individuellen Reproduktion, deren besonderes Merkmal das 'Sich-auf-sich-Beziehen' ausmacht. Ohne dies hier im einzelnen ausführen zu können [6], weisen die Prozeßinhalte eines solchen Selbst des Subjekts auf Selbsterhaltung, Selbstgefühl, Selbstbewußtsein und Anerkennung.

Stiften diese grundlegenden Momente individueller Reproduktion alles andere als nur zweckrationale Intentionen, so ist ein solches Subjekt gerade aus diesen Reproduktionsmomenten des Selbst auch angewiesen auf Reflexion in sich und in anderes. Wie auch immer ein solches Subjekt in einem antagonistischen System und den dazugehörigen Organisationen selbst ein zerissenes und gespaltenes Bewußtsein in solche Reflexion einbringt, könnte es sich nicht ohne Momente von 'reiner Anerkennung' (vgl.

---

6. vgl. die genauer dazu die Beiträge von M.R. Vogel und J. Ritsert in diesem Band

Ritsert in diesem Band) reproduzieren. Das macht die Sache zwischen Subjekt und Organisation nicht einfacher, auch im Sinne einer sich negativ fortwälzenden Reproduktion der antagonistischen Gesamtstruktur. Adorno hat diese hochgradige Ambivalenz mit dem Satz "ohne allen Gedanken an Freiheit, wäre organisierte Gesellschaft kaum zubegründen" auf den dialektischen, aber eben auch zwieschlächtigen Punkt gebracht. Aber eben: ohne Anerkennung, ohne Solidarität, die zweckfrei ist, ohne Zuwendung ist individuelle Reproduktion nicht denkbar, womit auch eine noch so funktionalistische Theorie der Organisation zu rechnen hat.

Umgekehrt liegt auch damit das kritische Moment: wie lassen sich rein funktionalistische Strukturen und deren Handlungsmuster in Organisationen zurückdrängen zugunsten solidarisch-zweckfreier Subjekt- und Organisationsentwicklung?

Aus der aufgemachten Analyse lassen sich einige Thesen im Sinne einer kritischen Organisationstheorie entwickeln:

1. Mit Sicherheit ist ein Organisationshandeln und eine darauf abgestellte Organisationstheorie, die sich nur auf den zweckrationalen und funktionalen Zusammenhang von Individuum und Organisation bezieht und diesen auch zum Ziel des Organisationshandelns erklärt, dazu verurteilt, Sinn zu zerstören. Denn die von den Mikropolitikern sehr zutreffend beschriebenen Machtspiele erzeugen keinen Sinn zwischen den Subjekten, auch wenn dieser in den Organisationsstatuten verwaltet wird; vielmehr zerstören diese nihilistisch-individualistischen Machtspiele oder lähmen den noch vorhandenen Sinn und die Identifikation in den Subjekten durch den fortlaufenden Verkehrungs- und Umkehrungsprozeß jedes Gemeinten, Intendierten etc.

2. Wenn es einer kritischen Organisationstheorie nicht gelingt, die eigenständigen Aspekte der individuellen Reproduktion und der damit zusammenhängenden nicht-funktional reduzierbaren Intentionalität von Subjekten aufzuzeigen und zu implementieren, würde sich letztlich eine emanzipatorische Orientierung ad absurdum führen. Eine Orientierung an Solidarität wäre dann lediglich ein normatives Postulat, das - unterhalb dieser ideologisch überhöhten Ansprache - höchstens zu einer funktionaleren Anpassung der Organisation führen könnte. Überdies würden die Akteure, die sich etwa auf dem funktionalen Boden der Spieltheorie befänden, solche Wertvorstellung längst für sich als Hülse indentifizieren können oder wenigstens dies erahnen - das ist allemal von dem macht- und spieltheoretischen Ansatz zu lernen.

3. Der aktuelle gesellschaftliche Wandel und die damit einhergehenden wissenschaftlichen Versuche, daraus auch für Organisationen Schlüsse und neue Perspektiven zu ziehen, stellt nicht nur für Industriebetriebe,

sondern gerade auch für Non-Profit-Organisationen wie Gewerkschaften, Parteien, Kirchen etc. neue Anforderungen. Wenn bislang vor allem die Frage nach den Zielen dieser Organisationen, wie zum Beispiel Gerechtigkeit, Wohlstand, Sicherheit etc. im besonderen Interesse lagen, so tritt unter der Bedingung gesellschaftlicher Modernisierung zunehmend die Organisation selbst und das Binnenverhältnis zwischen Subjekt und Organisation als Gegenstand von emanzipatorischen Prozessen oder deren Verhinderungen auf die Bühne des Geschehens.

Die Widersprüchlichkeit und Selbsterfahrung eines zerissenen Bewußtseins[7] und die Mühen und Irritationen dieses in einer Person als Lebensprozeß zu integrieren, manifestiert sich zunehmend im reflexivem Bewußtsein der Gesellschaftsmitglieder. Diese zwangsläufige Reflexion in sich hat aber nicht automatisch eine kritische Tendenz, sondern kann auch regressiv werden.

Eine kritische Organisationstheorie - und daraus abgeleitet eine entsprechende Organisationspraxis - kann deshalb selbst nicht eine Organisationsentwicklung betreiben, die unterhalb dieser Komplexität dieses gesellschaftlich zerissenen Bewußtseins liegt. Die meisten Non-Profit-Organisation der Gesellschaft, die ihrerseits sich gerade auf Sinn- und Wertorientierungen gründen, lassen diese Momente von innerer Aufgeklärtheit vermissen.

Bereits Hegel wußte, daß man die Welt der Verkehrung nicht einfach auflösen kann, weil die Differenzierung in der Welt und in den Subjekten nicht rückführbar sei auf einen "natürlichen Zustand". Somit bleiben letztendlich nur die geschärften Mittel der Reflexion, die kritisch an dem anknüpfte, was in den komplexen Reproduktionsmodi des Selbst bereits vorhanden ist.

Zum Beispiel könnte es darum gehen, durch systematisch vermehrte Reflexion innerhalb der Organisation zur Blockierung, jedenfalls zur Aufklärung bislang untergründiger Spiele im Sinne des Arsenals machiavellistischer Spielregeln zu verhelfen und damit Transparenz zu erzeugen. Dabei ginge es eben nicht um die moralische Verurteilung utilitaristischer oder machtbezogener Handelungsmotive, sondern lediglich um die Selbstaufklärung darüber, daß mindestens beide Momente in einem Individuum zugleich vorhanden sind. Somit ginge es um die Unterscheidungsfähigkeit und Unterscheidbarkeit von jeweiligen Handlungsstrukturen, und damit nicht zuletzt um eine Handlungsrationalität,

---

7. Und ein solches Bewußtsein findet durchaus der Querschnitt der empirischen Studien zum Wertewandel und Postmodernismus, zur Jugendforschung Frauenforschung, u.a. in der Bevölkerung vor.

die sich und anderen den Antagonismus zwischen Inbesitznahme und Utilitarismus einerseits und überschießenden Momenten von Solidarität, Empathie und Anerkennung andererseits aufklärt.

Literatur

Bate, P (1984): The impact of organizational culture on approaches to organizational problems-solving, In: organizational studies, 1984

Bleicher, K. (1990): Organisationskonzepte für die 90er Jahre. Ganzheitliches Denken als Voraussetzung für ein integratives Management. In: Office Management, H. 11

Child, J. (1982): Organization, structure, environment and performance. In: Sociology 1972.

Crozier, M. & E. Friedberg (1979): Macht und Organisation, Königstein/Ts.

Dtewart, C & D. Dunkerley (1980): Organization, Class and Control. London

Dülfer, E. ((Hrsg.) Organisationskultur, Phänomen-Philosophie-Technologie

Hannan, M.T. & J. Freeman (1977): The population ecology of organizations. In: American Journal of Sociology

Küpper, W. & G. Ortmann 1987) (Hrsg.): Mikropolitik, Rationalität, Macht und Spiele in Organisationen, Opladen

Küpper, W. & G.Ortmann (1986): Mikropolitik in Organisationen. In: DBW 5, 1986

Luhmann, N. (1964): Funktionen und Folgen moderner Organisation, Berlin

Luhmann, N. (1987): Organisation. In: Kieser, H. (1985): Die Entwicklung von Organisationen über die Zeit. Theoretische Ansätze zur Erklärung des organisationalen Wandels. In: K. Lüder (Hrsg): Betriebswirtschaftliche Organisationstheorie und öffentliche Verwaltung. Speyer

Küpper, W. & G. Ortmann (Hrsg.): Mikropolitik, Rationalität, Macht und Spiele in Organisationen. Opladen

Mayntz, R. (1963): Soziologie der Organisation. Reinbek

Schimank, U. (1981): Identitätsbehauptungen in Arbeitsorganisationen - Individualität in der Formalstruktur, Frankfurt/New York

Staehle, W.H. (1989): Human Resource Mangement und Unternehmensstrategie. In: Mitteilungen aus der Arbeitsmarkt und Berufsforschung, H. 3

Türk, K. (1989); Neuere Entwicklungen in der Organisationsforschung. Stuttgart

Volmerg, B. (1986): Betriebliche Lebenswelt. Opladen

Christoph Görg

Soziale Bewegungen und gesellschaftliche Lernprozesse

In der Beschäftigung der Sozialwissenschaften mit den Neuen Sozialen Bewegungen lassen sich im Verlauf der letzten zehn Jahre einige einschneidende Veränderungen feststellen. Waren die ersten Erklärungsversuche Anfang der 80er Jahre noch von dem Versuch gekennzeichnet, die unübersichliche Vielfalt der Phänomene entlang weitgehend unhinterfragt angewendeter Maßstäbe - Fortschritt, Modernität, Emanzipation etc. - zu katalogisieren (exemplarisch dafür: Habermas 1981), dann wurde nach und nach die Gültigkeit dieser Maßstäbe selbst in Frage gestellt. In der Diagnose der reflexiven Moderne (vgl. Beck 1986) wird schließlich die Untersuchung gesellschaftlicher Krisensymptome, die dem Auftreten sozialer Bewegungen zugrundeliegen könnten, verknüpft mit der Frage nach einem anderen Muster gesellschaftlicher Selbstwahrnehmung ("Risikosematik"; Lau 1989) und nach der Gültigkeit sozialwissenschaftlicher Kategorien wie dem Klassenbegriff. Das etablierte Muster gesellschaftlicher Entwicklung war auch den Sozialwissenschaften selbst zum Problem geworden. Und es steht die Vermutung im Raum, daß dies unmittelbar mit dem Auftreten und der Kritik der Neuen Sozialen Bewegungen zu tun hat.

Der Beitrag sozialer Bewegungen zu gesellschaftlichen Lernprozessen scheint also schon da zu beginnen, wo der sozialwissenschaftliche Maßstab für die Beurteilung der Entwicklung und ihre zentrale Problemdiagnose - sichtbar vor allem in der wachsenden Bedeutung ökologischer Fragen - angesprochen wird. Allerdings muß sehr wohl die Frage gestellt werden, ob man die hier nur angedeuteten Entwicklungen tatsächlich als einen Lernprozeß bezeichnen kann. Denn zum Begriff des Lernens gehört die Vorstellung eines Prozesses, der eine qualitative Steigerung bestimmter Fähigkeiten darstellt; er ist selbst eng mit der Vorstellung eines Fortschritts verbunden. Selbst wenn man das Problem des Subjekts des Lernens - können Gesellschaften als Ganze überhaupt lernen? - ausklammert, bleibt die Frage nach einem Beurteilungskriterium bestehen, an dem diese Steigerung zu "messen" wäre. Die Schwierigkeiten der Suche nach einem solchen Kriterium muß aber gerade dann ernst genommen werden, wenn die Sozialwissenschaften die Feststellung machten, daß ihre eigenen Maßstäbe von der allgemeinen Unübersichtlichkeit nicht unberührt blieben.

Einen besonderen Aspekt dieses Problems stellen die Erklärungsschwierigkeiten dar, die durch die Existenz der Neuen Sozialen Bewegungen in den Sozialwissenschaften aufgeworfen wurden. Als ein dauerhaftes Motiv kann man eine sich durchhaltende Ratlosigkeit der Wissenschaften in Anbetracht ihres Gegenstandes feststellen, die sich im Verdacht bündelt, ob es sich bei diesen Bewegungen nicht um einen Mythos handelt, der die auf ihn gerichtete Aufmerksamkeit und überhaupt seine Existenz als identischen Gegenstand in erster Linie den Sozialwissenschaften selbst verdankt (so Stöss 1984; zur neueren Diskussion: Görg 1989). Die Frage nach dem Beitrag sozialer Bewegungen zu gesellschaftlichen Lernprozessen impliziert, die Identität dieser Bewegungen im Spannungsverhältnis von Selbstzuschreibung und (gesellschaftlicher wie theoretischer) Fremdzuschreibung bestimmen zu können.

Im folgenden sollen zwei für die Bearbeitung dieses Zusammenhangs zentrale Probleme aufgegriffen werden: Einerseits muß die Diskussion gemeinsamer Problemlagen, die dem Auftreten sozialer Bewegungen als Ursachenkonstellation zugrundeliegen, so aufgenommen werden, daß der spezifische Subjektcharakter der Bewegungen und damit ihre Eigenschaft als sozialer Akteur gewahrt bleibt. Auf diese Eigenschaft zielt der Begriff der Selbstkonstitution sozialer Bewegungen. Andererseits muß der Maßstab, an dem der gesellschaftliche Lernfortschritt gemessen werden kann, mit Blick auf die Verschiebungen der Motive der Gegenwartsdiagnose so thematisiert werden, daß die von den Bewegungen geleistete Kritik an gesellschaftlichen Zuständen von den Sozialwissenschaften nicht nivelliert wird. Diese beiden Probleme kommen zusammen in der Frage, wie eine Verbindung hergestellt werden kann zwischen den Formen gesellschaftlicher Reproduktion und der dem Protest innewohnenden Kritik.

Daß die Selbstkonstitution sozialer Bewegungen für ihre sozialwissenschaftliche Erklärung eine unhintergehbare Gegebenheit ist, ist inzwischen eine weiter verbreitet Einsicht. Es ist aber auch deutlich geworden, daß mit diesem Begriff sehr verschiedene Gehalte angesprochen werden. Der Grund hierfür liegt einerseits in den differierenden theoretischen Ansätzen. Andererseits fällt aber auf, daß sich die verschiedenen Versuche einer Begriffsbestimmung selbst wieder in sehr unterschiedlicher Weise in gesellschaftlichen Problemlagen verorten. Die konstitutionstheoretische Bezugnahme auf den Prozeß der aktiven Selbstherstellung sozialer Bewegungen hat selbst einen zeitdiagnostischen Gehalt. Dieser kreist in fast allen Fällen um die behauptete Verschiebung von der »sozialen« zur »ökologischen Frage«. Dahinter stecken zwei eng miteinander verbundene Themen: Die These vom Zurücktreten klassenspezifischer Interessenlagen bei der Erklärung der Bewegungen einerseits und die Frage nach ei-

nem neuen Modell praktischer Vernunft angesichts ökologischer Probleme andererseits. Die zwei wesentlichen Varianten der Begriffsbestimmung sollen im folgenden kurz untersucht werden:
- Selbstkonstitution als autopoietischer Prozess. Nach diesem Modell entstehen soziale Bewegungen nicht durch rationale Einsicht in zugrundeliegende objektive Interessenlagen, sondern es gibt einen Primat der Selbstproduktion der Bewegungen. Danach sind "Bedingungen bzw. deren rationale Identifikation ein spätes, ein nachträgliches Erzeugnis von Interaktionskontexten (...), in denen kollektive Handlungen und Deutungen fortlaufend produziert werden." (Japp 1984, 326)
- Kollektive Lernprozesse durch verständigungsorientiertes Handeln. In seiner elaboriertesten Form orientiert sich dieser Ansatz an der Evolution der praktischen Vernunft (Eder 1988), die wiederum in moralischen Lernprozessen verankert ist.

1. Selbstkonstitution als autopoietischer Prozess?

Die These einer abnehmenden Bedeutung sozialstruktureller Faktoren für die Entstehung sozialer Bewegungen kann die Evidenz für sich in Anspruch nehmen, daß gemeinsame und homogene Lebenslagen angesichts der Tendenzen zur Individualisierung der Sozialstruktur nicht mehr einfach unterstellt werden können. Daraus wird der Schluß gezogen, daß sekundär hergestellte Gemeinsamkeiten eine immer größere Bedeutung bekommen: Von sozialen Klassen zu sozialen Milieus heißt die Parole in der Sozialstrukturforschung (kritisch dazu: Ritsert 1989). In den Ansätzen zu einer Theorie sozialer Bewegungen als autopoietisches System wird dieses Argument noch weiter zugespitzt: Objektive Interessenlagen werden als Erklärungsbasis ausgeschlossen und ihre Heranziehung einem "rationalistischem Vorurteil" (Japp 1984, 314) der Soziologie zugeschrieben, nämlich der falschen Annahme einer rationalen Motivierung des Handelns. Die »Selbsterzeugung« der Bewegungen wird daher abstrakt dem »Fremdverschulden« durch äußere Umstände entgegengestellt. Gegen diese Grundintention lassen sich zwei Einwände formulieren: Einerseits stützt sie sich in der Kritik auf einen verkürzten Klassenbegriff und andererseits neigt sie in der Ausarbeitung ihres eigenen Ansatzes zu einer Tautologie, die zu beseitigen zur Relativierung des eigentlich vorgebrachten Arguments führt.
Die zeitdiagnostische Argument dieses Ansatzes ist insoweit an einem verkürztem Klassenbegriff orientiert, als Klassen im Sinne handelnder Kollektive, also im Sinne von sozialen Bewegungen, niemals allein durch objektive Interessenlagen zu erklären waren. Dies gilt insbesondere schon

für die Arbeiterbewegung, gegen die die Neuen Sozialen Bewegungen kritisch abgesetzt werden. Ihre Motivation bezog diese Bewegung keineswegs unmittelbar aus einer rationalen Einsicht in objektive Bedingungen, sondern diese Einsicht ist nur ein Bestandteil eines komplexen, symbolisch strukturierten und normativ orientierten Konstitutionsprozesses (Thompson 1987; Vester 1970). Das darf aber nicht darüber hinwegtäuschen, daß es spezifische Interessenlagen gibt, die in dem Sinne objektiv sind, daß sie nicht erst durch den Deutungsprozeß der Akteure geschaffen werden. Der Deutungsprozess bleibt ein Moment der Selbstkonstitution einer Bewegung, in deren Verlauf dann gegebenenfalls auch die Bedingungen durch das Handeln der Bewegungen verändert werden. Das zeitdiagnostische Argument von der abnehmenden Relevanz objektiver sozialstruktureller Faktoren ist für sich genommen nicht geeignet, die Besonderheit der Neuen Sozialen Bewegungen im Vergleich zur Arbeiterbewegung zu benennen. Umgekehrt müßte erst die Frage gestellt werden, was sich hinter der Rede von der Tendenz zur Individualisierung der Sozialstruktur verbirgt und welche Relevanz diese Phänomene für die Erklärung der Selbstkonstitution der Neuen Sozialen Bewegungen eigentlich haben - welche Form von »Fremdverschulden« hier also vorliegt. Abstrahiert von allem Bedingungen, die der Konstitution sozialer Bewegungen zugrunde liegen und in gedeuteter Form in ihr Selbstverständnis eingehen, wird die These von der Autopoiesis sozialer Bewegungen tautologisch. Dies zeigt der Definitionsversuch von Heinrich W.Ahlemeyer:
"Soziale Bewegungen sind danach Kommunikationssysteme, die selbstreferentiell Mobilisierungsoperationen prozessieren." (Ahlemeyer 1989, 188)
Hinter diesem sprachlichen Ungetüm steht ein Urteil, das unsere Kenntnisse über die Identität sozialer Bewegungen nur sehr begrenzt zu erweitern vermag. Da Mobilisierung hier durch den Handlungsvorschlag umschrieben werden soll: "... du mußt mit uns, mit der sozialen Bewegung handeln" (ebd. 182), damit aber die Bewegung selbst schon voraussetzt, und ihre Bezeichnung als »Kommunikationssystem« lediglich ein Axiom der Theorie ist, - soziale Systeme sind nach der Sozialontologie von Luhmann, auf die sich Ahlemeyer hier bezieht, generell sinnprozessierende Systeme - besagt die Definition nur: Soziale Bewegungen sind selbstreferentiell prozessierende Systeme, was letztlich wiederum soviel heißt wie: Bewegung bewegt sich! Warum sie dies jedoch tut, warum also jemand gegebenenfalls seine Handlungen im Rahmen dieses »selbstreferentiellen Kommunikationssystems« »prozessieren« lassen sollte, wäre doch wohl die eigentlich interessierende Frage. Ohne Bezug auf Bedingungen, die

wie auch immer transformiert in den Prozeß ihrer »Autopoiesis« eingehen, wissen wir nicht, was denn die Identität dieses Systems ausmacht -
wovon es sich unterscheidet, wenn es auf sich selbst Bezug nimmt.
In eine andere Richtung geht der Versuch von Werner Bergmann (1987),
bei der Erklärung sozialer Bewegungen zwar auf den Ursachenbegriff,
nicht jedoch auf die Verortung in sozialen Konflikten verzichten zu wollen. Diese an Luhmanns Verortung sozialer Bewegungen im »Immunsy-
stem« der Gesellschaft (Luhmann 1984, 543ff) angelehnte Erklärungsstra-
tegie weiß dann zumindest, daß sich soziale Bewegungen "nur unter bestimmten gesellschaftlichen Verhältnissen ausbilden" (Bergmann 1987,
373) können. Da letztlich nicht alle Konflikte zu sozialen Bewegungen
werden, muß es auch in der Umwelt der Bewegungen Bedingungen dafür
geben, daß "viele Konflikte als unbedeutend ausgefiltert" (ebd. 371) werden und andere nicht. Zudem gehört zum Konflikt ein Konfliktgegner
(ebd. 365 und 388). Selbstkonstitution ist also nur in dafür günstigen Umweltbedingungen zu erwarten. Eine solche Einsicht steht aber vor der Gefahr, statt einer Erklärung der Selbstkonstitution der Bewegungen lediglich ihre soziale Funktionsbestimmung zu wiederholen. Indem soziale Bewegungen Protest äußern, d.h. »Ablehnung kommunizieren«, sichern sie
nach Luhmann die »Autopoiesis« des Gesellschaftssystems, auch wenn
die Erwartungsstrukturen durcheinandergeraten sind, in denen sich die
Gesellschaft üblicherweise reproduziert (Luhmann 1984, 549). Wenn Bewegungen aber vordringlich auf "Störungen im gesellschaftlich-politischen
Kommunikationskreislauf" (Bergmann 1987, 388) reagieren, dann steht
hier eindeutig das »Fremdverschulden« der Gesellschaft im Vordergrund.
Im Grunde ist hier die These von der Selbstkonstitution der Bewegungen
insoweit aufgehoben, als der Eigensinn ihrer kollektiven Deutungen für
ihre Entstehung keine Rolle mehr zu spielen scheint.
Man kann die Konsequenzen dieser Verschiebung sehr anschaulich in
Luhmanns »Ökologischer Kommunikation« sehen, wo die Neuen Sozialen
Bewegungen zwar als ein wichtiger Akteur für die ökologische Alarmie-
rung des Gesellschaftssystems angesehen werden, aber ihr »Eigensinn«
lediglich als ein störendes »Rauschen« Beachtung findet (»Angstkommu-
nikation«, vgl. Luhmann 1986). Die Konsequenz einer Reduktion des
Eigensinns der Bewegungen auf ihre gesellschaftliche Funktion scheint
sich aber auch dann einzustellen, wenn die Luhmannsche Prämisse einer
blinden Evolution der gesellschaftlichen Teilsysteme aufgegeben wird und
versucht wird, den Beitrag der Neuen Sozialen Bewegungen als Akteure
und insofern als Katalysatoren der gesellschaftlichen Problemwahrnehmung zu berücksichtigen (vgl. die Beiträge in: Halfmann/Japp (Hg) 1990).
Nach der Deutung von Klaus P. Japp arbeiten die Bewegungen an der

"Institutionalisierung eines gesellschaftlichen Dissenses zwischen Rationalität und Risiko." (Japp 1990, 54) Da jedoch die theoretische Rekonstruktion dieses Dissenses weiterhin an der Luhmannschen Sozialontologie (Komplexität, doppelte Kontingenz) und an seinem Gesellschaftsbegriff (funktionale Differenzierung) orientiert bleibt, scheitert der Versuch, den Eigensinn der Bewegungen im Dissens zu erfassen. Die praktische Kritik der Bewegungen wird hier wie auch bei Luhamnn selbst letztlich am Maßstab der institutionalisierten Problembearbeitung (in den Teilsystemen) nach Maßgabe einer prinzipiellen Ungewißheit des Handelns (das »Risiko der Komplexität« als Grundfolie für das »Risiko der Rationalität«) ausgerichtet. Ausgeklammert bleiben zwei für die Rekonstruktion der Selbstkonstitution sozialer Bewegungen entscheidende Fragen: Erstens die hermeneutische Frage nach dem Eigensinn der Bewegungen, der sich nicht mit ihren Wirkungen in den gesellschaftlichen Teilbereichen decken muß. Zweitens die damit eng verbundene Frage nach der Reaktion der Gesellschaftstheorie angesichts der »alarmierten Gesellschaft«, denn der Dissens, den die Bewegungen zum Ausdruck bringen, darf auf der Seite der Gesellschaftstheorie nicht völlig ignoriert werden. Insoweit muß die Gesellschaftstheorie in der Lage sein, eine Differenz zwischen der Identität der Gegenwartsgesellschaft und den von den Bewegungen eingeklagten Möglichkeiten gesellschaftlicher Entwicklung zu formulieren. Muß sie nicht dann auch zur Kritik der Gegenwartsgesellschaft fähig sein?

2. Kollektives Lernen und praktische Vernunft

Diese Frage nach den Möglichkeiten gesellschaftlicher Selbstveränderung ist für das andere Erklärungsmodell der Selbstkonstitution sozialer Bewegungen zentral. Auch hier wird davon ausgegangen, daß Bewegungen nicht allein als eine Auswirkung objektiver Ursachen verstanden werden können. Ihre Subjektrolle soll dabei durch Berücksichtigung der Besonderheit des Sozialen, nämlich sprachlich vermittelter Intersubjektivität, erschlossen werden. Bei Klaus Eder gehört es gerade zur Spezifität sozialer Lernprozesse, daß sie sich nicht mehr nach Maßgabe neodarwinistischer Evolutionstheorien erklären lassen, weil sie die Mechanismen der Variation und Selektion ihrer Grundstrukturen selbst wieder reflexiv verändern können (Eder 1991, 38). Dementsprechend stehen hier die symbolischen und normativen Kapazitäten gesellschaftlicher Selbstveränderung im Vordergrund.

Der Bezug zu sozialen Bewegungen wird hier über den Begriff des »kollektiven Lernens« hergestellt, der in seiner Ausarbeitung vor allem auf Max Miller (1986) zurückgeht. Miller versucht, jene Art des Lernens zu rekonstruieren, die nicht mehr auf indivduelles Lernen zurückgeführt werden sondern sich nur durch Interaktion hindurch vollziehen kann, und die insofern bestimmten Aspekten des Bildungsprozesses der Individuen vorausgesetzt ist. Und er zielt dabei auf die Auflösung des sogenannten Menon-Paradoxes von Platon: Wie kann in einer Entwicklung überhaupt (normativ gehaltvolles) Neues entstehen, wenn das Neue das Alte systematisch voraussetzt (ebd. 18ff). Sein Lösungsvorschlag des »genetischen Interaktionismus« zielt auf den Prozeß einer Erfahrungskonstitution, die es möglich macht, "kollektive Lösungen für interindividuelle Koordinationsprobleme zu entwickeln" (ebd. 23). Dies setzt voraus, daß sich Argumentationspartner sowohl widersprechen als auch ihren Dissens gemeinsam identifizieren und sich gleichzeitig an kollektiv geltenden gemeinsamen Zielen orientieren (ebd. 28f).

Gegen dieses Modell, das von Miller unter Rückgriff auf Piaget und Mead entfaltet wird, können zwei Einwände formuliert werden.

a) Das Konzept des »kollektiven Lernens« konzentriert sich zum einen auf Koordinationsprobleme sozialer Interaktion. Damit wird aber nicht nur die gesellschaftliche Reichweite dieses Erklärungsmodells eingeschränkt, sondern auch die Logik des Entwicklungsprozesse selbst verkürzt. Wenn kollektives Lernen dem Bildungsprozeß der Individuen vorausgesetzt sein soll, so soll das nach Miller nicht bedeuten, daß es diesen ersetzt. Kollektives Lernen liefert lediglich bestimmte Beiträge, die sich direkt auf Interaktionsprobleme beziehen. Auch dort darf dann aber weder die Selbstbezüglichkeit der Individuen, ihre Fähigkeit zur Selbstreflexion, nivelliert werden, noch kann die Möglichkeit eines Dissenses, in dem sich die widerstreitenden Äußerungen der Interaktionspartner gegenseitig negieren, ausgeschlossen werden. Weder darf also die kollektiv vorausgesetzte Gemeinsamkeit, an dem sich die Akteure nach Miller orientieren, der Selbstreflexion der Akteure entzogen sein - vielmehr ist die Möglichkeit einer Lösung des Dissenses an die Bedingung der Ermöglichung von Selbstreflexion geknüpft. Noch kann ausgeschlossen werden, daß unter den Bedingungen antagonistischer Vergesellschaftung Situationen auftreten, die nicht den Voraussetzungen eines Koordinationsproblems entsprechen, sondern die in gesellschaftlichen Systemproblemen verankerte Reproduktionskrisen darstellen. Diese beiden Merkmale, Selbstbezüglichkeit und Negation, sind jedoch für ein anderes Modells zentral, mit dem Thomas Kesselring (1984) im Rückgriff auf Hegel und Piaget Entwicklung durch das Auftreten strikter Antinomien zu erklären versucht hat.

b) Der zweite Einwand bezieht sich stärker auf die Anwendung des Konzepts. Miller bezieht den Begriff des »kollektiven Lernens« explizit auf ein »Lernen im Kollektiv« und erst in zweiter Linie auf das »Lernen eines Kollektivs« (Miller 1986, 32). Gerade diese zweite Lernen ist jedoch ersichtlich für den Prozeß der Selbstkonstitution sozialer Bewegungen entscheidend, denn hier geht es vordringlich um die Entwicklung eines Kollektivs als Kollektiv. Auch wenn das Lernen des Einzelnen im Kollektiv für die Entwicklung sozialer Bewegungen zentral ist, dann ist doch der Erfolg einer sozialen Bewegung nicht unbedingt und nicht unmittelbar über einen individuellen Lernerfolg zu erklären. Hier kommen zwei Probleme hinzu: Wie bildet sich dieses Kollektiv? Und wie tritt es in Beziehung zu seiner sozialen Umwelt? Hinter diesen beiden Fragen steckt aber wieder die Notwendigkeit, gemeinsame Problem- bzw. Interessenlagen und die Bedeutung sozialer Bewegungen für das gesellschaftliche Konfliktsystem zu untersuchen.

Auch für das Konzept des »kollektiven Lernens« stellt sich die Frage nach der Vermittlung der Selbstkonstitution sozialer Bewegungen mit den gesellschaftlichen Bedingungen, die ihrem Auftreten im Sinne von Ursachenkonstellationen zugrundeliegenden. Der vor allem von Klaus Eder (1988) unternommene Versuch, einen Zusammenhang von gesellschaftlichen Lernprozessen und sozialen Bewegungen im Prozeß der »sozialen Evolution der praktischen Vernunft« herzustellen, hat genau darin seine Probleme. Eder kritisiert am Konzept des kollektiven Lernens, daß die dort anvisierte »Reequilibrierung« eines gestörten Kommunikationszusammenhangs gerade das Problem wieder ausklammert, daß es zu lösen angetreten war, nämlich die Erklärung eines Entwicklungsprozesses, der qualitativ Neues produziert (ebd. 298f). Für Eder verschiebt sich das Problem des Lernprozesses daher auf den Zusammenhang von Rationalität und sozialer Praxis. Sein Maßstab ist das in einer Gesellschaft strukturell verankerte Potential zur Selbstveränderung einerseits (ebd. 301), das Verhältnis von (normativ gehaltvoller) Praxis und (instrumenteller) Poiesis andererseits (ebd. 309). Die Defizite dieses Rekonstruktionsversuches verhalten sich allerdings spiegelbildlich zu denen beim Modell der Autopoiesis: Unklar bleibt sowohl die Bedeutung der Bewegungen vor dem Hintergrund der institutionalisierten Machtverhältnisse und damit die gesellschaftliche Funktion der Konflikte, als auch der Bezug zu den strukturellen Bedingungen der Reproduktion und insofern zu sozialen Krisenprozessen, die als Ausdruck tiefliegender Systemprobleme bestimmt werden müssen. Die ökologische Krise ist nicht nur "ein kulturelles Konstrukt", ein Ausdruck der "kulturellen Symbolisierungsleistungen" (ebd. 245; Anmerk. 33), sondern muß auch mit Blick auf die materiell-stoffliche Reproduktion der Gesellschaft und ihre die Naturaneignung primär prägenden Strukturmerkmale bestimmt werden (Becker 1990).

3. Zum Verhältnis von Konflikt- und Protestdimension

Ein Begriff der Selbstkonstitution sozialer Bewegungen muß offensichtlich zwei Momente berücksichtigen und in Beziehung zueinander setzen: Zum einen sind Bewegungen auch in ihrer Selbsterzeugung ein Element der gesellschaftlichen Reproduktion. Damit ist nicht nur hervorgehoben, daß der »Anstoß« selbst als gesellschaftliches Ereignis begriffen und bei ihrer Selbsterzeugung berücksichtigt werden muß. Gerade als selbständiger Akteur erfüllen sie darüberhinaus eine bestimmte Funktion in der gesellschaftlichen Reproduktion, im Konfliktsystem und seinen Institutionen. Anklänge davon finden sich noch bei Luhmann im Begriff des gesellschaftlichen Immunsystems. Dieses erste Moment der Selbstkonstitution soll als Konfliktdimension bezeichnet werden. Die Konfliktdimension thematisiert auf der Seite der Bewegungen vordringlich die Verwiesenheit der Bewegungen auf ihren gesellschaftlichen Kontext und auf der Seite der Gesellschaft die Bedeutung der Bewegungen für die Aufrechterhaltung oder Veränderung der hegemonialen Verhältnisse, d.h. auf ihre Reproduktion als ein machtgestützter aber über einen sozialen Konsens abgesicherter Herrschaftszusammenhang.

Das zweite Moment der Selbstkonstitution nimmt die Frage auf, wie sich in dieser Situation etwas Neues entwickeln kann, wie es zu einer Entwicklung des Konfliktsystems kommt. Dabei darf nicht von vorneherein davon ausgegangen werden, daß dieses Konfliktsystem a priori auf Kooperation der Beteiligten angelegt ist, die durch äußere Einwirkung lediglich aus dem Gleichgewicht gebracht wurde und durch gesellschaftliche Lernprozesse wieder neu eingestellt werden muß. Vielmehr kommt gerade in der Selbstkonstitution sozialer Bewegungen zunächst ein Moment gesellschaftlicher Spontaneität zum Ausdruck, das primär auf die Überschreitung geltender Normen und institutionalisierter Herrschaftsbeziehungen und insofern gegen die Inhalte des etablierten Konsenses gerichtet ist. Dieses Moment soll als Protestdimension bezeichnet werden. Mit dieser Dimension wird aber auch die Möglichkeit eines Lernprozesses offengehalten: Die normative Regulierung sozialer Konflikte ist nicht ausschließlich ein funktionaler Bestandteil gesellschaftlicher Hegemonie, sondern sie muß als ein Terrain begriffen werden, auf dem sich die Frage nach einer qualitativen Entwicklung sozialer Beziehungen entscheidet, ohne daß diese Entwicklung allerdings durch irgend einen Mechanismus garantiert oder geschichtsphilosophisch verbürgt ist. Diese beiden Momente lassen sich in unterschiedlicher Weise in vielen Beiträgen zur Untersuchung sozialer Bewegungen wiederfinden (einige Beispiele werden diskutiert in: Görg 1992, 233ff). Ihre Differenzierung versucht der Tatsache Rechnung zu tragen, daß sich die Selbstkonstitution sozialer Bewegungen nicht nach einem einfachen Entwicklungsschema erklären läßt. Auf die Protestdimension entfällt dabei vordringlich die Genese von kognitiv und moralisch neuen Inhalten. Dies läßt sich mit Hilfe des schon erwähnten Modells der kognitiven Entwicklung von Kesselring bearbeiten, das in wesentlichen Teilen auf einer Interpretation der Hegelschen Dialektik beruht. Explizit in Ergänzung zum Modell der kognitiven Entwicklung von Piaget (aber implizit auch gegen das von Miller entwickelte Modell kollektiven Lernens gerichtet) betont Kesselring besonders die Bedeutung von Widersprüchen im Entwicklungsprozess:

"Die Möglichkeit alternativer Entwicklungsmodelle, in denen der Widerspruch keine Funktion hat, gebe ich zu. Doch scheinen sich solche Entwicklungsmodelle gegen die Erklärung bestimmter Arten von Entwicklungs*krisen* zu sperren - nämlich gegen alle diejenigen Krisen-Formen, denen Systemwidersprüche zugrunde liegen." (Kesselring 1984, 370, Hervorhebung im Original)

Kesselring will insbesondere an der Hegelschen These festhalten, "daß der Widerspruch die Quelle der Selbstbewegung sei" (ebd. 19). An diese These schließen die beiden hier besonders interessierenden Merkmale unmittelbar an. Das schon erwähnte Moment der Selbstbezüglichkeit bedeutet für kollektive Lernprozesse, daß der Reflexionskapazität der Individuen eine entscheidende Bedeutung zukommt. Die Entstehung von Neuem in Lernprozessen ist darauf zurückverwiesen, inwieweit diese Kapazität gesellschaftlich entfaltet oder eingeschränkt ist. Diese Einschränkung ist wiederum der Ausdruck von gesellschaftlichen Systemproblemen (zum Begriff: Ritsert 1988, Kap. 4). Die Selbstbezüglichkeit ist aber deshalb entscheidend, weil sich, so Kesselring im Anschluß an Hegel und Piaget, neue Stufen durch eine »Umkehrung des Bewußtseins« bilden: Beim Auftreten eines Widerspruchs macht das Bewußtsein in der Reflexion auf die eigenen Denkformen und Inhalte eine Erfahrung, die zu einer neuen Stufe führt (vgl. das Modell bei Kesselring 1984, § 5, 115ff). Die »Umkehrung des Bewußtseins« ist die Grundlage des Erfahrungsbegriffs, wie er von Hegel in der »Phänomenologie des Geistes« verwendet und zur Grundfigur sich entwickelnden Denkens gemacht wird. Wenn die Protestdimension durch die individuelle Reflexion angestoßen wird, dann läßt sich mit diesem Modell alleine jedoch nicht die Frage beantworten, ob und in welcher Form dieser Anstoß zur Selbstkonstitution einer sozialen Bewegung führt. Dazu müssen mindestens zwei weitere Bedingungen erfüllt sein: Die Erfahrung muß auch für Andere wichtige Problemlagen und soziale Interessen zum Ausdruck bringen und sie kann sich erst im Rahmen eines Konfliktsystems entfalten.

Die Bedrohung der Reflexionskapazität des Bewußtseins kann die Form einer Negation annehmen, die sich im Extrem bis zur strikten Antinomie zuspitzen kann. Da diese Negation Ausdruck gesellschaftlicher Systemprobleme und ihrer wechselnden Erscheinungsformen sein soll, lassen sich hier gesellschaftstheoretische Aussagen über gesellschaftliche Krisen leichter anschließen als in Modellen des moralischen Lernens. Gleichzeitig ist dieses Entwicklungsmodell an die Bewegung der Anerkennung anschließbar, die das Grundprinzip der Individuierung zum Subjekt zu rekonstruieren versucht. Es zielt darüber hinaus nicht auf einen Prozess der automatischen Selbstentfaltung von Entwicklungsstufen, der sich aus gesellschaftlichen Systemwidersprüchen ableiten ließe. Zwar geht Kesselring mit Hegel von der prinzipiellen Notwendigkeit von Widersprüchen im Entwicklungsprozess aus, die sich in Krisen äußern und eine neue Stufe der Entwicklung aus sich hervortreiben. Aber die Abfolge dieser Stufen scheint sich nur solange sicher angeben zu lassen, solange die ontogenetische Ebene individueller Lernprozesse betrachtet wird und sich Kesselring auf die Forschungen Piagets und anderer zur Entwicklung des moralischen Bewußtseins stützen kann. Für soziale Bewegungen und historische Prozesse würde eine solche Rekonstruktion aber bedeuten, über ein nur geschichtsphilosophisch zu gewinnendes Wissen über diese Stufen zu verfügen. Gerade nach der Infragestellung eines unhinterfragt geltenden Fortschrittsbegriffs ist dieser Weg versperrt. Auch aus diesem Grund bedarf dieses Modell in seiner Anwendung auf kollektive Lernprozesse sozialer Bewegungen der Ergänzung durch eine Analyse der gesellschaftlichen Funktion dieser Bewegungen.

Die Konfliktdimension ist zunächst eine Betrachtung der Selbstkonstitution sozialer Bewegungen in Bezug auf ihre Wirkungen im gesellschaftlichen Zusammenhang. Von besonderem Interesse ist hier einerseits die Machtverteilung, die Verteilung autoritativer und allokativer Ressourcen (Interessenlagen; vgl. Giddens 1988), die die Durchsetzungsbedingungen der Bewegungen festlegen. Darüberhinaus muß gerade die soziale Ausprägung und die Erscheinungsform sozialer Krisen analysiert werden. *Soziale Bewegungen müssen als Moment der sozialen Regulation von Systemwidersprüchen betrachtet werden.* Nach der Regulationsschule ist die "Regulation eines sozialen Verhältnisses die Art und Weise, in der sich dieses Verhältnis trotz und wegen seines konfliktorischen und widersprüchlichen Charakters reproduziert." (Lipietz 1985, 109; Hervh.C.G.) Daß sich Gesellschaft »trotz« ihres widersprüchlichen Charakters reproduziert, bedeutet zunächst, daß Widersprüche als Moment und nicht als Grenze gesellschaftlicher Entwicklung betrachtet werden. Andererseits sollen sie jedoch ein treibendes Moment sein, da das soziale Verhältniss »wegen« seiner Widersprüche und Konflikte zur Regulation und insofern zur veränderten Reproduktion gezwungen ist. Auf soziale Bewegungen übertragen bedeutet das: gesellschaftliche Widersprüche lassen sich zwar als Anstoß zur ihrer Selbsterzeugung verstehen; die Wirkung von Bewegungen als sozialer Akteur im Rahmen eines Konfliktsystems ist aber aus den Widersprüchen nicht direkt abzuleiten. Hier ist mit paradoxen Effekten zu rechnen, wenn sich die Ziele der Bewegungen im Rahmen politischer und sozialer Strukturen verkehren. Aus dem gleichen Grund darf also die Theorie beim Auftreten sozialer Bewegungen nicht von vorneherein einen gesellschaftlichen Lernprozeß unterstellen.

4. Natur als Moment sozialer Regulation

Mit einem so rekonstruiertem Begriff der Selbstkonstitution sozialer Bewegungen läßt sich die Forderung angehen, den Subjektcharakter sozialer Bewegungen in Beziehung zu sozialen Problemlagen und gesellschaftlichen Krisen zu bestimmen. Die Diskussion eines Maßstabs für einen gesellschaftlichen Lernprozeß muß an der Frage ansetzen, ob und in welcher Hinsicht die Chancen gesellschaftlicher Selbstveränderung gewachsen sind. Dieses Kriterium betont zunächst nur die Spezifität sozialer Evolution im Gegensatz zu einer Evolution, die von den Mechanismen Adaption, Variation und Selektion gesteuert wird. Im Anschluß an dieses Grundmerkmal ergeben sich zwei weitergehende Fragen, die in den beiden Varianten der Bestimmung des Begriffs der Selbstkonstitution jeweils unterschiedlich aufgegriffen wurden: Inwiefern bringt die Selbstkonstitution sozialer Bewegungen gesellschaftliche Systemprobleme zum Ausdruck, die als Einschränkung (oder Freisetzung) der individuellen Reflexionsfähigkeit zu interpretieren sind? Und inwiefern steigert sich die Fähigkeit der Gesellschaft, die Mechanismen ihrer Evolution selbst reflexiv zum Gegenstand zu machen?
Es geht dabei am Problem vorbei, diesen Maßstab selbst wieder zum Merkmal gesellschaftlicher Entwicklung, bspw. zum Merkmal der Moderne, zu substanzialisieren. Auch jeder andere Begriff, der an dieser Stelle eingesetzt werden könnte, muß wiederum als ein soziales Faktum angesehen werden, d.h. als ein Begriff, der zur gesellschaftlichen Selbstbeschrei-

bung verwendet wird und über den soziale Konflikte ausgetragen werden; der also der Gesellschaft selbst angehört, dessen Veränderungsperspektive er zu beschreiben versucht. Damit kann er aber potentiell selbst wieder zum Gegegenstand eines reflexiven Lernprozesses gemacht werden. Um beim Beispiel zu bleiben: Diese Lernfähigkeit kann keinesfalls in der Moderne erst entstanden sein, sondern muß schon ihrer Entstehung selbst zugrundeliegen. (Wie wäre sonst etwas Neues entstanden?) In der Moderne ist dieses Merkmal der Selbstveränderungsfähigkeit aber zum Gegenstand gesellschaftlicher Selbstbeschreibung geworden und hat dadurch seine Funktion gewandelt. Und in den letzten Jahren ist es selbst wieder verstärkt zum Gegenstand sozialer Konflikte geworden. Zudem verdichten sich die Anzeichen, daß die Institutionalisierung von Lernfähigkeit in der Moderne keineswegs ausreicht (Demirovic 1991). Die Diskussion um die »reflexive Moderne« (Beck 1986) macht zwar auf diesen Tatbestand aufmerksam, substanzialisiert ihn aber wieder vorschnell zum Merkmal geschichtlicher Entwicklung. Worauf es stattdessen ankommt, ist eine Rekonstruktion der subjektiven Dimension, wie sie vor allem in der Kritik sozialer Bewegungen verkörpert ist.

Es gehört zur Struktur dieses Maßstabs, daß er sowohl die reflexive Struktur im Verhältnis zum Gegenstand als auch die Differenz zwischen theoretischer Beobachterperspektive und sozialen Bewegungen mitreflektieren muß. Der Protest sozialer Bewegungen ist vor allem in den Motiven, in denen er qualititiv Neues produziert, unhintergehbar und theoretisch nicht antizipierbar. Dies folgt zwingend aus der Tatsache, daß in ihrer Selbstkonstitution qualitativ Neues entwickelt wird. Wenn die Gesellschaftstheorie nicht die Inhalte deduzieren kann, die den Protest tragen, dann kann sie aber auch nicht auf eine kritische Analyse der gesellschaftlichen Prozesse verzichten, in denen diese Inhalte als Moment gesellschaftlicher Regulation eine bestimmte Funktion bekommen. Hier spitzt sich das Problem zu, das aus dem Verzicht auf eine evolutionäre Stufenfolge des Entwicklungsprozesses herrührt.

Die Diskussion des Maßstabs gesellschaftlicher Lernprozesse muß bei der praktischen Infragestellung der Normen und Deutungen sozialer Intergration durch soziale Bewegungen ansetzen. Nach Eder bündelt sich diese Infragestellung in der Naturfrage: Die Identität der Neuen Sozialen Bewegungen im Sinne des qualitativ Neuen, daß von ihnen in die gesellschaftliche Kommunikation eingeführt wurde und daß das weitertreibende Moment an sozialer Emanzipation darstellt, entscheidet sich am Verhältnis zur Natur (Eder 1988, 279). Allerdings ist Natur nicht »als solche« schon der Inhalt des gesellschaftlichen Lernprozesses, sondern lediglich das Thema, an dem sich dieser entscheidet. Ob sich ein solcher wirklich beobachten läßt, läßt sich erst dann diskutieren, wenn die Mechanismen gesellschaftlicher Regulation untersucht werden, in denen das Naturproblem als »Krise der gesellschaftlichen Naturverhältnisse« erscheint (Jahn 1991). Eine durch kollektives Lernen gestiegenes Rationalitätsniveau zu unterstellen, würde diesen Aspekt der Krisensituation überspielen.

Zur Entfaltung dieses Maßstabs ist also eine bestimmte Form der theoretischen Analyse des gesellschaftlichen Kontextes erforderlich, die den Anteil der Bewegungen an der Ausgestaltung der Gesellschaft erkennbar werden läßt. Die im Rückgriff auf die französische Regulationstheorie entwickelte Theorie fordistischer Vergesellschaftung (Hirsch/Roth 1986) erfüllt diese Bedingung insoweit, als hier die Neuen Sozialen Bewegungen sowohl als Produkte als auch als Akteure einer neuen Phase kapitalistischer Entwicklung in den Blick kommen: Im Fordismuskonzept soll "ein Interpretationsrahmen für die Analyse sozialer Bewegungen in ihrem Vergesellschaftungszusammenhang gefunden werden" (vgl. Roth 1989, 26). Produkte und Akteure sind die Bewegungen jedoch jeweils in einem sehr ambivalenten Sinne: Als Produkte sind sie ebensosehr Ausdruck eines kulturellen Freisetzungsprozesse (Reflexionskapazität) wie der immanenten Widerspruchs- und Krisenpotentiale fordistischer Vergesellschaftung (ebd. 27f). Beide Momente werden im Begriff der Individualisierung der Sozialstruktur oft nicht ausreichend auseinander gehalten. Als Akteure wird ihnen zwar zugerechnet, daß sie gesellschaftliche Krisensymptome und neue Problemlagen thematisiert haben. Gleichwohl halten sich die Bedenken, ob die gesellschaftlichen Veränderungen ihnen auch wirklich als einem identifizierbaren Akteur »Neue Soziale Bewegungen« zuzuschreiben sind. Ein Indiz dafür ist auch das mutmaßliche Verschwinden der Bewegungen, bzw. ihre Transformation in eine Phase der Latenz oder der Anpassung an andere politische Organisationen und Parteien.

Diese Fragen weiter aufzuklären würde voraussetzen, den Zusammenhang zwischen der Krise des Fordimus und der Transformation der Mechanismen fordistischer Regulation mit der Krise gesellschaftlicher Naturverhältnisse zu bearbeiten. Als Krise der Regulation kommt der spezifische soziale Gehalt der Krise, die Verschiebungen der normativen und symbolischen Dimensionen sozialer Realität und ihr Bezug zu gesellschaftlichen Machtverhältnissen und den strukturellen Bedingungen der Reproduktion in den Blick. Aber erst in der »Naturfrage« wird der spezifische Inhalt der Krisensituation deutlich: die Thematisierung der Formen der Naturaneignung, die in die Regulation eingeschlossen sind. Diesen Zusammenhang zu bearbeiten läßt zudem eine Konkretisierung des Maßstabs sozialer Evolution in Hinsicht auf den Zusammenhang von Rationalität und Praxis zu, wie er bei Eder anvisiert wird.

5. Selbstkonstitution und soziale Erfahrung

Abschließend können jedoch lediglich zwei theoretische Konsequenzen allgemeiner Art angedeutet werden: Zum einen scheint sich ein Lernprozess nur noch auf konkrete Episoden, auf bestimmte Konstellationen von gesellschaftlichen Problemen und sozialen Konflikten zu beziehen. Zum anderen muß eine theoretische Rekonstruktion auch die Momente erinnern, die sich in sozialen Konflikten nicht oder nur verzerrt durchsetzen konnten. Die erste Konsequenz ergibt sich direkt aus dem Zusammenhang der beiden Momente der Selbstkonstitution sozialer Bewegungen: Kognitiv und normativ neue Inhalte werden in sozialen Bewegungen nur vermittelt mit ihrer Funktion in sozialen Konflikten produziert. Selbst dann, wenn sich auf der Protestdimension in der Thematisierung einer gesellschaftlichen Krisenerfahrung ein Prozeß der qualitativen Weiterentwicklung emanzipativer Themen beobachten läßt, kann von daher nicht unmittelbar auf einen gesellschaftlichen Lernprozeß geschlossen werden, denn zunächst muß die konkrete Form der Regulation gesellschaftlicher Widersprüche untersucht werden. Auch von Eder wird an dieser Stelle Vorsicht gegenüber der Vorstellung eines evolutionären Lernprozessen an den Tag gelegt: Evolutionäre Prozesse laufen ihm zufolge gerade quer zur herkömmlichen Vorstellung eines Entwicklungsproesses. Dagegen steht sein Vorschlag, "Strukturmerkmale von Praxisformen ... (zu) identifizieren und dann (zu) sehen, ob und welche Evolution an ihnen abgelesen werden kann." (Eder 1988, 306). Eine Evolution der praktischen Vernunft wird hier nicht als faktischer Entwicklungsprozess unterstellt, sondern als Problem operationalisiert. »Strukturmerkmale von Praxisformen« wären dann die eine bestimmte Phase kapitalistischer Entwicklung prägenden Merkmale sozialer Regulationsweisen. Gesellschaftliche Widersprüche im Sinne von Systemproblemen liegen der Ausbildung dieser Phasen zugrunde, erscheinen aber nur in Form spezifischer Konstellationen. An diesen Konstellationen, d.h. am spezifischen Inhalt, den die Ausprägung bzw. Einschränkung individueller Reflexionskapazität annimmt (und die nicht allein auf kognitive Inhalte zu reduzieren ist), kann dann die Möglichkeit gesellschaftlicher Lernprozesse abgelesen werden.

Andererseits stellt sich generell die Frage, wie denn weitertreibende emanzipative Momente identifiziert werden können, wenn sie nicht ein-

fach am faktischen Geschichtsverlauf abzulesen sind. Die Selbstkonstitution sozialer Bewegungen enthält in ihrer Protestdimension einen
»heuristischen Diskurs« (E.P.Thompson), der auf die Gewinnung neuer,
weitertreibender Gehalte gerichtet ist. Der Gegenstand dieses
»heuristischen Dikurses« ist die Sichtbarmachung abgespaltener, unter-
drückter d.h. nichtidentischer Motive gesellschaftlicher Integration. Im
besonderen Fall richtet er sich (nicht ausschließlich, aber zentral) auf eine
Sensiblisierung für das »Andere der Gesellschaft«, auf Natur als Moment
gesellschaftlicher Reproduktion. Wenn diese Sensibilisierung nicht unmittelbar in soziale Realität übersetzt wird, sondern lediglich als Bestandteil der Regulationsweise in einer vermittelten Form erscheint, dann
repräsentiert sie doch eine der Anforderungen an eine theoretische Rekonstruktion der Selbstkonstitution sozialer Bewegungen. Die Rekonstruktion des Eigensinns sozialer Bewegungen ist also auf eine offene
Dialektik verwiesen, die zwar den gesellschaftlichen Widerspruch, der ihrer Konstitution als Ursachenkonstellation zugrundeliegt, aufnimmt, aber
ihn nicht mehr durch eine vorgegebene Ablauflogik erklären will. Eine
solche Auffassung der Dialektik läßt sich dem Begriff theoretischer Erfahrung entnehmen, der die »Negativen Dialektik« Adornos kennzeichnet. Nach der Interpretation von Anke Thyen (1989) hat dieser Erfahrungsbegriff einerseits den Gehalt, die in den Widerspruch eingehenden
nicht-identischen Motive zu erinnern - als eine Hermeneutik, die in
Konstellationen denkt, die nicht nach einer finalistischen Logik geordnet
werden können. Gleichzeitig bleibt jedoch der kritische Gehalt des Hegelschen Widerspruchsbegriffs erhalten, der im Moment der bestimmten
Negation zum Ausdruck kommt (ebd. 217). *Der Ausgangspunkt der Erfahrung sind gesellschaftliche Systemprobleme, die sich in Widersprüchen
artikulieren, und nicht Koordinationsprobleme gesellschaftlicher Interaktion.
Und der Gehalt der Selbstkonstitution ist die Entgegensetzung gegen als ein-
schränkend sich geltend machende Systemprobleme.*
Dieser Erfahrungsbegriff entspricht der Forderung, daß in der Theorie
ein Element vorhanden sein muß, das die in der Protestdimension enthaltenen Momente der Selbstkonstitution zu rekonstruieren erlaubt. Dieses Element kommt in der These Adornos zum Ausdruck, daß Theorie
und Praxis durch den »qualitativen Umschlag«, nicht durch den einfachen
Übergang miteinander sich verbinden: Theorie kann sich nicht mehr an
der unmittelbaren Einheit mit der Praxis orientieren, sondern muß darauf
reflektieren, wo sie selbst sich mit der praktischen Kritik sozialer Bewegungen trifft (Adorno 1969, 190f). Wenn diese Momente nicht mehr als
durch die Logik geschichtlicher Entwicklung gesichert angesehen werden
können, dann muß Theorie sie aus den Bruchstücken sozialer Konflikte

rekonstruieren. Das bedeutet, die nicht-identischen Motive zum Leitmotiv einer unreduzierten theoretischen Erfahrung zu machen. Allerdings muß sie genauso darauf reflektieren, daß diese Momente eben als Nicht-verwirklichte unter den Bedingungen sozialer Regulation existieren. Diese »Chiffren« sind insofern nicht als Inbegriff eines gesellschaftlichen Lernprozesses zu idealisieren. In die Entgegensetzung sozialer Bewegung gegen gesellschaftliche Totalität geht im Akt ihrer Selbstkonstitution eine Spontaneität ein, die allerdings mehr ist als ein integriertes Moment gesellschaftlicher Reproduktion. Sie bringt damit sowohl die Veränderbarkeit sozialer Verhältnisse als auch Spuren einer anderen Ordnung und nur insofern Elemente eines gesellschaftlichen Lernprozesses zum Ausdruck. Die Tatsache, daß die Selbstkonstitution sozialer Bewegungen von sich aus mehr meint als die Reproduktion des gesellschaftlichen Antagonismus, ist letztlich Indiz für den bloß historischen Charakter kapitalistischer Allgemeinheit.

Literatur

Adorno, Th.W. (1969): Stichworte, Frankfurt/Main

Ahlemeyer, H.W. (1989): Was ist eine soziale Bewegung? in: Zeitschrift für Soziologie 3/1989

Beck, U. (1986): Die Risikogesellschaft, Frankfurt/Main

Becker, E. (1990): Transformationskern und kulturelle Hülle. Wissenschaft und Universität in der ökologischen Krise; in: Prokla 79, Juni 1990

Bergmann, W. (1987): Was bewegt die soziale Bewegung? in: Baecker, Dirk u.a. (Hg): Theorie als Passion, Frankfurt/Main 1987

Demirovic, A. (1991): Ökologische Krise und Demokratie; in: Links Nr. 253, Juni 1991

Eder, K. (1988): Die Vergesellschaftung der Natur, Frankfurt/Main

Eeder, K. (1991): Geschichte als Lernprozeß? Taschenbuchausgabe, Frankfurt/Main

Giddens, A. (1988): Die Konstitution der Gesellschaft. Frankfurt/ New York

Görg, Ch. (1989): Bewegung, Wissenschaft und Kritik - Anmerkungen zu einen schwierigem Verhältnis, in: Forschungsjournal Neue Soziale Bewegungen, Nr 3/4 1989

ders. (1992): Neue Soziale Bewegungen und Kritische Theorie. Wiesbaden

Habermas, J. (1981): Theorie des kommunikativen Handelns, 2 Bd., Frankfurt/Main

Halfmann, J./Japp, K.P. (1990): Riskante Entscheidungen und Katastrophenpotentiale, Opladen

Hirsch, J./Roth, R. (1986): Das neue Gesicht des Kapitalismus, Hamburg

Jahn, Th. (1991): Das Problemverständnis sozial-ökologischer Forschung; in: E.Becker (Hg): Jahrbuch für sozial-ökologische Forschung, Frankfurt/Main 1991

Japp, K.P. (1984): Selbsterzeugung oder Fremdverschulden, in: Soziale Welt Nr 3/1984

Japp, K. (1990): Das Risiko der Rationalität für technisch-ökologische Systeme; in: Halfmann/Japp (1990)

Kesselring, Th. (1984): Die Produktivität der Antinomie, Frankfurt/Main

Lau, Ch. (1989): Risikodiskurse: Gesellschaftliche Auseinandersetzungen um die Definition von Risiken, in: Soziale Welt 4/1989

Lipietz, A. (1985): Krisen und Auswege aus der Krise. Einige methodische Überlegungen zum Begriff der »Regulation«, in: Prokla 58, März 1985

Luhmann, N. (1984): Soziale Systeme, Frankfurt/Main

ders. (1986): Ökologische Kommunikation, Opladen

152

Miller, M. (1986): Kollektive Lernprozesse, Frankfurt/Main

Ritsert, J. (1988): Der Kampf um das Surplusprodukt, Frankfurt/New York

ders. (1989): Produktionsparadigma, Kulturkampfthese und neue soziale Bewegungen, in: Leviathan 3/1989

Roth, R. (1989): Fordismus und neue soziale Bewegungen. Gesellschaftliche Entwicklungsphasen als theoretischer Bezugsrahmen für die Analyse sozialer Bewegungen, in: Wasmuth, Ulrike C. (Hg): Alternativen zur alten Politik? Neue soziale Bewegungen in der Diskussion, Darmstadt 1989

Stöss, R. (1984): Vom Mythos der "neuen sozialen Bewegungen". in: Falter, J.W. u.a.(Hg): Politische Willensbildung und Interessenvermittlung. Tagung der DVPW vom Oktober 1983 in Mannheim, Opladen 1984

Thompson, E.P. (1987): Die Entstehung der englischen Arbeiterklasse, Dt. Ausgabe, Frankfurt/Main

Thyen, A. (1989): Negative Dialektik und Erfahrung. Zur Rationalität des Nicht-Identischen bei Adorno, Frankfurt/Main

Vester, M. (1970): Die Entstehung des Proletariats als Lernprozeß, Frankfurt/Main

Albert Scherr

Bildung zum Subjekt in der multikulturellen Gesellschaft?

"Heute heißt es: Es gibt nicht verschiedene Rassen, es gibt aber unterschiedliche ethnische Gruppen, die zu unterschiedlichen Kulturen gehören. Im Kern hat sich nichts geändert: die Individuen sind jetzt in den Käfig ihrer Kulturen eingesperrt, wie sie es früher in dem der Rasse waren. Wirklicher Antirassismus muß einem Menschen zugestehen, der Rubrizierung zu entgehen; er darf nicht aufgrund seiner Zugehörigkeit zu einer bestimmten Gemeinschaft definiert werden." (Alain Finkielkraut)

Sozialwissenschaftliche Analysen der gegenwärtigen Situation der Bundesrepublik stimmen bei allen im Einzelnen festzustellenden Differenzen darin überein, daß diese sich in einer Phase des Umbruchs befindet. Für diese Annahme stehen Formulierungen wie "Krise der Arbeitsgesellschaft", "Postindustrialismus", "Ende der Arbeitsteilung", "Postfordismus", "Individualisierung", "Risikogesellschaft", "Posthistorie" sowie "Postmoderne" und "multikulturelle Gesellschaft". Daß solche Gegenwartsdiagnosen über den engeren Kreis professioneller Gesellschaftsbeobachter hinaus öffentliche Aufmerksamkeit finden, kann als eine Form des gesellschaftlichen Umgangs mit Unsicherheit verstanden werden: Es werden grundlegende Strukturen und Entwicklungstendenzen benannt, welche die Unbestimmtheit von gesellschaftlicher Gegenwart und Zukunft kognitiv verringern. An die Stelle von Unübersichtlichkeit soll Überschaubarkeit treten. Gegenwartsdiagnosen stellen Deutungen zur Verfügung, die zudem Annahmen über die Struktur gesellschaftlicher Großgruppen und damit Vorstellungen über aktuell wie künftig relevante kollektive Akteure enthalten. Sie können deshalb zu Bezugspunkten der Selbstdefinitionen sozialer Gruppen werden. Damit werden in Auseinandersetzungen über angemessene Gesellschaftsinterpretationen Voraussetzungen für Prozesse geschaffen, in denen soziale Akteure ihren Ort in gesellschaftlichen Zusammenhängen bestimmen und darauf bezogen ihre Interessen artikulieren (vgl. Berger 1989).

Für die hier in Rede stehende Konzeption einer multikulturellen Gesellschaft ist ein Zusammenhang mit aktuellen sozialwissenschaftlichen Debatten evident. In einflußreichen sozialwissenschaftlichen Gesellschaftsbeschreibungen werden die zentral auf arbeitsmarktabhängige Lebensbedingungen bezogenen Begriffe der Klasse und Schicht durch kulturell gefaßte Terms ergänzt bzw. ersetzt: *Individuierten Lebensstilen ei-*

nerseits und kulturellen Identitäten von ethnischen Abstammungsgemein-
schaften andererseits wird die Funktion basaler Unterscheidungen zuge-
sprochen, mit denen sich die soziale Wirklichkeit ordnen läßt. Zudem präsentieren sich Konzepte der multikulturellen Gesellschaft als moderne
und aufgeklärte Varianten einer Politik für Einwanderungsgesellschaften,
die auf die Inanspruchnahme wissenschaftlich delegitimierter Vorurteile
verzichten. Während tradierte Begriffe der Rasse und Nationalität dem
Verdacht unterstellt werden, ideologieträchtig zu sein, gilt Ethnizität als
eine moderne und rationale Kategorie, auf die sich Politikkonzeptionen
legitim berufen können.

Dabei ist zu beobachten, daß sich das Konzept der multikulturellen Ge-
sellschaft einer eindeutigen Zuordnung nach tradierten politischen
Unterscheidungskriterien nicht fügt. Dies zeigt sich schon darin, daß eine
Programmatik des Multikulturalismus in prominenter Weise sowohl vom
Amt für multikulturelle Angelegenheiten des rot-grünen Magistrats der
Stadt Frankfurt repräsentiert wird wie auch durch die Person Heiner
Geißlers, der sich selbst zum Erfinder des Begriffs erklärt (vgl. Schulte
1990).

Im folgenden wird der Versuch einer problemgeschichtlichen reflektierten Analyse der Debatte um die multikulturelle Gesellschaft unter-
nommen. D.h.: Die mit der Rede von der multi"kulturellen" Gesellschaft
Relevanz beanspruchende Unterscheidung gesellschaftlicher Gruppen
nach kulturellen bzw. ethnischen Kriterien wird nicht als ein exklusiv
wissenschaftliches und nach wissenschaftsinternen Kriterien zu dis-
kutierendes Theorem begriffen, sondern als eine historisch situierte Form
der gesellschaftlichen Interpretation der Folgen von Migrationsprozessen,
die sich in Strukturen weltwirtschaftlicher Ungleichheit vollziehen. *Gegen*
die These, daß sich aktuelle ethnische und nationale Konflikte als Wieder-
aufleben einer längst überwunden geglaubten Tradition interpretieren lassen,
wird zu zeigen versucht, daß es sich hierbei um spezifisch moderne Antworten
auf Problemlagen handelt, die aus Strukturen sozialer Ungleichheit resultie-
ren. Gegen eine Affirmation von Ethnizität als Form des Widerstandes gegen
die Strukturen moderner bürokratisch-industrieller Gesellschaft wird die Am-
bivalenz ethnischer Selbst- und Fremdidentifikationen aufgewiesen, die
zugleich Formen der Unterwerfung sein können.

1. Multikulturalismus als Affirmation und Kritik

Die Forderung nach Anerkennung der Tatsache, daß die Bundesrepublik in der Folge von Arbeitsmigration und Asylgewährung zu einer Einwanderungsgesellschaft geworden ist, scheint für eine Politik, die auf diskriminierende ausländerfeindliche und rassistische Praktiken verzichten will, selbstverständlich zu sein. Weder sind Personen nicht-deutscher Staatsangehörigkeit - schon quantitativ betrachtet - eine bloße, quasi vernachlässigbare "Minderheit", noch ist für die künftige Entwicklung davon auszugehen, daß sich der Anteil der ausländischen Wohnbevölkerung in absehbarer Zukunft verringern wird. Vielmehr wird im Zuge der im Rahmen der EG herzustellenden Freizügigkeit der Arbeitskräfte sowie der Demokratisierung der osteuropäischen Staaten, insbesondere der Sowjetunion, mit einem Anwachsen von Migrationsbewegungen zu rechnen sein, die auch seitens der etablierten politischen Parteien bislang noch ausdrücklich als ein Element des gemeinsamen Marktes bzw. als ein Effekt der Ausbreitung von Demokratie und Marktwirtschaft begrüßt werden[1]. Es liegt damit nahe, gegen das (neo-)konservative Festhalten an einem ethnisch-nationalistischen Selbstverständnis der Bundesrepublik eine multikulturelle Gesellschaft einzufordern, die die "Fremden" kulturell akzeptiert und auf ihre rechtliche und ökonomische Benachteiligung verzichtet. Dies bedeutet für einen konsequenten Multikulturalismus vor allem das Eintreten für die volle rechtliche Gleichstellung aller, die dauerhaft auf dem Gebiet der Bundesrepublik wohnen, für die Herstellung realer Chancengleichheit in bezug auf Bildung und Arbeit sowie für eine Politik und Pädagogik, die sich gegen rassistische und ausländerfeindliche Vorurteile richtet.

Wenn allerdings gefragt wird, welche Praxis einem solchen politisch-moralischen Konsens gerecht werden kann, dann werden erhebliche Schwierigkeiten und Divergenzen deutlich. Es zeigt sich zum einen, daß unter Bedingungen gesellschaftlicher Ungleichheit schon die selbstverständlich scheinende Forderung nach einem Abbau der rechtlichen und ökonomischen Diskriminierung von MigrantInnen nicht unproblematisch ist. In ihrer konsequenten Variante, die den Verzicht auf die ihrerseits

---

1. Die gegenwärtige Debatte läßt deutlich werden, daß auch die Zuwanderung aus den osteuropäischen Staaten ihren Vorschußkredit aufzubrauchen beginnt. Auch für für Übersiedler beginnt sich analog zur klassischen Unterscheidung der Armenfürsorge zwischen verschämten und unverschämten Armen eine Unterscheidung zwischen wirklichen verfolgten und bloßen (unverschämten) Wirtschaftsflüchtlingen durchzusetzen, die Formen der Einwanderungsbegrenzung moralische Legitimation verleihen soll.

diskriminierende Unterscheidung zwischen denen, die sich bereits in der Bundesrepublik niedergelassen haben und denen, die dies gegenwärtig oder künftig zu tun beabsichtigen einfordert, wird für eine Öffnung der Grenzen für alle potentiellen MigrantInnen plädiert (s. Ströbele 1990). Vor dem Hintergrund der stabilen bzw. sich verschärfenden weltwirtschaftlichen Ungleichheit und des daraus resultierenden Migrationsdrucks muß eine solche Politik offener Grenzen jedoch mit erheblichen Konsequenzen für die westeuropäischen Staaten, insbesondere für solche Bevölkerungsgruppen rechnen, die auf geringe Qualifikation voraussetzende Arbeitsplätze, billige Wohnungen und sozialstaatliche Unterstützung verwiesen sind. Ebensowenig ist vernachlässigbar, daß die Auswanderung qualifizierter Arbeitskräfte auch für Auswanderungsländer zu Problemverschärfungen führt. *Ist die politische Regulation von Migrationsbewegungen konstitutiv für die Stabilisierung international ungleicher Lebensverhältnisse, dann muß es folglich gleichwohl als fraglich gelten, ob ein Regulationsverzicht seine moralische Absicht einlösen kann, zum Abbau internationaler Ungleichheit beizutragen.*

Zum anderen steht die Forderung nach Anerkennung der MigrantInnen als Individuen einer spezifischen ethnisch-kulturellen Herkunft und Zugehörigkeit, die als solche zu achten ist, vor einer Schwierigkeit, die insbesondere in den Debatten um die sog. Ausländerpädagogik deutlich geworden ist. Diese war zunächst wesentlich der Versuch, durch spezifische Fördermaßnahmen vor allem für Arbeitsmigranten der zweiten Generation zur Herstellung von Chancengleichheit im Bildungssystem beizutragen. Kritische Analysen weisen jedoch darauf hin, daß die Praxis der schulischen und außerschulischen Ausländerpädagogik zu Effekten geführt hat, die ihre eigenen Absichten karrikieren (vgl. Radtke 1988). So wurde im Zuge der Etablierung der Ausländerpädagogik die Lösung der Probleme der Einwanderungsgesellschaft zur Aufgabe der Pädagogik erklärt, wodurch ein spezifischer Modus der Problembearbeitung öffentlichkeitswirksam etabliert wurde. Die Aufmerksamkeit richtete sich auf durch kulturelle Zugehörigkeit bedingte, individuelle Schwierigkeiten. Dies hat dazu beigetragen, daß die Mechanismen der strukturellen Diskriminierung, d.h. der ökonomischen und rechtlichen Benachteiligung, aus dem Blickpunkt der Auseinandersetzung gerückt wurden und so mittels Entpolitisierung weitgehend unstrittig aufrechterhalten werden konnten. Darüber hinaus wird darauf hingewiesen, daß die Ausländerpädagogik selbst zur Verfestigung ethnisierender Identitätszuschreibungen beigetragen hat, die die Einwanderer vereinfachend als kulturell fremde Personen wahrnehmen, deren Schwierigkeiten primär solche der kulturellen, insbesondere der sprachlichen Integration, nicht aber solche der politischen Ausgrenzung und ökonomischen Benachteiligung sind. Wenn gegen einen solchen "pädagogisch induzierten Kulturalismus" (Radtke 1991), der Persönlichkeits- und Kulturmerkmale der MigrantInnen zur Ursache der Probleme und damit die Strukturen der Einwanderungsgesellschaft implizit für unproblematisch erklärt, eingefordert wird, auf kulturelle Unterscheidungen zu verzichten und MigrantInnen als Bürger, als politische Subjekte anzuerkennen, denen unabhängig von ihrer ethnischen Zugehörigkeit gleiche Rechte zustehen, dann ist eine solche Forderung im Sinne eines genuin republikanischen Politikverständnisses meines Erachtens zweifellos zwingend (vgl. Bommes & Scherr 1989). Sie verweist jedoch zurück auf die strittige Frage, wie das Verhältnis zwischen Bestimmungen der MigrantInnen als politische Subjekte mit universellen Rechten und solchen Bestimmungen, die sie als Individuen einer partikularen Zugehörigkeit zu ethnisch verstandenen Gemeinschaften aufweisen, angemessen theoretisch zu fassen und politisch wie pädagogisch zu handhaben ist.

Versuche der Bearbeitung der skizzierten Schwierigkeiten sind auf eine Klärung begrifflicher Grundannahmen verwiesen, mit denen die wissenschaftliche und politische Auseinandersetzung geführt wird. *Ein zentraler Stellenwert kommt hierbei der Frage zu, wie das Verhältnis universell-menschlicher zu kulturell-normativen (nationalen bzw. ethnischen) und sozialstrukturell bedingten Dimensionen individueller Subjektivität angemessen zu bestimmen ist. Diesbezüglich unterstellte Gewichtungen sind folgenreich:* wird individuelle Identität als stabiles set kulturell präformierter Eigenschaften gedacht, zieht dies offensichtlich andere Sichtweisen der Problematik von Einwanderungsgesellschaften nach sich, als wenn Lage und Stellung im Produktionsprozeß zur Grundlage der Ausbildung von Sozialcharakteren[2] erklärt werden.

Gegenüber solcherart vereinseitigenden Sichtweisen bezieht sich die folgende Argumentation auf den Entwurf einer Theorie gesellschaftlicher Subjektivitätsformen[3], die Bildungsprozesse individueller Subjektivität grundbegrifflich in einer dreistelligen Relation von a) klassenspezifischen,

---

2. Der Terminus Sozialcharakter ist insofern problematisch, wie er ein vereinfachendes Denkmodell der Prägung von Individuen durch ihre sozialen Lebensbedingungen unterstellt; gegen diese Vorstellung ist nachdrücklich geltend zu machen, daß die sich notwendig in sozialen Strukturen vollziehende individuelle Lebenspraxis Momente der eigensinnigen Auseinandersetzung mit diesen Strukturen enthält, Sozialisation somit auch als "Selbstsozialisation" (Luhmann) zu denken ist.

3. Grundlegend hierzu ist von Vogel (1984) vorgelegte Monographie; vgl. auch Scherr 1985 und 1990 sowie den Beitrag von Vogel im vorliegenden Band.

b) berufsgebunden differentiellen und c) kulturell-normativen diffusen Subjektivitätsformen verortet. Damit wird darauf verwiesen, daß individuelle Lebenspraxis sich auf eine veränderliche Konstellation von Momenten bezieht, deren individuelle Aneignung zwar gesellschaftlich strukturiert, jedoch nicht angemessen durch ein Modell der Prägung von Individuen durch Gesellschaft zu verstehen ist. *Individuelle Bildungsprozesse stellen sich vielmehr als Prozesse der Auseinandersetzung mit einer widersprüchlichen Konstellation von Lebensbedingungen und Verhaltenserwartungen dar, die das Material der Lebenskonstruktionen bilden, in denen Individuen versuchen, je eigene Bedürfnisdispositionen und gesellschaftliche Verhaltenserwartungen interpretatorisch in Übereinstimmung zu bringen.*[4]

Für die hier thematische Problemstellung weist dieses subjekttheoretische Konzept den Vorzug auf, sowohl mit historischen Veränderungen im Verhältnis zwischen kulturell-normativen und differentiellen Dimensionen rechnen zu können, als auch individuelle Bildungsprozesse als aktive - und der Möglichkeit nach bewußt-willentliche - Auseinandersetzung mit gesellschaftlichen Bedingungen zu konzipieren.

Normativ gefordert ist in dieser Theorieperspektive zugleich eine Politik und Pädagogik, die Prozesse der Bildung zum Subjekt, d. h. zu einer selbstbewußten und selbstbestimmten Lebenspraxis der Individuen, ermöglicht[5]. Die hier zu führende Auseinandersetzung läßt sich jedoch nicht auf den Nachweis begrenzen, daß sowohl die etablierende Ausländerpolitik und -pädagogik als auch Konzepte einer multikulturellen Gesellschaft aus subjekttheoretischer Perspektive kritikbedürftig sind. *Vielmehr ist eine kritische Subjekttheorie selbst vor die Aufgabe gestellt, ihr Verständnis von Subjektivität dahingehend zu bestimmen, wie sich ihre abstrakt-universalistisch gefaßten Grundbegriffe Selbstbewußtsein und Selbstbestimmung in bezug setzen lassen zu ethnischen und kulturellen Momenten der Lebenspraxis von Individuen und Gruppen.* Der Terminus Multikulturalismus steht für eine subjekttheoretische Lernprovokation, die hier nicht abgearbeitet werden kann, aber in ihrem Stellenwert verdeutlicht werden soll.

---

4. Individuelle Identität muß so entgegen gänger Redeweisen als eine "Kategorie des Mangels" (Negt/ Kluge)gelten, d.h. als Artikulation des Bedürfnisses, diese Widersprüche in eine subjektiv als konsistent erfahrbare und beschreibbare Lebenskonstruktion aufzuheben.

5. Für das hier in Anspruch genommene Verständnis von Bildung siehe auch Scherr 1991

2. Konstruktionselemente des "Ausländerproblems"

Daß die Folgen von Arbeitsmigration und Asylgewährung in der Bundesrepublik seit Beginn der 80er Jahre als Problem der ethnisch-kulturellen Heterogenität der Bevölkerung diskutiert werden, ist ein neues und keineswegs selbstverständliches Phänomen. Die Entdeckung der MigrantInnen als kulturell besondere Bevölkerungsgruppe ist vielmehr Ergebnis eines Deutungsprozesses, der auf die zunächst arbeitsmarktpolitisch veranlaßte Einwanderung in spezifischer Weise reagierte. Für die Interpretationsmuster, in denen der Umgang mit den MigrantInnen wissenschaftlich, politisch und pädagogisch verhandelt wird, läßt sich eine Abfolge von Phasen aufweisen, die Korrespondenzen zum Verlauf der Wanderungsbewegungen und der Ausländerpolitik[6] aufweisen: Ausländerpolitik war in ihrer auf den Zeitraum 1955 bis 1972 datierbaren ersten Phase als Beschäftigung von sog. Gastarbeitern konzipiert, die als befristete Anwerbung von Arbeitskräften politisch, sozial und kulturell zunächst folgenlos zu bleiben schien. Migration wurde in dieser ersten Phase auch seitens kritischer Sozialwissenschaftler nicht zu einem zentralen Thema. Dies ist in Zusammenhang damit zu sehen, daß eine eigenständige Migrationsforschung in der Bundesrepublik bis heute nicht einen etwa der Familien- und Industriesoziologie vergleichbaren Status erlangt hat. Interesse an der Realität der Einwanderungsgesellschaft entwickelten die Sozialwissenschaften erst in Reaktion auf politische Problematisierungen. Die MigrantInnen wurden zunächst - wenn überhaupt - als Teil der Arbeiterklasse thematisch, als durch ihre Stellung im Produktionsprozeß wesentlich bestimmte Gruppe, die nur sekundär auch kulturelle Besonderheiten aufwies[7]. Erst zu Beginn der 70er Jahre begann sich eine veränderte Konstellation abzuzeichnen: Eine Politik der "Konsolidierung" reagiert mittels des bis heute gültigen Anwerbestopps auf die ersten Anzeichen einer ökonomischen Wachstumskrise ("Ölkrise"), die einen weiter steigenden Arbeitskräftebedarf nicht länger erwarten lies, und mußte gleichzeitig zur Kenntnis nehmen, daß zwischenzeitlich ein Familiennachzug der "Gastarbeiter" eingesetzt hatte, der durch den 1973 beschlossenen Anwerbestopp noch verstärkt wurde. Migration wandelte sich damit tendenziell von der Arbeitskräftewanderung zur Familienwanderung - ein für Wanderungsprozesse durchaus typisches und somit auch erwartbares Phänomen. Die bis dahin weitgehend mögliche Externalisierung der Voraussetzungen

---

6. Ich folge hier der Einteilung von Meier-Braun 1991
7. Siehe etwa Müller u.a. 1978; vgl. Berger 1990

und Risiken der Reproduktion des Arbeitsvermögens - Einwanderung war tendenziell die Einwanderung erwachsener Arbeitskräfte, von denen erwartet wurde, daß sie bei Arbeitsunfähigkeit die Bundesrepublik wieder verließen - war damit an ihre Grenzen gelangt. Damit wurde ein verändertes Politikkonzept erforderlich, das in der Lage war, mit der Realität auch der eingewanderten Nicht-Arbeitskräfte umgehen zu können. Darauf bezogen begannen seit Mitte der 70er Jahre Migrationsforschung und Ausländerpädagogik das Problem der Einwanderung zu thematisieren und ein Paradigma der Integration zu formulieren, das diesem Anspruch gerecht zu werden versucht. Mit diesem wurde eine Problemwahrnehmung etabliert, in der durch die kulturelle Herkunft bedingte Eingliederungsschwierigkeiten in den Mittelpunkt der Aufmerksamkeit rücken. Kultur und kulturelle Identität werden in der Folge zu Schlüsselsemantiken der Ausländerforschung, -pädagogik und -politik (s. Lenhardt 1990) und mit dem Anspruch verknüpft, eine Programmatik des Verstehens der Einwanderer und ihrer Lebenssituation begründen zu können. Insbesondere die Integration der hierzulande aufgewachsenen Gastarbeiterkinder der sog. 2ten Generation wird zum Modellfall für eine gelingende sozialstaatliche Politik erklärt. Kulturelle Differenzen zwischen Herkunfts- und Einwanderungsgesellschaft werden als zentrales Problem der MigrantInnen gefaßt, für die nunmehr gilt, daß sie aufgrund ihrer ambivalenten Stellung "zwischen den Kulturen" besonderer pädagogischer Förderung bedürfen. Die einsetzende Ethnisierung der Migration verbindet sich mit einer Fortführung der rechtlich-ökonomischen Ungleichbehandlung der MigrantInnen, die durchaus Züge einer sozialtechnisch konzipierten Verdrängungspolitik (Rückkehrförderung und Begrenzung des Familiennachzugs) aufweist. *Pädagogisches Verstehen und politische Ausgrenzung scheinen sich auch hier nicht auszuschließen.* Sie führt aber auch zu einer ersten Debatte um die Notwendigkeit politisch-rechtlicher Gleichstellung, die 1979 ihren Ausdruck im Memorandum des damaligen Ausländerbeauftragten der Bundesregierung (Kühn-Memorandum) findet. Die Krise des sozialliberalen Modell Deutschland, die sich in den seit Ende der 70er Jahre massiv steigenden Arbeitslosenzahlen manifestiert, ist dann Anlaß einer erneuten Veränderung, die sich als "Politisierung des Ausländerproblems" (Meier-Braun 1991, 15) beschreiben läßt. Arbeitsmigranten und politische Flüchtlinge werden zur Projektionsfolie für Ursachen der Massenarbeitslosigkeit, was exemplarisch deutlich wird in dem noch von der sozialliberalen Bundesregierung 1982 ausgearbeiteten ersten Rückkehrförderungsgesetz, das als eine arbeitsmarktpolitische Maßnahme dargestellt wird. Arbeitsmarktpolitik wird unter die Maxime gestellt, primär die Interessen der deutschen Arbeitskräfte zu berücksichtigen, für die gilt,

daß sie zugleich auch wahlberechtigt und insofern politisch zu berücksichtigen sind. Die Politisierung greift die integrationspolitisch entwickelte Problematisierung kultureller Differenzen auf und transformiert sie in ein Theorem, demzufolge kulturelle Unterschiede zwingend zu Problemen, nunmehr nicht mehr nur der Einwanderer, sondern auch der Einwanderungsgesellschaft selbst führen. Während offen ausländerfeindliche Politikvarianten zur Begründung der These, daß in der Bundesrepublik "kein Platz ... für eine multikulturelle Gesellschaft" sein kann, darauf verweisen, daß "wir ... ein Land bleiben (wollen), das dem deutschen Volk eine Heimstatt bietet"[8], also ethnische Homogenität zur Bedingung von Lebensqualität für "die Deutschen" erklären, verweisen liberalere Politikvarianten auf die Gefahr ethnischer Konflikte. So formuliert der Deutsche Bundesrat in seiner Erklärung zur Verabschiedung des neuen Ausländergesetzes: "Auf ein Mindestmaß an *Einfügung* in die hießigen rechtlichen, sozialen und wirtschaftlichen Verhältnisse kann *im Interesse eines spannungsfreien Zusammenlebens von Deutschen und Ausländern* nicht verzichtet werden" (Deutscher Bundesrat 1990, Hervorhebung d. V.).
Im weiteren Verlauf findet sich im Zusammenhang der Debatten um die Reform der Ausländergesetzgebung und begleitet von öffentlich weniger diskutierten Verschärfungen, z.B. der Sozialhilfegesetzgebung für Asylbewerber, eine Reihe von politischen Deklarationen, die Ausländer als Belastungsfaktoren einer Ökonomie konzipieren, in der Arbeitsplätze knapp sind. Solche Verlautbarungen werden bis heute regelmäßig wiederkehrend formuliert, neuerdings verstärkt als Warnungen vor der auch seitens der CDU so genannten Asylantenflut und vor sog. Wirtschaftsflüchtlingen.[9] Das Integrationsparadigma von Ausländerpolitik und -pädagogik, das in der Variante 'Einpassung der hier lebenden - Ausgrenzung weiterer Einwanderer' in einem durchaus affirmativen Verhältnis auch zu konservativen Politiksstrategien steht, sieht sich jedoch weniger durch eine (neo)konservativ wiederbelebte Ausländerfeindlichkeit in Frage gestellt. Prozesse der Verfestigung politischer Diskriminierung sowie ökonomischer Benachteiligung und eine darauf bezogene (Selbst-)Etnisierung von MigrantInnen haben dazu geführt, daß die angestrebte Integration de facto politisch und pädagogisch als gescheitert gelten muß,

---

8. So eine Verlautbarung des damaligen parlamentarischen Staatssekretärs im Bundesinnenministerium Carl-Dieter Spranger vom 10. 2. 1989
9. Dieser Text wurde in seiner ersten Fassung im Mai 1991 abgeschlossen, also noch vor den massiven Angriffen auf Einwanderer, die inzwischen zum Bestandteil bundesdeutscher Normalität zu werden drohen.

unabhängig davon, ob man der Kritik der kulturalistischen Grundannahmen der Integrationskonzepte folgt oder sie im Sinne einer interkulturellen Pädagogik, die wechselseitige Verständigung zwischen den Kulturen an die Stelle von Anpassung der Einwanderer setzt, weiterzuentwickeln versucht[10]. Zu beobachten ist vielmehr ein Wiederaufleben kulturell bzw. ethnisch gefaßter Selbst- und Fremddefinitionen sozialer Gruppen, nicht nur in der Form eines religiösen Fundamentalismus, sondern auch als Versuch, die säkularisierte Gesellschaft der Bundesrepublik zur deutschen Kulturnation zu erklären. Als ein Beleg für den letztgenannten Aspekt kann etwa die kürzlich veröffentlichte Erklärung des Leiters der Verfassungabteilung im Bundesinnenministerium stehen: "Abstammung, landsmannschaftliche Herkunft, Bildung, konfessionelle Überzeugung sind einige der Elemente, die zu einer Vielfalt persönlicher kultureller Überzeugungen führen. Doch ändert dies nichts daran, daß die Vielfalt eingebettet ist in ein übergreifendes Grundmuster von identitätsstiftenden gemeinsamen Erinnerungen, Werthaltungen und Vorstellungen, die die (meisten) Deutschen als Angehörige einer Nation verbinden und die sie von Angehörigen anderer Nationen ... unterscheiden." (E. Schiffer, zit. nach Frankfurter Rundschau, 15. 8. 1991)

Auf diesem Hintergrund kann die seit Mitte der 80er Jahre verbreitete Formel der multikulturellen Gesellschaft zunächst als eine durchaus realitätsgerechte Schlüsselsemantik des politischen Diskurses bewertet werden: Das Resultat des Scheiterns der Integrationskonzepte und die dadurch mitbedingte Verfestigung ethnisierender Deutungen des sog. Ausländerproblems wird hier aufgegriffen und einer normativ neuen Bewertung unterzogen. Auch hier gilt, wie in konservativen Konzepten, kulturelle Verschiedenheit als grundlegendes und unaufhebbares Unterscheidungsmerkmal von Deutschen und Einwanderern. Dieser Sachverhalt wird jedoch im Sinne einer zu akzeptierenden und begrüßenswerten Anreicherung durch kulturelle Vielfalt begrüßt. Die entscheidende Differenz der Positionen ist nicht eine analytischer Konzepte, sondern eine der normativen Bewertungen.

Jeder Versuch, in der hier beanspruchten subjekttheoretischen Perspektive mit dem skizzierten Problemzusammenhang umzugehen, steht vor einer spezifischen Schwierigkeit: Gesellschaftliche wie individuelle Lernprozesse, die auf die Entwicklung der Fähigkeit zielen, mit Erfahrungen der und des Fremden produktiv umzugehen, Fremdheit ertragen zu können und Vorurteile und Feindbilder abzubauen, sind ein klassisches und weiterhin unverzichtbares Desiderat kritischer Gesellschaftstheorie und Pädagogik. Die Wahrnehmung von MigrantInnen als

---

10. Zur interkulturellen Pädagogik siehe Auernheimer 1990

Repräsentanten einer fremden Kultur erweist sich jedoch im Rückblick auf die Geschichte von Ausländerpolitik und Ausländerpädagogik als spezifische und problematische Deutung einer Entwicklung, die wesentlich bestimmt ist durch eine Politik, durch die Einwanderer zu einer rechtlich diskriminierten und ökonomisch benachteiligten Bevölkerungsgruppe geworden sind. *Die Inanspruchnahme kultureller Verschiedenheit im Sinne eines quasi-natürlichen Merkmals ethnischer Gruppen ist eine Interpretation der Folgen dieser Entwicklung und zugleich eine Rechtfertigung der Form ihrer politisch-ökonomischen Bearbeitung, kein davon unabhängig zu denkendes, authentisches Merkmal von Einwanderergruppen.* Es kann hier zwar ebensowenig darum gehen, die Realität kultureller Traditionen wie den Sachverhalt zu bestreiten, daß der Rückgriff auf Traditionen einen Gebrauchswert für die Bearbeitung von Problemlagen hat. Daß Individuen und Gruppen sich qua Traditionsbezug definieren, darf jedoch nicht naturalistisch mißverstanden, zur Natureigenschaft sozialer Gruppen erklärt werden. *Vielmehr ist zu berücksichtigen, daß ethnisierende Praktiken und Selbstidentifikationen der Einwanderer gerade unter Bedingungen der Ausgrenzung und Diskriminierung an Bedeutung gewinnen, Verarbeitungsformen der ihnen in der Einwanderungsgesellschaft zugemuteten Erfahrungen und nicht Ausdrucksformen ihrer vermeintlich authentischen kulturellen Identität sind.* Der Rekurs auf spezifische Merkmale ethnischer Identität ist gerade dann naheliegend und tendenziell alternativlos, wenn Einwanderern, die als Ausländer definiert und behandelt werden, eine vollständige Gleichstellung verweigert und damit Integration unabhängig davon verhindert wird, ob sie in alltäglichen Handlungszusammenhängen diskriminiert oder als Mitglieder einer multikulturellen Gesellschaft geachtet werden. Sind die Formen kultureller Verschiedenheit in Einwanderungsgesellschaften wie der Bundesrepublik somit ökonomisch und politisch bedingte, keine vorgängigen und authentischen Ausdruckformen kultureller Verschiedenheit[11], dann kann hiervon theoretisch nicht abstrahiert werden. D. h. zunächst: die als kulturelle Differenz wahrgenommenen Unterschiede in den alltäglichen Praktiken sind zugleich auch Ausdruck der Differenz zwischen ökonomisch und rechtlich relativ privilegierten Deutschen einerseits und benachteiligten Einwanderern andererseits. Ihre Grundlage ist eine Verweigerung elementarer politischer Selbstbestimmungsrechte der Einwanderer, der alltägliche ausländerfeindliche Praktiken entsprechen.

---

11. Empirisch zeigt sich dies in den Differenzen der kulturellen Praktiken, die zwischen Einwanderercommunities und ihren Herkunftsgesellschaften beobachtet werden können.

Gefordert ist damit primär eine Politik und Pädagogik, die darauf hin-
wirkt, daß Einwanderer als politische Subjekte anerkannt und mit
entsprechenden Rechten ausgestattet werden. Diese Forderung konkretisiert sich zunächst in einer Kritik von Denkmodellen, die die bestehende
Praxis der politischen Ungleichbehandlung legitimieren, indem sie die
eingespielte Unterscheidung von Deutschen und Nicht-Deutschen in
kulturellen Terms zu einer selbstverständlichen auch dann noch dekla-
rieren, wenn sie diese Differenz als positiv zu bewertende Grundlage von
Vielfalt behaupten. *Als naturalistische Legitimation sozialer Ungleichheit
nämlich kann eine solche Unterscheidung auch dann noch in politischen
Diskursen verwendet werden, wenn sich ihre argumentative Begründung mit
anderen Absichten verbindet.*

3. Kulturelle Verschiedenheit als naturalistische Legitimation sozialer Ungleichheit

In Auseinandersetzungen mit der Ideologie und Programmatik des
modernisierten Rechtsextremismus, insbesondere der französischen nou-
velle droite, ist das hier angesprochene Problem unter dem Stichwort des
kulturellen Rassismus diskutiert worden (vgl. Balibar 1989; Balibar &
Wallerstein 1990). In diesem Zusammenhang wird darauf verwiesen, daß
der Begründungshaushalt des traditionellen Rassismus, die Definition von
Individuen durch ihre biologistisch verstandene Rassenzugehörigkeit,
durch wissenschaftliche und politische Kritik delegitimiert worden ist.
Rassistische Politik aber ist auf eine biologistische Begründung diskrimi-
nierbarer Gruppen nicht zwingend angewiesen. Konzepte der ethnischen
bzw. kulturellen Identität können an die Stelle rassistischer Begründungen
und Rechtfertigungen treten, insofern sie eine naturalistische Interpretation gesellschaftlich erzeugter und reproduzierter Ungleichheit
nahelegen. Die sich als quasi natürliche Gliederung der Gesellschaft an-
bietende Unterscheidung ethnischer Gruppen tritt dann an die Stelle un-
plausibel erscheinender soziologischer Kategorien wie Klasse, Stand und
Schicht. Kulturelle Verschiedenheit stellt sich als der Person der Einwanderer zuzurechnendes Merkmal dar, das in ihrer Lebensgeschichte begründet ist, nicht als Resultat gesellschaftlicher Praktiken, die ethnische
Vergemeinschaftungsformen als Formen der Bewältigung von sozialer
Ungleicheit und erfahrener Ausgrenzung nahelegen.
Die wissenschaftlich legitimierte und alltäglich auch erfahrbare/sichtbare
Annahme der basalen Verschiedenheit ethnischer Gruppen impliziert
zwar nicht notwendig und vor allem nicht offensichtlich diskriminierende
Bewertungen. Sie stellt aber den Einwanderer als durch seine Herkunft

und Zugehörigkeit bestimmten und als solchen auch wissenschaftlich verstehbaren Angehörigen "seiner" Kultur den als je besondere Einzelne gedachten Individuen der Mehrheitsbevölkerung gegenüber, für die angenommen wird, daß ethnische und kulturelle Merkmale eher sekundäre Bezugspunkte ihrer individuellen Lebenskonstruktionen und ihrer Identitätsarbeit seien. *Einwanderern wird so ein spezifisch vormoderner Identitätstypus zugeschrieben, dem es an der für moderne Identitätstypen vermeintlich spezifischen Individuierungsfähigkeit mangelt (vgl. Diamond 1976).* Erst die kategorial vorausgesetzte Annahme der grundlegenden Bestimmtheit durch kollektive kulturelle Merkmale macht eine sozial- und kulturwissenschaftliche Thematisierung von ethischen Gruppen plausibel. Als verfestigtes und gegen widersprechende Erfahrung abgeschottetes Wahrnehmungsstereotyp wird die Annahme kultureller Verschiedenheit und interner Homogenität der Einwanderernationalitäten alltäglich erfahren und durch populärwissenschaftliche Darstellungen, die massenmedial aufgegriffen und verbreitet werden, bestätigt. So gilt es z. B. nach wie vor als zulässig, von "den türkischen Jugendlichen" als einer homogenen Gruppe zu sprechen, während die Rede von "den deutschen Jugendlichen" inzwischen den Einwand provoziert, daß von Jugend aufgrund sozialer und kultureller Differenzierungsprozesse nur noch im Plural gesprochen werden könne. Auch wenn die ethnische Homogenisierung - die sozialstrukturelle Differenzen zwischen Einwanderern vernachlässigt - als sympathisierende Verstehensbemühung der Einwanderer vorgetragen wird, enthält sie ein Potential der Diskriminierung unterhalb rassistischer und rechtsextremer Bewertungen, das gerade in einer kategorialen Grundkonstruktion besteht, die die Einwanderer nicht als individuierte, selbstbewußtseins- und selbstbestimmungsfähige Einzelnen in den Blick nimmt, sondern sie tendenziell auf ihre Bestimmtheit durch Gruppenzugehörigkeit reduziert, ihnen also jene Individuierungsfähigkeit abspricht, die für Angehörige der westeuropäischen Mehrheitsbevölkerung als selbstverständlich angenommen wird. Schon damit werden Einwanderer diskriminiert, auch dann, wenn ihre kulturellen Eigenschaften positiv bewertet werden. Folgenreich ist also nicht erst die normative Bewertung kultureller Unterscheidungen, sondern bereits ein Verständnis gesellschaftlicher Wirklichkeit, das ethnische Merkmale als primäre und unhintergehbare Eigenschaften von Menschengruppen faßt.
Wird demgegenüber ein ethnisierendes Verständnis sozialer Gruppen als eine historisch situierte soziale Praxis begriffen, dann stellt sich die Frage nach dem Gebrauchswert, der diese Praxis für soziale Gruppen attraktiv macht (vgl. Bommes/ Scherr 1991). Diesbezüglich hat schon Max Weber darauf hingewiesen, daß ein Vorzug ethnisierender gegenüber sozialstruk-

turellen Unterscheidungen darin liegt, daß "die 'ethnische' Ehre" sich als
"spezifische Massenehre" anbietet, "weil sie jedem, der der subjektiv geglaubten Abstammungsgemeinschaft angehört, zugänglich ist" (Weber
1972, 239). Gegenüber Zumutungen der Individuierung und der individuellen Selbstbehauptung in komplexen und dynamischen Gesellschaften
weist ethnische Vergemeinschaftung also für alle Beteiligten den Vorzug
auf, imaginäre Zugehörigkeiten und Anerkennungsverhältnisse zu stiften,
ohne daß Individuen hierfür spezifische Leistungen abverlangt werden.
Sie ermöglicht es, eine "Imagination von Gemeinschaftlichkeit in gesellschaftlichen Beziehungen, in denen Gemeinschaftlichkeit gerade nicht
mehr selbstverständlich und gesichert ist" (Giessen 1990, 199) zu etablie-
ren. Die Attraktivität ethnischer Vergemeinschaftsformen liegt so gesehen
darin, daß sie eine Bearbeitung von Problemen erlauben, die aus aktuellen Prozessen resultieren, wie sie in der Soziologie als Individualisierung
beschrieben werden. *Ethnisierung als Rückgriff auf die hergestellte Tradition
der Gruppe, als Praxis des Glaubens an die Abstammungsgemeinschaft ist so
gesehen eine Antwort auf Probleme gesellschaftlicher Modernisierung, kein
bloßer Traditionalismus.* Daß ethnisierende Unterscheidungen in Verbindung mit einem nationalistischen Staatsverständnis gleichzeitig eine
Rechtfertigung der gesellschaftlichen Ungleichbehandlung von Einwanderern anbieten, macht sie zudem sowohl politisch für die Handhabung der
Einwanderungsproblematik attraktiv als auch für solche sozialen Gruppen
bedeutsam, die als gesellschaftlich ausgegrenzte sich auf Arbeits- und
Wohnungsmärkten bedroht fühlen.
Daß die Zerstörung regionaler kultureller Traditionen de facto ein Moment der fortschreitenden Durchsetzung des Weltmarktes ist, hat auch
dazu geführt, das ethnische Selbstbehauptung zu einer bedeutsamen Form
des Widerstandes gegen die Unterwerfung traditionaler Lebensweisen
unter die industriekapitalistische Moderne geworden ist. Praktiken der
Selbstethnisierung, im Sinne der Konstruktion "ethnischer Verzweife-
lungsloyalitäten" (Kurz 1992), die zu Ressourcen der Selbstbehauptung
werden, sind politisch betrachtet jedoch in hohem Maße ambivalent, keine kritiklos zu affirmierenden Widerstandspotentiale: de facto fungieren
sie gegenwärtig weitgehend als Vorstufen eines Ethno-Nationalismus, der
sich mit Herrschaftsansprüchen nach außen und gewaltförmigen Homo-
genisierungspraktiken nach innen verbinden kann. Dagegen stellt die Idee
eines "weltoffenen, emanzipatorischen, sozialökologischen und multikulturellen Regionalismus", der "eine neue Reziprozität von globaler und regionaler Identität stiften" könnte (Kurz 1992; vgl. Kurz 1992), bislang einen
bloß utopischer Gegenentwurf dar.

4. Der Einwanderer als Subjekt?

Für eine Kritik ethnisierender Deutungen gesellschaftlicher Konflikte wie
kulturalistischer Rechtfertigungen diskriminierender Politikkonzepte ist
demgegenüber der Verweis darauf naheliegend, daß auch der Migrant als
Subjekt zu denken sei. So formuliert A. Finkielkraut in seiner Kritik des
explizit gegen eurozentristische Bildungskonzepte gerichteten Gutachtens
des College de France an den Staatspräsidenten : "Toleranz gegen Hu-
manismus: so könnte man das Paradoxe einer Kritik des Ethnozentrismus
zusammenfassen, die dazu führt, jedes Individuum auf seine Ethnie zu
zentrieren. Von Kultur nur im Plural zu sprechen, bedeutet nämlich, den
Menschen verschiedener Epochen oder entfernter Zivilisationen die
Möglichkeit zu verweigern, über denkbare Bedeutungen und Werte, die
über ihren Entstehungsbereich hinausgehen, miteinander in Verbindung
zu treten." (Finkielkraut 1987, 111). Konsequent setzt Finkielkraut die
Vorstellung des Individuums als eines Subjekts, das sich von lokalen und
traditionalen Bezügen distanzieren und diese überschreiten kann, indem
es sich auf universalistisch zu fassende Fähigkeiten, Normen und Werte
bezieht, an die Stelle eines Relativismus der Kulturen und Ethnien. Zum
Bezugspunkt von Bildungsprozessen auch der Einwanderer wird damit
Kultur im Sinne rational verallgemeinerbarer Sinngehalte erklärt, die - hierfür steht nach wie vor die Erklärung der Menschenrechte - als Kritik von
in partikularen Interessen begründeten Herrschaftsverhältnissen uni-
verselle Geltung beanspruchen können.
Finkielkraut greift damit eine grundlegende Argumentation kritischer
Bildungstheorie auf. Bildung wird dort in bezug auf Verhältnisbestimmungen von individueller Selbstverwirklichung und gesellschaftlicher Allgemeinheit als ein Prozeß gefaßt, in dem sich die Entfaltung individueller
Subjektivität mit einer solchen Umbildung der gesellschaftlichen Verhältnisse verschränkt, die Möglichkeiten zur allgemeinen und umfassenden
Entfaltung der Individuen freisetzt (vgl. Sünker 1989; Scherr 1991) Eine
so gefaßte Bildungstheorie konkretisiert sich in der Kritik von
Herrschaftsverhältnissen, die Chancen der Bildung zum Subjekt begrenzen und sozial ungleich strukturieren. Bildungstheorie ist folglich
rückverwiesen auf eine Vorstellung gesellschaftlicher Allgemeinheit, die
sich in den klassischen Entwürfen universalistischer Sozialtheorien als
Idee einer "niemanden ausschließenden Menschheitsgesellschaft"
(Theunissen 1982, 34) konkretisiert, in der jedem Einzelnen als Subjekt
gleiche Rechte und Möglichkeiten zukommen. Eine "Menscheitsgesell-
schaft" als real herzustellende Allgemeinheit ist ihrerseits auf Bildungsprozesse verwiesen, in denen Individuen partikulare Identitäten überwin-

den, mit dem "Mittel der Kommunikation Beziehungen zueinander aufnehmen" und "andere Wesen als Mitglieder und sogar als Brüder erkennen" können (Mead 1968, 330).
Nicht nur aufgrund des Wiederauflebens ethnischer und nationalistischer
Identifikationen sind Zweifel an der Tragfähigkeit einer solchen Theoriekonstruktion begründbar. Der von Finkielkraut beanspruchte Subjektbegriff nimmt eine Abstraktion von gesellschaftlichen Bestimmungen individueller Subjektivität vor. Subjektivität wird abstrakt-allgemein als jedem
Individuum zuzurechnendes Potential vernünftiger Selbstbestimmung gefaßt, das als Grundlage von Anerkennungsverhältnissen und Verständi-
gungsprozessen beansprucht wird, in denen Individuen sich als Teil der
Menschheit zueinander in Beziehung setzen, d.h. sich selbst und wechselseitig nicht auf ihre je spezifischen gesellschaftschaftlich (ökonomisch,
politisch und kulturell) bedingten konkreten Identitäten reduzieren, sondern sich selbst und sich wechselseitig als Subjekte anerkennen[12]. Dies
verweist nicht nur auf Voraussetzungen in der Dimension je individuell zu
entwickelnder und zu realisierender Kompetenzen, wie sie etwa in Theorien moralischen Lernens in Anschluß an Piaget und Kohlberg rekonstruiert werden. Relevant sind diesbezüglich auch gesellschaftliche Strukturierungen, die der Bildung des Individuums zum Subjekt vorausgesetzt sind.
Als konkrete Einzelne sind die Individuen je konkreten Lebensbedingungen unterworfen, die sich nicht nur in der Zuteilung materieller Lebens-
chancen unterscheiden, sondern auch dahingehend, welche Bedingungen
in ihnen für die Entfaltung der Selbstbewußtseins- und Selbstbestimmungsfähigkeit gesetzt sind. Die individuelle Realisierung von Selbstbewußtsein und Selbstbestimmung in Strukturen wechselseitiger reziproker
Anerkennung ist gesellschaftlich voraussetzungsvoll. In gesellschaftstheoretischer Perspektive sind somit Bestimmungen von Subjektivität, die
abstrakt-allgemein darauf verweisen, daß Individuen der Möglichkeit
nach Subjekte sind, unzureichend. Sie sind in bezug zu setzen zu einer
Analyse der gesellschaftsstrukturellen Bedingungen, die Grenzen und
Möglichkeiten für die je individuelle Realisierung dieser Potentiale beinhalten.
Die so einzunehmende Perspektive einer sozialwissenschaftlichen Theorie
gesellschaftlicher Subjektivität unterscheidet sich von der Inanspruchnahme ethnisierender Unterscheidungen zunächst dadurch, daß kulturelle Voraussetzungen und Dimensionen individueller Bildungsprozesse

---

12. Bourdieus Analyse der Strategien sozialer Distinktion hat nachdrücklich darauf aufmerksam gemacht, daß alltägliche Interaktionen die Strukturen gesellschaftlicher Ungleichheit bis in die Details des Geschmacks und der Sympathie hinein reproduzieren.

als nur ein Moment des Zusammenhanges betrachtet werden, in dem die je individuelle Lebenspraxis situiert ist. Die MigrantInnen sind nicht nur Individuum mit einer spezifischen, kulturell beschreibbaren Herkunft und Zugehörigkeit zu Sozialzusammenhängen von Einwanderercommunities. Sie sind zugleich auch i. d. R. lohnabhängig arbeitende mit einer Berufsbiographie und daran gebundenen differentiellen Formen von Subjektivität. Als konkrete Individuen beziehen sie sich in der Entfaltung ihrer Lebenspraxis auf durch gesellschaftliche Bedingungen strukturierte und in diesem Sinne sozial typische Erfahrungen, die das Material ihrer biographischen Lebenskonstruktionen bilden. Sozialwissenschaftliche Beschreibungen der Migrationssituation und damit der Lebensbedingungen von Migrantinnen müssen folglich wesentlich komplexer sein, als dies vereinfachende ethnisierende Unterscheidungen unterstellen. Sie müssen zudem durch eine empirisch gehaltvolle Analyse Formen ergänzt werden, in denen gesellschaftliche Lebensbedingungen individuell eigensinnig bewältigt werden. Dabei liegt - gegen eine ihrerseits simplifizierende Konfrontation von Ökonomismus und Kulturalismus - eine zentrale Aufgabe sozialwissenschaftlicher Theorien der Migration in einer Analyse der Relationen, die zwischen kulturellen und ökonomischen Momenten hergestellt werden, sowohl durch Prozesse der Unterschichtung von Arbeitsmärkten, die auf ethnisierende Unterscheidungen zurückgreifen als auch durch Prozesse der Selbstethnisierung von MigrantInnen. Letzere können als eine Form der Bewältigung der Migrationssituation begriffen werden, in der die Einwanderer als ökonomisch benachteiligte und rechtlich diskriminierte Gruppe die Besonderheiten ihrer Situation handhaben. *Selbstethnisierung ist eine soziale Praxis von Individuen und Gruppen und dahingehend zu untersuchen, wie gesellschaftlich diskriminierte Gruppen in Auseinandersetzung mit den ihnen zugemuteten Lebensbedingungen subjektiv-sinnvolle Lebensentwürfe entwickeln, in denen die ihnen vorgegebenen Lebensverhältnisse für sie verstehbar und bewältigbar werden.* Die subjekttheoretisch zu begründende Alternative zur ethnisierenden Reduktion von MigrantInnen auf ihre Zugehörigkeit zu einer jeweiligen Herkunftskultur ist also weder die bloße Einforderung der Selbstbewußtseins- und Selbstbestimmungspotentiale aller Individuen, unabhängig von ihren ethnischen Bestimungen, noch die bloße Erweiterung ethnisch-kultureller Merkmalszuschreibungen um solche, die aus ökonomisch bedingten Klassen- bzw. Schichtzugehörigkeiten resultieren. Über die notwendige Kritik kulturalistisch vereinseitigender Konzepte der multi"kulturellen" Gesellschaft hinaus ist die sozialwissenschaftliche und politisch-praktische Anerkennung der MigrantInnen als konkrete Indivi-

duen gefordert, die in Auseinandersetzungen mit den politischen, ökonomischen und kulturellen Bedingungen ihrer Lebenspraxis eine je
spezifische Individualität entwickeln, ein Prozeß, in den ethnische Dimensionen als *ein* Moment eingehen. Die je spezifische Gewichtung, die gesellschaftliche Dimensionen von Subjektivität in den Selbstbildern und
Lebensentwürfen von Individuen erhalten, indem sie zum Bezugspunkt
der bewußten Identität, der Selbstidentifikation gemacht werden, ist ihrerseits nicht naturalistisch mißzuverstehen, indem das selbstverständliche
Primat eines Momentes behauptet wird. Es sind vielmehr gesellschaftliche
Entwicklungen und Auseinandersetzungen, die hier zugrundeliegen und
die sozialwissenschaftlich reflektiert werden müssen.
Wenn z. B. Einwanderer regelmäßig als Ausländer behandelt wie in öf-
fentlichen und alltäglichen Diskursen als solche angesprochen werden,
wird eine Identitätszuschreibung etabliert, der sich zu entziehen oder
entgegenzusetzen dann eine zu erbringende Leistung ist, die individuell
zwar prinzipiell möglich, aber nicht voraussetzungslos ist. Die Entwicklung und Stabilisierung individueller Identitäten im Sinne selbstbewußter
Lebensentwürfe, die sich gesellschaftlichen Zuschreibungen entgegensetzen, wäre, als quasi heroische Einzelleistung gedacht, mißverstanden.
Bildungsprozesse individueller Identäten sind Prozesse der Auseinandersetzung mit der je eigenen Lebensgeschichte und den aktuellen Lebensbedingungen, die auf die Formulierung einer solchen individuellen Identität zielen, welche es erlaubt biographische und aktuelle Erfahrungen in
eine kohärente Lebensgeschichte zu integrieren. Dies ist kein monolo-
gischer Akt kognitiver Lebens(re)konstruktionen, sondern verweist auf
den Zusammenhang von Selbstgefühl, Selbstbewußtsein und sozialer
Anerkennung. D. h. hier: Die Anerkennung der je eigenen individuellen
Identität durch relevante Andere ist eine Voraussetzung der Bildung und
Stabilisierung selbstbewußter Lebenskonstruktionen. Ethnisierende
Identitätszuschreibung im Sinne der Fixierung von Individuen auf ein
partikulares Element ihrer Lebensgeschichte ist so betrachtet nicht nur
problematisch, weil sie gesellschaftliche Diskriminierung zu rechtfertigen
erlaubt. Sie sind zugleich eine potentielle Blockierung individueller Bildungsprozesse zum Subjekt, Behinderung bzw. Blockierungen von Individuierung.
Zu fordern ist somit eine Kritik ethnisierender Identitätszuschreibungen
im Sinne des Interesses, Erfahrungen der Anerkennung als selbstbewußt-
seins- und selbstbestimmungsfähiges Subjekt, das Traditionen überschreiten und sich von Zugehörigkeiten distanzieren kann, für die MigrantInnen zu ermöglichen. Dies läßt sich hinsichtlich der Praxis von
Ausländerarbeit und - pädagogik dahingehend konkretisieren, daß "das

'Ausländerproblem' ein Problem der Deutschen ist" (Kapalka/ Räthzel 1990, 9), ein durch ethnisierende Interpretationen und Zuschreibungen mit hervorgebrachtes Problem. Die Forderung nach der Anerkenung der Einwanderer als Subjekte verweist so betrachtet auf die Notwendigkeit einer "Inländerarbeit", die InländerInnen zu einer differenzierten Sicht der Migrationssituation und der MigrantInnen befähigen soll. Dies ist eine zwingende Voraussetzung für politische und alltägliche Interaktionen mit den EinwanderInnen, die als Anerkennung konkreter Individualität und Subjektivität verfaßt sind.

5. Kulturelle Differenzen als Gegenstand von Bildung

In Konsequenz der hier entwickelten Überlegungen ist die affirmative Rede von einer anzustrebenden multikulturellen Gesellschaft in zumindest dreierlei Hinsicht infrage zu stellen:
- Sie verharmlost das basale Problem der rechtlichen und ökonomischen, nicht nur kulturell-normativen Diskriminierung der Einwanderer.
- Sie unterstellt die Gültigkeit ethnisierender Deutungen sozialer Konflikte, welche für rassistische und ausländerfeindliche Bewertungen anschlußfähig sind.
- Sie unterstützt Prozesse der Fremd- und Selbstethnisierung, die zur Fixierung von Individuen auf partikulare Identitäten und daraus resultierenden Blockierungen von Bildungsprozessen beitragen können.
Darüber hinaus ist abschließend ein weiterer Aspekt zu diskutieren: das Verhältnis von "eigener" und "fremder" Kultur. Ob und welche bedeutsamen kulturellen Unterschiede zwischen "genuin deutschen" und Einwanderern auszumachen und für den gesellschaftlichen Reproduktionsprozeß relevant sind, ist strittig. Insbesondere Bukow/ Llaryora (1988) haben darauf hingewiesen, daß mit der fortgeschrittenen internationalen Durchsetzung industriell-marktwirtschaftlicher Ökonomien, bürokratischer Verwaltungsapparate und geldvermittelter Tauschbeziehungen in den für die gesellschaftliche Reproduktion zentralen Bereichen der Arbeit, der Staatsbürgerrolle und des Konsums von Unterschieden zwischen den Kulturen abstrahiert wird[13]. An solche Überlegungen schließen auch Kritiken des Konzeptes der multikulturellen Gesellschaft an, die hierin wesentlich die Forderung nach der Gleichstellung von Kebab, Pizza, Eisbein und Hamburger vermuten, den Wunsch also nach der

---

13. Diese Realabstraktion ermöglicht erst Formen der sekundären Ethnisierung in Vermarktungsstrategien, wie sie etwa dem ethno-food-Konzept der Nahrungsmittelindustrie zugrundeliegen.

172

Anreicherung der bundesdeutschen Alltags(konsum)kultur durch folkloristische Elemente. *Rechnet man hingegen - jenseits von ethnisierenden Verortungen - mit relevanten kulturellen Differenzen, etwa in den Erziehungsverhältnissen, den Körperverhältnisses, den Geschlechtsidentitäten, also mit der Existenz kultureller Fremdheit in den modernen industrialisierten Gesellschaften des Westens, dann wäre ein Konzept der multikulturellen Gesellschaft meines Erachtens eine problematische Neutralisierung vom Fremdheit.* Die Einforderung einer multikulturellen Gesellschaft als Korrelat zur multi-ethnischen Bevölkerung der Einwanderungsgesellschaft nimmt nicht nur eine fragwürdige Gleichsetzung von Kulturen, Ethnien und Einwanderergruppen vor, unterstellt damit eine kulturelle Homogenität der Bevölkerungsgruppen (einschließlich der "deutschstämmigen" Mehrheitsbevölkerung) in falscher Abstraktion von klassen- und geschlechtsspezifischen Differenzen in den Lebensweisen. Sie nimmt auch an, daß kulturelle Formen sich weitgehend konfliktfrei zu einem Patchwork zusammenfügen lassen, das kulturelle Koexistenz ermöglicht. *Die Fremdheit des Fremden gilt als prinzipiell kommunizierbar, als eine Verschiedenheit von Lebensweisen, die verstehbar und tolerierbar ist.* Die Lernprovokation, die darin liegt, mit Grenzen der Verständigung zu den Lebensentwürfen "konkreter Anderer" (vgl. Benhabib 1991) in ihrer Bedingtheit durch je besondere ökonomische, kulturelle, regionale, geschlechtliche etc. Voraussetzungen zu rechnen, wird durch harmonisierende Vorstellungen von der "fremden" Kultur neutralisiert. *Verständigung wird tendenziell nicht als Ziel von voraussetzungsvollen Verstehensprozessen konzipiert, die auch Scheitern können, sondern als nach dem Abbau überlieferter Vorurteile quasi selbstverständlich eintretender Zustand der Harmonie.* Demgegenüber ist bildungstheoretisch auf der Entwicklung einer Erfahrungsfähigkeit zu insistieren, die Fremdheit im Verhältnis zu konkreten Anderen nicht mit vorgefertigten Interpretationsmustern - etwa die "Erklärung" von Verhaltensweisen durch den Verweis auf die kulturelle Herkunft des Handelnden - "bewältigt". Die Entwicklung von Erfahrungsfähigkeit setzt gerade den Abbau vereinfachender Erklärungsmuster voraus. Sprachliche Bildung in Einwanderungsgesellschaften wäre so z.B. darauf verwiesen, das Erlernen einer Zweitsprache nicht auf für Alltagshandeln hinreichende Grundkenntnisse des Vokabulars und der Grammatik zu begrenzen, sondern auch für das Unübersetzbare und den Eigensinn "fremd"sprachlicher Formen zu sensibilisieren.

Bildung als Auseinandersetzung mit erfahrener Fremdheit ist kein Programm für eine wie immer auch verfaßte Ausländerpädagogik. Fremdheit in Verhältnissen zu konkreten Anderen wie zu sich selbst ist ein Phänomen, das sich ethnisierenden Verortungen nicht fügt. Die ethnisierende Verortung von Fremdheit läßt sich vielmehr ihrerseits als eine Form der projektiven Bearbeitung eigener Fremdheit interpretieren. Eigene Fremdheit wird verdrängt, wenn Fremdheit zur exklusiven Eigenschaft von Einwanderern erklärt wird. Dagegen ist auf dem Satz zu insistieren: "Fremde sind wir uns selbst." (J. Kristeva).

Bildungsprozesse sind - und darauf hat Adorno in seinen Überlegungen zu einer Erziehung nach Auschwitz nachdrücklich hingewiesen - notwendige Prozesse auch der Selbstreflexion, die mit Unbegriffenem und Unvertrautem sowohl in der eigenen Person als auch in der eigenen Herkunftsgesellschaft und -kultur rechnen müssen. Ein angemessenes Modell für solche Bildungsprozesse wäre meines Erachtens weniger die Vorstellung einer herzustellenden Identität eigener und fremder Momente, bruchloser Integration eigener und fremder Kultur. Anzustreben wäre eher die Idee einer "Kultur des Widerstreits" (Ruhloff 1988, 14), d. h. der Auseinandersetzung zwischen einander als selbstbewußtseins- und selbstbestimmungsfähige Subjekte anerkennenden Individuen über die Gestaltung gesellschaftlicher Lebensverhältnisse und individueller Lebensentwürfe, die um die eigene Fremdheit wie die Fremdheit des Anderen wissen.

174

Literatur

Auernheimer, G. (1990): Interkulturelle Erziehung. Berlin

Balibar, E. &I. Wallerstein (1990): Rasse-Klasse-Nation. Berlin

Balibar, E. (1989): Gibt es einen neuen Rassimus. In: Das Argument, H. 175, 31. Jg.

Benhabib, S. (1989): Der verallgemeinerte und der konkrete Andere. Ansätze zu einer feministischen Moraltheorie. In: E. List/ H. Studer (Hg.): Denkverhältnisse. Feminismus und Kritik. Frankfurt

Berger, H. (1990): Vom Klassenkampf zum Kulturkonflikt - Wandelungen und Wendungen der westdeutschen Migrationsforschung. In: E.J. Dittrich/ F.-O. Radtke: Ethnizität. Opladen

Berger, P. A.: (1989): Ungleichheitsemantiken. In: Archive europeeenne de la sociologie, 30. Jg., H. 1

Bommes, M. & A. Scherr (1991): Der Gebrauchswert von Selbst- und Fremdethnisierung in Strukturen sozialer Ungleichheit. In: Prokla, H. 83

Bommes, M. & A. Scherr (1990): Die soziale Konstruktion des Fremden. In: Vorgänge, H. 103

Bukow, W.-D. & R. Llaryora (1988): Mitbürger aus der Fremde. Soziogenese ethnischer Minderheiten. Opladen1988

Deutscher Bundesrat (1990): Gesetzesentwurf der Bundesregierung. Drucksache 11/1990. Bonn

Diamond, S. (1976): Kritik der Zivilisation. Frankfurt/ New York

Finkielkraut, A. (1987): Die Niederlage des Denkens. Reinbek

Giessen, B. (1990): Die Entdinglichung des Sozialen. Frankfurt

Kapalka, A. & N. Räthzel (1990): Die Schwierigkeit, nicht rassistisch zu sein. Leer

Kurz, R. (1991): Der Kollaps der Modernisierung. Frankfurt

Kurz, R. (1992): One World und jüngster Nationalismus. In: Frankfurter Rundschau, 4.1. 1992

Lenhardt, G. (1990): Ethnische Identität und gesellschaftliche Rationalisierung. In: Prokla, H. 79

Mead, G. H. (1968): Geist, Identität und Gesellschaft. Frankfurt

Meier-Braun, K.-H. (1991): Auf dem Weg zur multikulturellen Gesellschaft ? In: Zeitschrift für Kulturaustausch, H. 1, 41. Jg.

Müller, G. u.a. (1978): Ökonomische Krisentendenzen im gegenwärtigen Kapitalismus. Frankfurt/ New York

Radtke, F.-O. (1988): Ausländer-Pädagogik statt Struktur-Politik ? In: Neue Praxis, H. 4

Radtke, F.-O. (1991): Pädagogisch induzierter Kulturalismus. In: Soziale Welt, H. 3

Ruhloff, J. (1989): Harmonisierung oder Widerstreit ? In: Materialien zur politischen Bildung, H. 1

Scherr, A. (1985): Strukturelle Bedingungen und alltagskulturelle Formen individueller Reproduktion. München

Scherr, A. (1991): Das Projekt Postmoderne und die pädagogische Aktualität kritischer Theorie. In: W. Marotzki/ H. Sünker: Kritische Erziehungswisenschaft - Moderne - Postmoderne. Weinheim (im Erscheinen)

Schulte, A. (1990): Multikulturelle Gesellschaft: Chance, Ideologie oder Bedrohung ? In: Aus Politik und Zeitgeschichte, B 23 - 24

Ströbele, H.-C. (1990): Offene Grenzen für Aussiedler wie für Flüchtlingen. In: K. A. Otto (Hg.): Westwärts - Heimwärts ? Bielefeld

Sünker, H. (1989): Hans-Joachim Heydorn: Bildungstheorie als Gesellschaftskritik. In: O. Hansmann/ W. Marotzki (Hg.): Diskurs Bildungstheorie II: Problemgeschichtliche Orientierungen. Weinheim

Theunissen. M. (1982): Selbstverwirklichung und Allgemeinheit. Berlin/New York

Vogel, M. R. (1990): Leben als Subjekt und Prozeß. Frankfurt

Vogel, R. M. (1984): Theorie gesellschaftlicher Subjektivitätsformen. Frankfurt/ New York

Weber, M. (1972): Wirtschaft und Gesellschaft. Tübingen

Andrea Bambey & Hans-Walter Gumbinger

Trieb versus Objektbeziehung. Subjekttheoretische Implikationen feministischer Bildungstheorie

In der Psychoanalyse läßt sich in den letzten Jahren eine Diskussion beobachten, die wesentlich durch die Säuglingsforschung angeregt wurde. Die Forschungsresultate von D. Stern, B. Beebe, J.D. Lichtenberg, T.B. Brazelton, H. und M. Papousek und E.Z. Tronick und anderen führten zu neuen Grundannahmen über die Entwicklung des Kindes und zu einer Reihe von Kritiken an Konzepten der Freudschen Theorie. Vor allem Freuds Begriff des primären Narziβmus und M. Mahlers Theorie der Symbiose und die damit zusammenhängenden Annahmen über die innere Differenzierung, die Bildung von Repräsentanzen, die Ausbildung von Ich-Funktionen, die psychische Motivation und den Erwerb von Symbolisierungsfähigkeiten stehen dabei im Mittelpunkt der Kritik. Diese Forschungsresultate legen Korrekturen nahe am Bild eines passiven, symbiotischen Säuglings, dessen Entwicklung primär nach physiologischen Reifungsprozessen verläuft und der erst aufgrund seiner triebpsychologischen Entwicklung und des von außen erzeugten Drucks eine innere Differenzierung von Selbst und Objekt ausbildet. Freuds Triebtheorie als Theorie physiologischer Prozesse, der Abfuhr von Spannungen, der Besetzung von Vorstellungen, Imagines usw. und der körperbedingten psychischen Vorgänge wird in ihrer Erklärungskraft zumindest bezweifelt, wenn nicht tendenziell für obsolet erklärt. Damit ist selbstverständlich auch eine Kritik an der Freudschen Triebtheorie verbunden, sofern in ihr der alleinige Ausgangspunkt einer Theorie der psychischen Entwicklung bestimmt wird.

Man darf wohl sagen, daβ für das Zustandekommen der Ergebnisse dieser Forschungen und für die daraus sich entwickelnde Theoriebildung die Ausrichtung auf das interaktive Geschehen von Säugling und Bezugsperson ganz zentral ist. Die Säuglingsforschung geht von sehr frühen, z.T. angeborenen Fähigkeiten des Säuglings aus, den Anderen wahrzunehmen und mit Anderen interagieren zu können.

In der Bewertung der Bedeutung, die die Interaktion bzw. die Beziehung zu Objekten für die Entwicklung des Kindes hat, kommt die Säuglingsforschung mit der sogenannten »Objektbeziehungstheorie« überein, einer in der Psychoanalyse mit M. Klein beginnenden Forschungsperspektive. Von M. und A. Balint, D.W. Winnicott, M.S. Mahler, O.F. Kernberg und

A.-M. und J. Sandler wurden inzwischen sehr einflußreiche Konzepte formuliert, die klinische, entwicklungspsychologische und psychodynamische Fragestellungen objektbeziehungspsychologisch reformulieren. Es geht der Objektbeziehungspsychologie wesentlich um die Erfassung der Bedeutung von Beziehungen zu anderen für die Ausbildung einer inneren Struktur, von Repräsentanzen und der Psychodynamik wie des Erlebens insgesamt.

Mit beiden Forschungsrichtungen wird das Problem aufgeworfen, in welchem Verhältnis die Freudsche Triebtheorie zu Grundannahmen einer intersubjektiven Bildung des Subjekts steht. Welche Erklärungskraft, welchen theoretischen Status haben Annahmen über die »innere Natur« des Menschen in Bezug auf dessen intersubjektive Konstitution? Dieser Problemstellung sehen sich freilich dann auch Forschungen ausgesetzt, die mit sozialisationstheoretischen Fragestellungen arbeiten. So zeigt sich gerade in der feministisch motivierten Theoriebildung, die auf psychoanalytische Ansätze rekurriert, daß mit dem problematischen Zusammenhang von »innerer Natur« und Intersubjektivität eine grundsätzliche subjekttheoretische Problemstellung berührt wird, nämlich die nach dem Verhältnis von autonomer Selbstbestimmung und heteronomer Fremdbestimmtheit von Subjekten.

In einer Theorie der »Bildung« von Subjektivität wird denn auch dieser Zusammenhang von innerer Natur, Selbstbewußtsein und Selbstbestimmung einerseits und heteronomer Fremdbestimmtheit andererseits sowohl als konstitutionslogische als auch als normative Problemstellung maßgeblich. Das heißt, die Frage nach der »Bildung des Subjekts« muß insbesondere im gesellschaftstheoretischen Kontext immer zugleich eine Antwort auf den abstrakten Vermittlungszusammenhang von Selbstbeziehung und der Beziehung auf andere enthalten. Wir verstehen dabei unter Vermittlung die Frage nach dem wechselseitigen Bedingungsverhältnis von Gesellschaft und individueller Subjektivität und die darin implizierte konstitutionslogische Fragestellung nach den Ermöglichungsbedingungen von Vergesellschaftung und Individuierung.

In der feministischen Theorie wird die Frage nach dem Verhältnis von Triebtheorie und Theorie der Objektbeziehungen im Rahmen einer Theorie der Intersubjektivität zu lösen versucht. Insbesondere N. Chodorow und J. Benjamin intendieren eine Verbindung von psychoanalytischer Subjekttheorie mit gesellschaftstheoretischen Konzepten der geschlechtsspezifischen Arbeitsteilung und patriarchaler Rationalität. Für beide ist die Freudsche Triebtheorie darin defizitär, daß sie intersubjektive Bildungsprozesse nicht zu erklären vermag, sondern im Gegenteil auf einem monadologischen Subjektbegriff basiert. Beide favorisieren Theorien der Objektbeziehungen, um Individuierung und Konstitution des Selbst als Ergebnis intersubjektiver Prozesse analysieren zu können.

Es ist nun unsere These, daß beide Autorinnen aufgrund insbesondere eines methodologisch defizitären Vermittlungsbegriffs die Dimension der inneren Natur ausblenden, dem Problem der Selbstbestimmung nicht gerecht werden und schließlich die von ihnen intendierte Theorie der Intersubjektivität verfehlen bzw. die begriffliche Vermittlung von Individuierung und Vergesellschaftung nicht leisten.

Wir stützen unsere Argumentation auf Hegels Philosophie der Anerkennung in dreifacher Weise: erstens weil darin Selbstbeziehung und Beziehung auf andere als *eine* Vermittlung, d.h. als wechselseitig auseinander hervorgehend bestimmt wird; zweitens weil dies Verhältnis im Begriff einer selbst-bewußten Subjektivität gedacht wird und drittens weil der Begriff der Anerkennung (innere) Natur, Individuierung und Vergesellschaftung in einem kategorialen Rahmen entfaltet.

Vor diesem Hintergrund erweisen sich Benjamins und Chodorows Ansätze als solche einer tendenziell biologistisch gebrochenen Intersubjektivität, weil entgegen ihrer eigentlichen Intention der »Wunsch nach Anerkennung« bei Benjamin und die »primäre Liebe« bei Chodorow letztlich naturhaft vorausgesetzt werden müssen.

1. Benjamins und Chodorows Kritik am Subjektbegriff der Psychoanalyse

N. Chodorow wie J. Benjamin setzen an dem gesellschaftstheoretischen Problem der Vermittlung von Gesellschaftsstruktur und der Konstitution von Subjektivität an. Sie gehen von einem wechselseitigen Bedingungsverhältnis von patriarchaler Rationalität, geschlechtshierarchischer Arbeitsteilung und geschlechtsspezifischer Sozialisation aus.[1] Um die konkreten Bildungsprozesse geschlechtsspezifischer Identität untersuchen zu können, stützen sie sich auf bestimmte Grundannahmen der Psychoanalyse, streben allerdings eine Theorie der Intersubjektivität an. Zwar analysiere und kritisiere die Psychoanalyse die Reproduktion des biologischen und sozialen Geschlechts (abgesehen von geschlechtsspezifischen Verzerrungen), jedoch aus der Perspektive einer monadologischen Konzeption von Subjektivität. Die Freudsche Theoriebildung basiere auf einem aufs Individuum zentrierten Subjektbegriff, der intersubjektive Bil-

---

1) Diese These ist unter der Perspektive feministischer Theoriebildung ausgesprochen wichtig, hinterfragt sie doch dualistische (oder biologistische) Begründungsmuster der Geschlechterdifferenz, d.h. solche, die von einer grundsätzlichen, präformierten Unterschiedenheit der Geschlechter ausgehen.

dungsprozesse ausblende. Vor allem die Freudsche Triebtheorie repräsentiere einen reduzierten Begriff von Subjektivität, der allein in physiologischen Prozessen und Bedürfnissen gründe. Erst mit der Theorie der Objektbeziehungen und den Grundannahmen der Säuglingsforschung sei stattdessen eine "intersubjektiv begründete Psychoanalyse" (Benjamin 1982, 437) möglich.

Vor diesem Hintergrund fordern Benjamin und Chodorow eine Abkehr von spezifischen »anthropologischen Grundannahmen« der Freudschen Theorie:

"Jedenfalls spiegelt jede Position (im Sinne von Triebtheorie vs. Objektbeziehungstheorie, die Verf.) eine grundsätzlich andere Auffassung der menschlichen Natur wieder - ob eher die menschliche Verbundenheit und Sozialität oder die menschliche Isolation und Selbstbezogenheit für psychologisch und sozial erklärungsbedürftiger gehalten wird." (Chodorow 1986, 90)

Für Benjamin und Chodorow verbindet sich damit ein Motiv feministischer Wissenschaftskritik, die sich als Androzentrismuskritik versteht. Dieser kommt es darauf an, den traditionellen Objektivitätsbegriff als patriarchalisch zu relativieren. Gezeigt werden soll, daß dem patriarchalen Wissenschafts- bzw. Objektivitätsverständnis ein verkürzter Begriff des Subjekts korrespondiert, wie er eben auch in der Psychoanalyse zum Ausdruck kommt. Dort sei dies vor allem ablesbar am szientistischen Reduktionismus auf den Triebbegriff, was den Blick auf andere Aspekte der Ich-Differenzierung hoffnungslos verstelle. Wichtig werden daher die "Korrekturen, die von Objektbeziehungstheoretikern angebracht worden sind" (Keller 1986, 119). Die Objektbeziehungstheorie versuche, die Persönlichkeitsentwicklung "sowohl aus angeborenen Trieben als auch aus konkreten Beziehungen zu anderen Objekten (Subjekten) zu erklären" (Keller 1989, 288). Daher sei erst auf deren Grundlage die "Erkenntnis und Anerkennung von anderen Erfahrungsweisen, die von der traditionellen psychoanalytischen Theorie verschleiert worden waren" (Keller 1986, 119), möglich geworden. Die "klassische" Psychoanalyse ist somit als ein Element der "männlich" dominierten Wissenschaften zu begreifen, die nicht nur einfach Erfahrungsweisen unterdrückt, sondern zu deren systematischen Nichterkenntnis und damit empirischen Reproduktion beiträgt.

Für Chodorows und Benjamins Kritik an der Triebtheorie sind demnach deren physiologische Fundierung und damit die Naturhaftigkeit des Triebes Ausgangspunkt der Argumentation. Hierin sehen sie die monadologische Ausrichtung dieser Theorie wie deren Unfähigkeit angelegt, die intersubjektiv sich vollziehende Konstitution des Ich/Selbst zu erkennen.

So wirft Chodorow Freud in erster Linie dessen Fixiertheit auf den Begriff der Libido vor, wodurch der "psychologische Ursprung" des Menschen "fälschlicherweise physiologisch begründet" werde (Chodorow 1986, 88). Freuds Libidotheorie wird von Chodorow als ein Konzept innerer Reifung interpretiert, deren "Motor" die autonom sich vollziehende Triebentwicklung ist: "Bei Freud ist die psychische Entwicklung von einer nach einem biologischen Plan ablaufenden Entfaltung verschiedener Stufen kindlicher Sexualität bestimmt."[2] (Chodorow 1986, 64f.) Auch für Benjamin vermag die Triebtheorie Subjektivität nur nach dem Modell der Spannungsabfuhr, also den physiologischen Vorgängen gemäß zu thematisieren. Das Modell der Spannnungsabfuhr legt Benjamin zufolge eine Auffassung von Subjektivität nahe, die als "Zustandsänderung durch andere" bestimmt werden muß. Die "bloße Triebäußerung" schließe eine intersubjektive Perspektive aus: "Die Person ist »getrieben«, das heißt, sie ist nicht ansprechbar für den anderen und für sich selbst." (Benjamin 1990, 126) Noch dazu impliziert dies ein instrumentelles Verhältnis zum Anderen insofern, als er in Benjamins und Chodorows Interpretation nur als Mittel der Triebbefriedigung fungiert.

Ein weiterer Aspekt der Kritik an der Triebtheorie bei Benjamin ergibt sich aus deren »monadischer« Bestimmung von Subjektivität. Sie sieht diese vor allem darin verankert, daß die Psychoanalyse die Ich-Bildung, die innere Differenzierung und psychische Strukturbildung nach dem Modell der Verinnerlichung einer äußeren Autorität auffaßt (vgl. Benjamin 1982, 436ff.). Die Triebtheorie weise daher insgesamt eine spezifische Begrenztheit ihrer Erklärungsleistung auf. Die Triebtheorie übergehe intersubjektive Vorgänge, also "Elemente der Aktivität, der Reziprozität und des wechselseitigen Austausches, die wir beobachten können, wenn wir Kleinkinder in der Interaktion mit Erwachsenen studieren. Das intrapsychische Modell verfehlt also das, was ich als wesentliches Moment der Differenzierung betrachte, das paradoxe Gleichgewicht zwischen der Anerkennung der anderen und der Selbstbehauptung" (Benjamin 1990, 48).

---

2) Chodorow formuliert ihre Kritik an verschiedenen Stellen recht drastisch: "Als Alternative zum Instinkt-Determinismus von Freud, Klein und den Ich-Psychologen und zum direkten Umwelt-Determinismus der kulturellen Schule entwickelt sie (die Objektbeziehungstheorie) eine psychodynamische Theorie der Persönlichkeitsbildung" (Chodorow 1986, S. 66).

2. Das Konzept einer primären Objektbeziehung

Vorrangiger Bezugspunkt für Chodorows Argumentation gegenüber der Triebtheorie ist das von M. (und A.) Balint entwickelte Konzept der "primären Liebe", das von einer "primäre(n) und fundamentale(n) Sozialität des Säuglings" ausgeht. Balints Theorie der primären Liebe resultiert aus seiner Auseinandersetzung mit Freuds Begriff des primären Narziβmus. Freud habe zwar tatsächlich drei Hypothesen über die "ursprünglichen Beziehungen des Individuums zu seiner Umwelt" (Balint 1987, 85) aufgestellt - die der primären Objektbeziehung, die des Autoerotismus und die des primären Narziβmus - diese jedoch zugunsten des primären Narziβmus vereint. Den wechselseitigen Ausschluβ dieser drei Hypothesen bzw. daraus sich ergebende Widersprüche für die These eines primären Narziβmus habe Freud in seinen Schriften an keiner Stelle erörtert.
Mit dem primären Narziβmus werde letztlich ein objektloses Stadium am Beginn der seelischen Ontogenese postuliert. Terminologisch betrachtet muβ aber die Rede des primären Narziβmus immer von einer - wie auch immer zu beschreibenden - Form der Besetzung des Ich ausgehen. "Wenn wir Freud darin folgen, daβ das Ich sich in einem Reifungsprozeβ entwickelt, dann müβte sich diese Besetzung etwa im gleichen Verhältnis herausbilden, d.h. *sie kann nicht primär sein.*" (Balint 1987, 52, Herv. d. Verf.) Die Annahme eines objektlosen Stadiums - das klinisch zudem in keinster Weise beobachtbar sei (vgl. Balint 1987) - muβ für Balint also überwunden werden. Nicht zuletzt da "mehr als fünfzigjähriges Nachdenken und kritisches Beobachten" (Balint 1987, 74) die inneren Widersprüche der Theorie nicht aufgelöst haben, sei nicht einzusehen, warum weiter an ihr festgehalten werden solle.
Balints Argumente zielen daher auf eine neue Theorie, eine "Theorie der primären Beziehung zur Umwelt" (ebd.), auf ein Konzept der "primären Liebe".[3] Die "logisch einfachste Vorstellung" (Balint 1988, 101) der Seele sei zwar sicher der Urnarziβmus, aber gerade diese Vorstellung schlieβe eine "jegliche Beziehung zur Auβenwelt aus" (Balint 1988, 95). Eine Theorie der Objektbeziehungen setze stattdessen bei dem primären "Wunsch nach körperlichem Kontakt" (Balint 1988, 98) an und gehe somit von primären Objektbeziehungen aus. Sie überwinde damit das Dilemma

---

3) Die "primäre Objektliebe" sei (im Gegensatz zu Freuds Grundannahmen) "nicht an irgendeine erotische Zone gebunden, sie ist nicht orale, oralsaugende, anale, genitale und dergleichen Liebe, sondern ist etwas für sich, wie die anderen Formen der Liebe es sind, wie Autoerotik, Narziβmus, Objektliebe." (Balint 1988, S. 94)

182

des Begriffs des primären Narzißmus, auf dessen Grundlage keine Außenwahrnehmung denkbar sei, d.h. auch keinerlei Objektbeziehungen bzw. nach außen gewendete Libido. Gerade diese Grundannahme des primären Narzißmus hält Balint für äußerst unproduktiv: "Alle Charakteristika des Begriffs "primärer Narzißmus" sind erstens negativ, zweitens fassen sie in sich das Wörtchen "noch". (...) Es ist äußerst schwierig, solche negativen Begriffe zu diskutieren, man kann sie nirgends anpacken; da sie nichts Positives enthalten, sind sie glatt wie ein Aal. (...) Alles, was der Annahme widerspricht, ist *schon* ein Entwicklungsprodukt, ursprünglich war es *noch nicht* vorhanden." (Balint 1988, 96) Objektbeziehungen begleiten vielmehr von Anfang an die psychische Entwicklung; sie wird von diesen - und nicht von biologisch fundierten Reifungsprozessen - entscheidend bestimmt und strukturiert. Die allerfrüheste Phase des extra-uterinen Seelenlebens ist "nicht narzißtisch, sondern objektgerichtet" (Balint 1988, 91).

Unter dieser Perspektive verändert sich für die Objektbeziehungstheorie freilich auch die Bestimmung des Triebbegriffs. So sind Triebe "definitionsgemäß objektsuchend" (Segal) bzw. ist die Libido "der primär objektsuchende Lebenstrieb" (Guntrip).[4]

Ohne auf die wiederum differenten Positionen innerhalb der Objektbeziehungspsychologie an dieser Stelle eingehen zu können, sei jedoch festgehalten, daß sie ein grundsätzliches Problem psychoanalytisch fundierter Subjekttheorie in den Vordergrund stellt: die Frage nämlich, wie das "Vermögen" der Beziehung "zur Außenwelt", die Bezugnahme auf ein Objekt, der Fähigkeit zu Objektbeziehungen, und zwar ab der "allerfrühesten" Phase, theoretisch zu fassen ist. 5)

---

4) Diese Verbindung von Triebbegriff und Objektgerichtetheit kritisiert Chodorow allerdings an Fairbairn als eine Form von "libidinösem Determinismus". Chodorow will also eine Objektbeziehungstheorie, die von noch so rudimentären triebtheoretischen Aspekten bereinigt ist. Chodorow übersieht allerdings ähnliche und für ihre Argumentation gleichermaßen problematische Annahmen bei Balint, in denen er als "biologische Basis" der primären Objektbeziehung eine "triebhafte Aufeinanderbezogenheit von Mutter und Kind" (Balint 1988, S. 94) ansieht. Ihrer Argumentation nach müßte Chodorow hier auch Balint im Sinne eines "libidinösen Determinismus" kritisieren.

Auch Trescher sieht dieses Problem: "Gerade in der Formulierung der triebhaften Aufeinanderbezogenheit erinnert Balint nach unserer Interpretation an Freuds Triebbegriff, insbesondere an die Kategorie des Dranges als wesentliches Kennzeichen aller Triebe" (Trescher 1979, S. 61).

5) Balint geht in dieser Hinsicht sehr weit, indem er sagt, er "denke tatsächlich an die Möglichkeit einer primitiven Objektbeziehung, die vor der Entstehung der Fähigkeit zur

Balints Kritik der Triebtheorie erliegt jedoch der Gefahr, den "Beziehungsaspekt", die Objektgerichtetheit des Subjekts zum *allein ausschlaggebenden* Argument der Subjektkonstitution zu erheben. Der erreichte Stand der begrifflichen Problematisierung des Begriffs des "primären Narziβmus", nämlich der Verweis auf dessen immanente Widersprüchlichkeit, wird somit im Grunde wieder hintertrieben. Balints Theorie erhält somit den Charakter eines "Alternativvorschlags", der letztlich zu einer Dichotomisierung von primärem Narziβmus (als bloβes "Anwachsen und Verschwinden von Bedürfnissen" (Balint 1988, 96)) und Beziehungsaspekt (als per se vorhandene Beziehung zu Anderen) führt. Genau dieses Problem taucht bei Chodorow wieder auf, wenn sie eine "emotionale Beziehung zu einem Objekt" postuliert, die *vor* der "Trennung von Selbst- und Objektrepräsentanzen" (Chodorow 1986, 85) liegt. Die primäre Liebe ist also auch für Chodorow stets objektbezogen und von Geburt an vorhanden. In ihr kommt das "primäre Bedürfnis nach menschlichem Kontakt" (Chodorow 1986, 87) zum Ausdruck.

Unter methodologischen Gesichtspunkten wirft diese Voraussetzung allerdings erhebliche Probleme auf, denn es muβ die "Suche" nach Objektbeziehungen begründet werden, bevor irgendeine Differenzierung zwischen Selbst- und Objektrepräsentanzen eingetreten ist. Besteht aber noch kein Unterschied zwischen Selbst und Objekt, ist schwer von einer Hinwendung zu anderen Subjekten (Objekten) zu reden.

Wird aber von einem immer schon qualitativen Gehalt der primären Liebe ausgegangen, dann wird diese zu einem "ursprünglichen Ersten", indem ein Ich in einer Stukturiertheit (nämlich als "liebendes") vorausgesetzt wird, die es doch gerade erst zu konstituieren gilt. Und dabei ist es gerade die Theorie der Objektbeziehungen, die die notwendig intersubjektiv sich vollziehende Strukturbildung des Ich hervorhebt.

Für Chodorow ist die primäre Liebe ein sozusagen "ab ovo" vorhandenes Vermögen des liebenden Sich-Beziehens auf andere Subjekte. Der primäre Narziβmus ist ihr stattdessen ein Konzept, daβ, wie Balint es formuliert, "jegliche Beziehung zur Auβenwelt aus(schlieβt)" (Balint 1988, 95).[6] Beides ist jedoch zueinander in Beziehung zu setzen.

Unterscheidung zwischen Ich und Objekt, also sozusagen schon im Es vorhanden ist" (Balint 1988, S. 119).

6) Deutlich wird dies auch an der Interpretation der Harlow-Experimente, die Chodorow vornimmt. Hier werden ein "Bedürfnis nach Nahrung" und ein "Bedürfnis nach Nähe", also ein "physiologisches" und eines, das als Bedürfnis nach Bezugnahme auf ein Objekt, als "Bedürfnis nach menschlichem Kontakt" verstanden wird, gegeneinander ausgespielt. Allerdings ist die Hinwendung zur warmen, weichen Ersatzmutter (als Gegenpol zur

Nach Chodorows Auffassung schließen sich jedoch ein triebtheoretisch fundierter Ansatz und derjenige der Objektbeziehungspsychologie gegenseitig aus. Man muß die somit implizit vorgenommene Gegenüberstellung dergestalt verstehen, daß damit eine monadologische Perspektive (nämlich diejenige der Triebtheorie) von einer intersubjektiven Begründung der Ich-Konstitution (die der Objektbeziehungstheorie) unterschieden werden soll.

Diese abstrakte Dichotomisierung verhindert jedoch, beide Aspekte der Ich-Konstitution - Selbstbezug und Fremdbezug - als dialektischen Prozeß, wie dies mit der Anerkennungsstruktur der Fall ist, zu fassen. Der "primären Liebe" wird das Vermögen der Bezugnahme auf Andersheit dagegen "immer schon" unterstellt: "Auch wenn seine Selbst- und Objekt-Repräsentationen verschmolzen sind, kann ein Säugling zu einem Objekt eine emotionale Beziehung haben." (Chodorow 1986, 85) Festzuhalten ist, daß entgegen der ursprünglichen Intention, das Konzept der primären Liebe auf diese Weise seinerseits nur im Sinne vorausgesetzter - und d.h. jenseits intersubjektiver Konstitution - Ich-Entwicklung verstanden werden kann. Polemisch zugespitzt könnte man formulieren, die primäre Liebe hat bei Chodorow selbst den Charakter eines "Triebes". Zu registrieren ist bei Chodorow in diesem Zusammenhang im übrigen auch ein stark moralisierender Unterton. Das Subjekt muß immer schon "lieben".[7] Die "Rückseite" dazu bildet sozusagen eine Moralisierung des

---

Drahtmutter mit Flasche) nicht unbedingt ein Beweis für ein Bedürfnis nach einem Objekt, sondern lediglich für eines nach Weichheit und Wärme. Dies als eine wie immer auch rudimentäre Form von Objektbezug zu verstehen, schwächt doch eher die Argumentation, die daran geknüpft werden soll. Denn Weichheit und Wärme bezeichnen zunächst auch "bloß" eine Form im weitesten Sinn physiologischer Bedürfnisse.

Zu fragen ist also, ob nicht in Experimenten dieser Art, den Probanden dualistische Strukturen aufgezwungen werden, also erst inszeniert werden, die ihren tatsächlichen Bedürfnissen gar nicht entsprechen. Weiterführender scheint uns in diesem Zusammenhang der Ausgangspunkt, daß der Körperkontakt zur Mutter mit dem Säugen und Füttern des Säuglings einhergeht und ein untrennbares Moment davon ist (worauf auch Spitz' Studien hinweisen). Diesen Zusammenhang hat aber auch Freud gesehen, indem er die Mutter als "erste Verführerin" und als "erstes und stärkstes Liebesobjekt" bezeichnet, also nicht von einer rein physiologischen Bedürfnisbefriedigung beim Stillvorgang ausgeht.

7)Im Rückgriff auf das Konzept der "primären Liebe" kommt eine notwendig immer schon qualitative Bestimmung dieser Liebe zum Ausdruck. Das wesentliche Moment aller Liebe ist jedoch gerade deren Differenzierungsvermögen, wie es auch Freud prägnant zum Ausdruck bringt: "Eine Liebe, die nicht auswählt scheint uns einen Teil ihres eigenen Werts

Triebbegriffs, wie auch Othmer-Vetter kritisiert: Es gelte "Chodorow als pathologisch, 'wenn hartnäckige Triebe ein ganzes Leben bestimmen'" (Othmer Vetter 1989, 104).
Solchen Formulierungen entspricht die Annahme eines funktionalen, ja intentionalen Umgangs mit den Trieben: Für Chodorow werden Individuen nicht "von Instinkten auf die Suche nach Abfuhr physiologischer Triebspannung getrieben, und sie benutzen auch nicht ihre Objektbeziehungen, um diese Spannungslösungen zu erreichen. Es ist viel eher so, daß sie ihre Triebe manipulieren und transformieren, um Beziehungen aufzubauen oder zu erhalten." (Chodorow 1986, 67f.) Und: "Körperliche Bereiche werden nicht durch automatische Entfaltung im Laufe des Reifungsprozesses erotisiert. Sie werden deshalb libidinös besetzt, weil das heranwachsende Kind sie als Mittel zur Herstellung persönlicher Kontakte benutzt" (Chodorow 1986, 67). Das Triebgeschehen wird also nicht mehr als wesentlich unbewußtes Geschehen angesehen, sondern es "zeichnet sich im Gegenteil durch Bewußtseinsnähe aus und steht letztlich im Dienste der sozialen Anpassung, denn es erscheint als verfügbar für die Herstellung sozialer Beziehungen" (Othmer-Vetter, 1989, 104).[8]
Hinter Chodorows (Biologismus)Kritik des Triebbegriffs scheint letzten Endes ein Naturbegriff zu stehen, der die Auseinandersetzung mit innerer Natur als konstitutives Moment im Prozeß der Ich-Bildung negiert. Eine solche Kritik an der dynamisch-energetischen Betrachtungsweise Freuds bestreitet aber mit der Abweisung der Freudschen Begrifflichkeit, wie sie in der Triebtheorie vorliegt, die "Berechtigung, den psychoanalytischen Gegenstand als Naturgegenstand zu bezeichnen. Sie gibt damit gleichzeitig die Einsicht preis, daß bereits in den basalen Strukturen, den Triebprozessen, die Auseinandersetzung zwischen Gesellschaft und innerer Natur stattfindet. Insofern ist auch der Rede vom 'scientistischen Selbstmißverständnis' der Psychoanalyse zu mißtrauen, wenn sie dazu führt, die Freudschen Grundeinsichten in die Widersprüchlichkeit des Zusammenhangs von Sozialem und Naturalem zu entschärfen." (Görlich, Lorenzer, Schmidt 1980, 283f.)

---

einzubüßen, indem sie an dem Objekt ein Unrecht tut (...) es sind nicht alle Menschen liebenswert." (Freud 1972, S. 95)
8) Othmer-Vetter erkennt hierin eine "interaktionistische Uminterpretation" des Triebbegriffs, hinter der ein in gesellschaftstheoretischer Hinsicht funktionalistischer Ansatz zum Vorschein kommt. Othmer-Vetter zieht daher den Schluß, daß Chodorows Konstruktion des Verhältnisses von Psychoanalyse und Soziologie "den Maßgaben des Verhältnisses von Sozialstruktur und Persönlichkeit, wie es von Talcott Parsons vorgedacht wurde" (Othmer-Vetter 1989, S. 102), folgt.

Die Negation dieses Zusammenhanges, die auf Chodorows defizitären Vermittlungsbegriff hinweist, wird in ihrem Ansatz genau an der von ihr vorgenommenen Bestimmung des Verhältnisses von Trieb- und Objektbeziehungstheorie - indem sie beide nur in wechselseitiger Ausschließlichkeit betrachten kann - deutlich.
Die für ihre Sozialisationstheorie so maßgebliche Frage der Konstitution des Subjekts verlegt sie - obwohl das ihrer eigentlichen Intention gerade widerspricht - im Grunde in die Sphäre eines unmittelbaren Triebes zum Anderen.

3. Das Paradoxon von Selbstbehauptung und Anerkennung

Nach der Auffassung von Chorodow und Benjamin führt die Triebtheorie in eine Aporie, will sie über die Selbstbezogenheit des Subjekts hinaus dessen intersubjektive Konstitution erklären. Benjamin will daher das Freudsche Modell einer »monadischen Subjektivität« (vgl. Benjamin 1982, 436f.) durch eine *Theorie der Intersubjektivität* überwinden, die neuere Theorien innerhalb der Psychoanalyse - wie die Narzißmustheorie, die Selbstpsychologie, die Theorie der Objektbeziehungen sowie die psychoanalytisch orientierte Säuglingsforschung - in eine Konzeptualisierung der Konstitution des Selbst im Rahmen von Hegels Philosophie der Anerkennung integriert. Ausgehend also von Hegels Begriff der Anerkennung verfolgt Benjamin damit ausdrücklich den Zusammenhang von »Selbstbeziehung und Beziehung auf andere« innerhalb der psychoanalytischen Theoriebildung und stellt sich damit der Frage nach der Beziehung von Triebtheorie und Objektbeziehungspsychologie bei der Konstitution von Subjektivität.
Gestützt auf die Entwicklungspsychologie D. Sterns, M. Mahlers und D.W. Winnicotts untersucht sie die Aneignung der für die Ausbildung der Autonomie und der Abhängigkeit des Selbst charakteristischen psychischen Strukturen und Fähigkeiten. Eine in der Objektbeziehungspsychologie sehr entscheidende Grundannahme, die Benjamin übernimmt, ist die von der frühen Aktivität des Säuglings zur Kontaktaufnahme mit anderen, von dessen Objektsuche bzw. dessen Bestreben, die Bestätigung des anderen zu erfahren. Diese Grundannahme erfährt allerdings bei Benjamin eine Umdeutung, denn sie bestimmt dieses Bestreben als ein "subjektive(s) Bedürfnis nach gegenseitiger Anerkennung" (Benjamin 1982, 431, 1990, 24) und steigert diese Annahme überdies zu einer "übergeordnete(n) Konzeption, die die verschiedenen Ansätze einer intersubjektiven Theorie der Selbst-Entwicklung vereinigt" (Benjamin 1990, 24). Insofern wird mit dem Anerkennungsbegriff ein methodologischer

Anspruch erhoben, der unterschiedliche Theorien aufeinanderbeziehen soll und dementsprechend zugleich auf einer anderen Ebene als der der unmittelbaren psychischen Phänomene Geltung haben soll. Anerkennung umfaßt nach Benjamins Bestimmung nun auf der Ebene des intersubjektiven Geschehens die "verschiedenen Reaktionen und Aktionen der Mutter" (Benjamin 1990, 25) im Sinne der affektiven Bestätigung und der mütterlichen Empathie sowie die kindlichen Impulse und Bestrebungen nach einer Bindung an die Mutter. Anerkennung wird schließlich "zum Sinn und Zweck des Zusammenseins mit anderen", "zum Ziel an sich" (ebd.). Benjamins Theorie der Intersubjektivität stützt sich dabei auf einen Begriff »gegenseitiger« Anerkennung mit der Unterstellung, "daß wir tatsächlich das Bedürfnis haben, die anderen als selbständige Personen anzuerkennen" (Benjamin 1990, 26). Gegenseitigkeit schließt bei der Anerkennung des Kindes durch die Mutter die Subjektivität der Mutter, ihre Eigenständigkeit und Selbstbestimmung ein, so daß im Idealfall die Ausbildung der Fähigkeit zur Gegenseitigkeit zu einem innerpsychischen "Gleichgewicht zwischen Selbstbehauptung und Anerkennung" des Kindes (Benjamin 1990, 27) führen muß.

In Benjamins Theorie der Intersubjektivität erhalten die triebpsychologischen Gehalte der Freudschen Theorie dadurch eine anderen theoretischen Status, da sie nun als von dem Wunsch nach Selbstbehauptung und Anerkennung abgeleitete Erscheinungen gelten. Die dem psychischen Erleben zugrundeliegenden Gehalte von Körperlichkeit und »innerer Natur« werden nun "als entfremdete Form des durch einen intersubjektiven Objektivierungsprozeß entstellten Bedürfnisses nach Anerkennung" begriffen (Benjamin 1982, 431f.).

Mit der Revision der Freudschen Bestimmung von innerer Natur im Rahmen der Triebtheorie und der Bildung des Ich/Selbst durch den Druck der Realität soll erst der Anschluß an den Anerkennungsbegriff Hegels möglich werden, der es erlaubt, Individuation und deren gesellschaftliche Entstellungen im Sozialisationsprozeß im Rahmen einer Theorie der Intersubjektivität zu erklären. Es sei deshalb von "völlig andere(n) Voraussetzungen (der) menschlichen Natur" und von "anderen anthropologischen Annahmen" (Benjamin 1982, 448, 437) auszugehen, um eine Theorie der "reziproken Beziehung zwischen Subjekten" (Benjamin 1990, 29) zu entwickeln.

Die Entwicklung von Gegenseitigkeit als subjektiver Fähigkeit basiert nach Benjamin in den frühen Formen der Interaktion, nämlich schon im Mienenspiel und dem Blickkontakt des Säuglings mit der Mutter. Benjamin supponiert an dieser Stelle - und das ist entscheidend - ein "soziales Interesse" (Benjamin 1990, 29) bzw. einen "im wesentlichen soziale(n) Impuls" (Benjamin 1982, 438) als Motivationsbasis dieses Austauschs zwischen Mutter und Kind. Benjamin geht in anthropologischer Perspektive von "zwei fundamentalen Fähigkeiten" des Kindes aus: "Das Streben zum Anderen, nach persönlicher Beziehung, Bindung, Nähe; und das Streben nach Selbstbehauptung, nach Aktivität, Bewältigung und Erforschung. Diese beiden Fähigkeiten definieren eine menschliche Natur, die danach strebt, sowohl unabhängig zu werden und das Selbst von den Anderen abzugrenzen, als auch mit geliebten und vertrauten Personen durch ein Gefühl der Einheit verbunden zu bleiben und so geschützt zu sein. Diese Bestrebungen oder Fähigkeiten sind seit Lebensbeginn miteinander verflochten und machen erfolgreiche Differenzierungsprozesse aus, obwohl sie beide auch zu erfolgreichen Bindungen beitragen." (Benjamin 1982, 438)

Benjamin nimmt wie Stern eine sehr frühe Fähigkeit des Säuglings zur Interaktion an. Allerdings faßt sie die Entwicklung von Intersubjektivität auf als die eines "Spektrums" (Benjamin 1990, 32) von Fähigkeiten, die schließlich beim Säugling in der Wahrnehmung kulminieren, "daß auch noch andere existieren, die genauso denken und fühlen wie wir" (Benjamin 1990, 32). Diese "emotionale Übereinstimmung" (Benjamin 1990, 33) wird bei Benjamin "ein ganz entscheidender Begriff" (ebd.) bei der Bestimmung von Intersubjektivität.

Benjamins Beschreibungen der Entwicklung der Fähigkeit zur frühen Interaktion werden von ihr im Sinne der Anerkennungslogik Hegels strukturiert: "Die Beobachtung solcher frühen Spiel-Interaktionen beweist auch, daß das Baby, um seine Gefühle und seinen inneren Gemützustand zu regulieren, auf eine äußere Partnerin hin agieren muß. Sein Wohlbefinden ist unmittelbar davon abhängig, ob es die andere dazu bewegen kann, ihr Handeln auf seine Gefühle einzustimmen." (Benjamin 1990, 30) Die Selbstbeziehung des Kindes ist hier von seiner Beziehung auf andere abhängig. Benjamin verknüpft die Entwicklung der inneren Autonomie mit der Fähigkeit zur gegenseitigen Anerkennung und folgt auch hier dem Anerkennungsgedanken Hegels. Sie verbindet zu diesem Zweck M. Mahlers Theorie der Individuation und Sterns Begriff der Intersubjektivität, um so die Ablösung und Bildung selbstbestimmter Handlungsformen des Kindes zugleich als gesteigerte Fähigkeit, der Wahrnehmung und Anerkennung des anderen zu begreifen. Dabei ordnet Benjamin nicht wie Stern die Fähigkeit zur Intersubjektivität, d.h. die Fähigkeit den anderen als eigenständiges Selbst zu erfahren, einem Alter von 7-9 Monaten zu, sondern begreift diese Wahrnehmung - wie gesagt - als einen wesentlichen Schritt in der Entwicklung von Intersubjektivität, die mit dem Beginn des Lebens einsetzt. Dieses Spektrum von Fähigkeiten, die in gegenseitiger Anerkennung kulminieren, bedeutet gleichzeitig immer eine Voraussetzung zur inneren Differenzierung und damit zur inneren Autonomie. Die Wahrnehmung der Trennung kann so zugleich als eine neue Stufe der Anerkennung des anderen gesehen werden.

Für die Entwicklung der Autonomie des Kindes ist die einfühlsame Balance zwischen der Eingrenzung dieses Bestrebens und dem Gewähren von Selbstbestimmung durch die Mutter ausschlaggebend. Im Anschluß an Mahlers Bestimmung der Phasen der Differenzierung, der Einübung und der Wiederannäherung, beschreibt Benjamin den Beginn des Bestrebens des Kindes zur Selbstbehauptung und die Notwendigkeit auf Seiten der Eltern, einerseits Grenzen dieses Bestrebens setzen und andererseits ihm hinreichend nachgeben zu können. Diese Balance zwischen Grenzsetzung und Gewährung hängt selbst wiederum von der innerpsychischen Disposition der Eltern ab. Sowohl die zu große Gewährung als auch die übermäßige Begrenzung dieses Bestrebens führen nach Benjamin eine narzißtische Problematik herbei: entweder das Kind muß sich selbst unbegrenzt, über die Eltern verfügend oder aber die Eltern als allmächtig erleben. Über die Krise des Kindes in der Wiederannäherungsphase entscheidet also weitgehend die psychische Disposition der Mutter, d.h. "ihre Fähigkeit offen mit Aggression und Abhängigkeit umzugehen." (Benjamin 1990, 37)

Diese Abweichungen von einer balancierten Grenzlinie verweisen auf ein zentrales, konstitutives Moment des Begriffs der Anerkennung bei Benjamin. Eine Anerkennungsbeziehung wird nämlich bei diesen Abweichungen von der Balance deshalb nicht erreicht, weil eine "konstante Spannung" (Benjamin 1990, 38) zwischen Selbstbehauptung und Anerkennung der Freiheit des Anderen nicht gehalten werden kann. Damit ist für Benjamin der *normative Maßstab* formuliert, nach dem eine Anerkennungsbeziehung erfüllbar bzw. eingelöst ist. Zudem wird mit der Bestimmung der Abweichung bzw. dem Mißlingen von Grenzsetzung und angemessener Bestätigung der Ausgangspunkt von Entfremdungen des Bedürfnisses nach Anerkennung benannt. Das aus der intersubjektiven Beziehung von Mutter und Kind resultierende intrapsychische Gleichgewicht von Selbstbehauptung und Anerkennung wird von Benjamin somit nur normativ postuliert. Dieses Gleichgewichtsmodell intersubjektiv bestätigter innerpsychischer Bestrebungen dient zwar Benjamin als Maßstab zur Untersuchung von sadomasochistischen Beziehungsstrukturen, in denen spezifische Vater- und Mutteridentifikationen bzw. die Verdrängung der gegengeschlechtlichen Identifikation zu Herrschafts- und Unterwerfungsbeziehungen führen. Das Gleichgewicht von Selbstbehauptung und Anerkennung bleibt indessen ein entwicklungspsychologisch abgeleitetes, normativ gewendetes Ideal.

Hegels Bewegung der Anerkennung vollzieht sich zwischen zwei Selbstbewußtseinen und mündet in einem Kampf, der, um der eigenen absoluten Selbständigkeit und Unabhängigkeit willen, auf die Zerstörung des jeweils anderen geht. Benjamins Absicht, Hegels Anerkennungsbeziehung entwicklungspsychologisch auszulegen, hat zur Folge, daß sie auch den Kampf beider nach dem Muster narzißtischer - d.h. der Entwicklungspsychologie des Selbst folgender - Deutungstopoi interpretiert. Hegels philosophische Argumentation, die auf die Darstellung der (begrifflich-logischen) Notwendigkeit der inneren Vermittlung eines Selbstbewußtseins durch ein anderes zielt, wird von Benjamin interpretiert als Konflikt des Kindes, die phantasierten Objekte mit den realen in Verbindung zu bringen. Sie versteht mit Winnicott die psychische Konstitution des Anderen für das Kind durch das Konzept der »Objektverwendung« und der »Übergangsobjekte« bzw. »Übergangsräume«. Diese Konzepte enthalten einen kategorialen Rahmen für den entwicklungspsychologischen Übergang vom phantasierten Objekt zum realen Subjekt und betonen darin die Bedeutung der Aggression für die Ausbildung des Realitätsbezugs. Erst die phantasierte Zerstörung des Objekts und dessen reales Überleben konstituieren das Objekt als reales. Dieser Prozeß entfaltet sich idealtypisch entlang einer Verwandlung des phantasierten, triebgebundenen inneren Objekts - das selbstverständlich das reale immer schon zum Substrat der Phantasie voraussetzt - zu einem realen, das aber als subjektiv geschaffenes erlebt wird. Die behutsame Förderung der Entwicklung des Kindes führt schließlich dazu, das es entdeckt, was es zugleich in seiner Phantasie geschaffen hat: die Mutter.

Aus den vorangegangen Ausführungen sollte nun deutlich geworden sein, in welcher Weise Benjamin den Begriff der Anerkennung verwendet. Sie rekurriert in dessen Bestimmung auf subjektive Fähigkeiten, die entlang entwicklungspsychologischer Modelle der Ichbildung und der psychischen Differenzierung erläutert werden. Anerkennung steht deshalb für Reziprozität, für das Gleichgewicht von Selbstbehauptung und Anerkennung bzw. Autonomie und Abhängigkeit, für geteilte Affektivität, für die Erfahrung des "Zusammenseins", "emotionale Einstimmung", "gemeinsame Bewußtseinszustände" und ein "aktives Miteinander" (vgl. Benjamin 1990, 19). Die Freudsche Triebtheorie dient ihr gegenüber diesen Fähigkeiten gleichsam als Kontrastfolie, da sie individualistische Bedürfnisse zum Bezugspunkt habe, die am anderen als Objekt (im pejorativen Sinne) befriedigt werden. Benjamins Begriff der Anerkennung will dagegen den für die Persönlichkeitsbildung zentralen Konflikt "zwischen der Behaup-

tung des Selbst und dem Bedürfnis nach dem Anderen" (Benjamin 1990, 34) in den Mittelpunkt stellen. Sie nimmt jedoch keine immanente Interpretation der entsprechenden Textstellen in Hegels Philosophie der Anerkennung vor, um die Explikation psychologischer Theorien auf der Basis eines philosophischen Arguments auszuführen. *Sie nimmt die philosophischen Kategorien nahezu unmittelbar psychologisch.*
Benjamin will jedoch keineswegs "die intrapsychische und intersubjektive Theorie (...) als Gegensatz" auffassen, sondern als "ergänzende Wege zum Verständnis der menschlichen Psyche." Es ginge keineswegs darum, die "Bedeutung jener intrapsychischen Welt der Phantasien und Wünsche, der Ängste und Abwehrmechanismen, der Körpersymbole und Bilder, deren Zusammenhang den Regeln der gewöhnlichen Logik und Sprache trotzt" (Benjamin 1990, 23) zu leugnen. Es ist nun allerdings sehr fraglich, wie eine solche Ergänzung begrifflich systematisch noch möglich sein soll, wenn wesentliche Momente der intrapsychischen Konstitution von Subjektivität in der Theorie der Intersubjektivität nur noch als abgeleitete Erscheinungen eines ursprünglicheren Wunsches nach Anerkennung zu Geltung kommen können. Man könnte lediglich insofern noch von einer Triebtheorie sprechen, als man die von Benjamin angenommenen Bestrebungen als körperlich fundierte und an Repräsentanzen gebundene Triebe begreift, und viele Textstellen bei Benjamin weisen auf eine solche Auffassung hin. Allerdings schließt die mit Hegels Begriff der Anerkennung, das wird zu zeigen sein, ausgeführte dialektische Konstruktion von Intersubjektivität die Ableitung aus einem Ursprünglichen aus. Im Gegenteil fordert die dialektische Struktur der Anerkennungsbeziehung Individuierung und Vergesellschaftung qua intersubjektiver Prozesse als *eine* Reflexion bzw. als *eine* Vermittlung zu begreifen.
Benjamins Versuch, die Triebtheorie in die Theorie der Intersubjektivität zu integrieren, scheint stattdessen zu einer biologistischen Umformung wesentlicher Elemente der Triebtheorie zu führen. Benjamin geht nämlich von "angeborenen Dispositionen" (Benjamin 1982, 438; vgl. auch Benjamin 1990, 24, 46 und 94) aus, von Bedürfnissen nach Anerkennung, deren Befriedigung angestrebt wird und deren Objekt der andere als Subjekt ist. So gesehen scheint Benjamin nur eine andere Triebtheorie zu beanspruchen, in denen der Gehalt von Trieben von vornherein sozial ist.
"Der Prozeß, durch den die Objekt- und Aktivitätsantriebe polarisiert werden, *kann nicht auf die Objektbeziehung allein zurückgeführt werden. Die Natur dieser Bestrebungen und die Art, wie sie sich entwickeln, muß ebenso mitwirken.*" (Benjamin 1982, 439, Hervorhebung durch die Verf.)
Diese Argumentation weist im Gegensatz zu Freud dem Trieb ausdrücklich eine ursprüngliche Sozialität zu, die nicht erst gesellschaftlich herzu-

stellen wäre, sondern nur gesellschaftlich zur Entfaltung kommen soll. Was unter der »Natur dieser Bestrebungen« zu verstehen ist, gibt Benjamin nicht an. Benjamin changiert vielmehr in ihren Überlegungen sehr häufig zwischen der Einbeziehung der Triebtheorie im Freudschen Sinne und ihrer Abweisung, ohne daraus die theoretischen Konsequenzen zu ziehen. Sie spricht davon, daß "im Mittelpunkt dieses Modells (der Kindheitsforschung, die Verf.) (...) nicht mehr die Triebbefriedigung oder die Ablösung, sondern die reziproke Beziehung zwischen den Subjekten" stehe und die empathischen Interaktionen zwischen Mutter und Kind "nicht - oder nicht nur - im Sinne einer Triebbefriedigung zu verstehen, sondern im Sinne von Kooperation und Anerkennung" (Benjamin 1990, 28f.) zu begreifen seien. Eine solche Redeweise scheint in der Tat von einer Integration des Freudschen Triebbegriffs in die Theorie der Intersubjektivität auszugehen. Tatsächlich aber werden triebpsychologische Gehalte nur als entfremdete Formen von Anerkennungsbestrebungen bestimmt und gehen somit nicht als konstitutive Momente in die Bestimmung von Subjektivität ein. Die Auffassung, triebdynamische Vorgänge tendenziell als Epiphänomene eines ursprünglicheren Bedürfnisses nach Anerkennung zu sehen, verstellt jedoch, daß für intersubjektive Prozesse die - wie immer auch ge- oder mißlingende - Bewältigung von körperlichen und psychisch repräsentierten Spannungen konstitutiv ist. Die allzu stark pointierte Perspektive der Intersubjektivität vermag zudem die individuellen Erlebnisweisen nicht mehr zu reflektieren, die aus der Bewältigung von Affekten resultieren. Wenn Benjamin die intersubjektive als eine die intrapsychische Sichtweise ergänzende ansehen will, dann muß sie aus methodologischen Gründen die triebpsychologischen Vorgänge als Voraussetzung intersubjektiver Prozesse konzipieren. Freilich heißt dies nicht, und dies wollen wir mit Hegel versuchen zu zeigen, Triebpsychologie selbst wieder als biologisch-inhaltliche Voraussetzung zu qualifizieren, sondern es bedeutet, daß in einer dialektischen Argumentation Vorausgesetztes und Setzendes sich wechselseitig vermitteln.

Benjamins Maßstab der Anerkennung, der gelingende Individuierung als »konstante Spannung von Selbstbehauptung und Anerkennung« definiert, basiert damit allerdings auf einer biologisch gebrochenen Intersubjektivität. Das sieht man leicht daran, daß Benjamins Begriff der Intersubjektivität jenseits der Annahme psychischer Fähigkeiten bzw. biologisch angelegter Bestrebungen nicht angeben kann, wieso es für ein Individuum notwendig und normativ konstitutiv sein soll, sich auf andere zu beziehen, um selbst zu sein. Das »selbst zu sein« kann von Benjamin eben nur durch die angenommenen Bestrebungen inhaltlich bestimmt werden. Sich auf andere zu beziehen, um selbst zu sein, ist bei Benjamin kein Argument

über die Ermöglichungsbedingungen von Vergesellschaftung. Benjamins Abkehr von der Triebtheorie als Abkehr von der Monade führt dazu, daß sie selbst den Begriff der Monade, des individuierten Selbst aus dem Auge verliert und keine subjektive Instanz angeben kann, worin Empathie und Anerkennung zur Geltung kommen. Diese Gefahr einer biologischen Fundierung von Anerkennung scheint doch in der Auslegung von Anerkennungsverhältnissen durch entwicklungspsychologische Kategorien zu liegen. Damit werden entwicklungspsychologische Kategorien zum Maßstab von Vergesellschaftung qua Intersubjektivität. Es kann dieser Konstruktion nach nicht mehr gezeigt werden, inwiefern Vergesellschaftung und damit Intersubjektivität konstitutiv auf das individuierte Selbst verwiesen ist, um gelingende Vergesellschaftung zu sein. Es mangelt der Theorie der Intersubjektivität des Begriffs einer selbst-bewußten Subjektivität, was vor allem durch die Abweisung der Triebtheorie offenbar wird. Wofern Triebe als alleinige Bestimmung von Subjektivität genommen werden, nähert sich ein solches Konstrukt freilich einem instrumentellen Handlungskonzept, wie es Benjamin der Freudschen Theorie vorzuwerfen scheint. Das Abgewiesene an der Triebtheorie in der Unterstellung, diese habe ein Modell des »Reguliertwerdens durch andere«, kehrt bei Benjamin allerdings tendenziell wieder im Modell der Bestätigung und der Begrenzung durch andere, da auch hier das »Reguliertwerden durch andere« keine Begrenzung in einem selbstbewußten Subjekt findet, durch dessen Reflexion diese Vermittlung aufgehoben werden könnte. Benjamins Subjektbegriff gründet in seiner emanzipatorischen Dimension, der von der Aufhebung gesellschaftlicher Vermittlung, auf dem angeborenen Wunsch nach Anerkennung und dem Bestreben nach Selbstbehauptung. Repressive Vergesellschaftung wird bei ihr gedacht als Unterdrückung und Entfremdung dieser Bestrebungen. Damit setzt sie denn auch das Soziale, den normativen Modus von Vergesellschaftung voraus bzw. gründet sie auf anthropologischen Annahmen, deren Kern biologisch verankert bleibt.
Entscheidend für den von Benjamin implizit in Anspruch genommenen Vermittlungsbegriff ist, daß er nicht darauf beruht, den Wunsch nach Anerkennung vergesellschaftungskonstitutiv zu setzen. Mit der Setzung, die mit den anthropologischen Annahmen gemacht wird, *bleibt die sozialhistorische Erzeugung von Anerkennungsverhältnissen, die bei Benjamin quasi in Triebstrukturen verankert sind, verstellt, die gesellschaftliche Vermittlung von Triebinhalten ausgeblendet.* So ist ihr Vermittlungsbegriff nach zwei Seiten hin unterbestimmt: er vermag sich einerseits nicht mit der Inhaltlichkeit und der Struktur der Bestrebungen zu vermitteln, sondern setzt sie nur voraus und kann andererseits gerade deshalb die

194

emanzipatorische Seite dieser Bestrebungen, nämlich gesellschaftliche Repression zu kritisieren und aufzuheben, nicht als vergesellschaftungskonstitutiv begreifen.

Wir wollen trotz dieser Kritik, das mag zunächst irritieren, an Benjamins Intention, Hegels Anerkennungskonzept als Vermittlungsstruktur von Subjektivität und Vergesellschaftung festhalten. Allerdings soll uns ein spezifisches Verständnis des Vermittlungsbegriffs innerhalb des Anerkennungsgedankens erlauben, eine Verbindung der Freudschen Triebtheorie mit Adornos Begriff von Vergesellschaftung herzustellen. Wir gehen davon aus, daß damit Subjektivität in ihrer gesellschaftlichen Herstellung und der reflexiven und praktischen Aufhebung dieser Herstellung gedacht und zudem gesellschaftliche Vermittlung als repressive Vergesellschaftung, die sich zugleich auf die Selbstbewußtheit und Selbstbestimmung von Individuen stützt, gefaßt werden kann.

4. Hegels Begriff der Anerkennung

Benjamins Arbeit zählt zu den wenigen, die Hegels Philosophie der Anerkennung für die sozialwissenschaftliche Argumentation fruchtbar machen wollen. Wir teilen dieses Interesse und halten an Hegels Begriff der Anerkennung fest als einem kategorialen Rahmen, in dem die gesellschaftstheoretische Frage nach dem Zusammenhang von Vergesellschaftung, Individuierung und Natur systematisch entfaltet wird. Da wir an dieser Stelle keine detaillierte Ausformulierung unserer Interpretationsweise des Hegelschen Anerkennungsbegriffs vornehmen können, verweisen wir auf die Arbeiten von Ritsert (1975 und 1988), deren Argumentationsfiguren wir uns hier teilweise zu eigen machen. Einige Grundzüge der Logik und Semantik des Begriffs der Anerkennung wollen wir jedoch umreißen, um einmal die Grundvorstellungen darlegen zu können, nach denen sozialisations- und gesellschaftstheoretisch das Verhältnis von Vergesellschaftung und Individuierung zu entfalten wäre; zum anderen, um das Potential dieses Konzeptes gegenüber der Benjaminschen Aneignung profilieren zu können.

Anerkennung wird von Hegel als Grundprinzip von Vergesellschaftung insofern verstanden, als es ein übergreifendes Konzept für das Beziehungsgefüge von Vergesellschaftung, Intersubjektivität und Individuierung entwickelt und darin implizierte normative Maßstäbe zur Darstellung bringt, die für Vergesellschaftung konstitutiv sind. »Individuierung zum Subjekt« (vgl. Ritsert 1988, 17) ist in diesem Konzept ein *notwendiges* Moment von Vergesellschaftung und meint, daß Vergesellschaftung nur durch die Ausbildung und Inanspruchnahme von

Selbstbewußtsein und Selbstbestimmung als Kompetenzen von Individuen hindurch denkbar ist. Der prozessuale Zusammenhang von Vergesellschaftung, Interaktion und Individuierung ist im Begriff der Anerkennung als "Struktur eines Bildungsprozesses" konzipiert, "der die verschiedenen Interaktionsformen und sozialen Beziehungen von Sprache, Arbeit, Liebe, Vertrag, Tausch, Recht usw. auf jeweils spezifische Art bestimmt." (Siep 1979, 17) Die konstitutive Bedeutung von Anerkennung für Vergesellschaftung und seine Bestimmung als Bildungsprozeß erlauben es u.E., die Hegelsche Theorie der »Bildung des Bewußtseins« mit sozialisationstheoretischen Fragestellungen in Verbindung zu bringen. Sozialisation bezeichnet im Kontext der Anerkennung einen Prozeß der Ausbildung von Reflexionsformen des Selbstbewußtseins, d.h. in Interaktionen entwickelte Formen der Selbstbezüglichkeit von Individuen. Honneth spricht in diesem Zusammenhang vom "Anerkennungsverhältnis (...) einer emotionalen Zuwendung" oder einer "Anerkennung", die den "Charakter affektiver Zustimmung und Ermutigung besitzt" (Honneth 1990, 1049). Der "Leitfaden des interpersonalen Anerkennens" vermag allerdings nicht »Anerkennung als Prinzip« zu begründen, denn "Anerkennung ist Prinzip als begriffene Genese vernünftiger Institutionen der Geschichte" (vgl. Siep 1979, 250 und 253). Interpersonale Anerkennung bezieht sich demnach auf ein begrenztes semantisches Feld und ist selbst nur Moment einer übergreifenden Einheit, die von Hegel als Geist bezeichnet wird, welche wiederum durch institutionelle bzw. gesellschaftliche Anerkennungsstrukturen geformt ist (vgl. für die detaillierte Interpretation von »Geist« als spezifisch bestimmte Einheit von Gesellschaft, Intersubjektivität und Individuierung, Ritsert 1981). Die Anerkennungsbeziehung, die J. Benjamin thematisch für die Theorie der Intersubjektivität nun allerdings in Anspruch nimmt, wird bei Hegel in der Jenaer Realphilosophie als "Liebe" bestimmt, als "Ausdruck für Interaktionsprozesse", in denen Subjekte "sich wechselseitig in ihren natürlichen Merkmalen und Bedürfnissen bestätigen" (Ritsert 1981, 295)[9]. Anerkennung als Prinzip ist folglich auf dieser Ebene nicht nur unterbestimmt, vielmehr haben intersubjektive Anerkennungskonstellationonen ihre Voraussetzungen in Bezug auf Prinzipien der gesellschaftlichen Totalität. Die wechselseitige Konstitution und das historisch besondere Beziehungsgefüge von Gesellschaft und Individuum sind als *Grund* für intersubjektive Anerkennungsbeziehungen zu denken.

---

9)Anerkannt ist das Selbstbewußtsein in der Liebe nur als "*natürliches* Individuum" (Hegel, 1987, S. 193), als "ungebildetes, natürliches Selbst" (ebd.).

Um das argumentative Potential der Anerkennungsstruktur zur Geltung zu bringen, müssen wir einige bewußtseinstheoretische Implikationen der Anerkennung erläutern. Denn gerade die bewußtseinstheoretische Thematik der Anerkennungsbeziehung, d.h. die Frage, wie sich die Selbstbezüglichkeit eines Selbstbewußtseins notwendig mit der eines anderen verschränkt, um Selbstbewußtsein »an und für sich« sein zu können, entfaltet sich entlang der Beziehungslogik, die auch für das Verhältnis von Gesellschaft und Individuum maßgeblich ist. Zudem entwikkelt Hegel mit dem Prozeß oder der Bewegung der Anerkennung, in dem ein Selbstbewußtsein sich durch ein anderes erst thematisch werden kann, die Grundsstruktur der Argumentation, die für den Zusammenhang von sozialisations- und anerkennungstheoretischen Verhältnisbestimmungen zentral ist. Es ist gerade diese Grundstruktur der Anerkennungsbeziehung, die J. Benjamin als das "Paradoxon der Anerkennung" (Benjamin 1990, 34) faßt, um das Verhältnis von Selbständigkeit und Abhängigkeit von Individuen zu bestimmen. Der spezifischen Konstellation zweier Selbstbewußtseine als Modell einer Anerkennungsbeziehung lassen sich die für eine Kritik asymmetrischer Anerkennungsverhältnisse maßgeblichen Kriterien entnehmen, gerade weil in asymmetrischen oder herrschaftlichen Anerkennungsverhältnissen diese konstitutiven und zugleich negierten Momente »reiner Anerkennung« in Anspruch genommen werden müssen.

Hegels Bestimmung des Selbstbewußtseins in der »Phänomenologie des Geistes« wirft ein Problem auf, dessen Kernstruktur - wie wir oben schon für den Zusammenhang von Triebtheorie und Objektbeziehungspsychologie feststellten - das Verhältnis von Selbst- und Fremdbestimmung in Individuierungsprozessen ist. Das Selbstbewußtsein als Kategorie des erscheinenden Wissens wird mit dem Anheben der Anerkennungsthematik charakterisiert als ein Ich, das "der Inhalt der Beziehung und das Beziehen selbst" (Hegel 1983, 137f.) ist. Diese Charakterisierung, in der ein Ich Gegenstand des Bewußtseins und zugleich Subjekt bzw. Einheit der gesamten Relation ist, kann argumentativ nur eingeholt werden, in dem ein anderes Selbstbewußtsein dem ersten Gegenstand seines Bewußtseins wird: "*Das Selbstbewußtsein erreicht seine Befriedigung nur in einem anderen Selbstbewußtsein*" (Hegel 1983, 144, Hervorhebung im Original). Hegel will mit der Anerkennungsbeziehung demnach zeigen, daß ein Selbstbewußtsein sich selbst nur Gegenstand durch ein anderes Selbstbewußtsein werden kann, die Selbstziehung des ersten notwendig mit der des zweiten verschränkt ist, um Selbstbeziehung oder Selbstbewußtsein zu sein. Die thematische Auslegung dieses Verhältnisses und die darin implizierte Beziehungslogik halten wir mit J.

Benjamin für eine Schlüsselstelle subjekttheoretischer Fragestellungen. Das ist insbesondere deshalb der Fall, weil jede Beziehung zwischen Subjekten, die diese Struktur unterbietet, nur rudimentäre oder beschädigte Formen der Selbstbeziehung bzw. des Selbstbewußtseins beschreiben kann[10] Sie fallen, »phänomenologisch« gesprochen, auf die Ebene der Begierde zurück und können zu anderen Subjekten nur Beziehungen wie zur Natur und den Dingen aufnehmen. Wir müssen die thematische Auslegung der Beziehung der beiden Selbstbewußtseine nun noch präziser ausformulieren, um den Ausgangspunkt unserer Argumentation bestimmen und um unsere Kritik an der Benjaminschen Anknüpfung an die Anerkennungsbeziehung begründen zu können.

Die notwendige Verdopplung des Selbstbewußtseins, die Auseinanderlegung von Selbstbeziehung und Beziehung auf Anderes, bezeichnet Hegel als die "Doppelsinnigkeit des Unterschiedenen" in seiner Einheit: "Die Auseinanderlegung des Begriffs dieser geistigen Einheit in ihrer Verdopplung stellt uns die Bewegung des *Anerkennens* dar" (Hegel 1983, 145f., Herv. i.O.). Die Bewegung der Anerkennung zeigt nun nicht nur, daß ein Selbstbewußtsein zur Selbstbeziehung eines anderen bedarf, ein anderes also anerkennen muß, sondern die Selbstbeziehung des einen Selbstbewußtseins ist von der Beziehung des Anderen auf es abhängig, d.h. "es ist nur als ein Anerkanntes" (Hegel 1983, 145). Hegels Formulierung: "Sie *anerkennen* sich als *gegenseitig sich anerkennend*" (Hegel 1983, 147) enthält nun, da beide Selbstbewußtsein sind und keine Dinge zum Gegenstand des Bewußtseins haben, daß einmal der Vollzug der Anerkennung als "*Tun des Einen* . . . . ebensowohl *sein Tun* als *das Tun des Anderen*" (Hegel 1983, 146) ist; doch diese Bestimmung gilt selbst noch für Herrschaftsverhältnisse, in der die Negation der Selbständigkeit des Knechtes durch den Herrn zugleich Selbstnegation des Knechtes ist. Das besondere Beziehungsgefüge der gegenseitigen Anerkennung besagt aber zudem, daß es keine prinzipielle Unterscheidung zwischen den Polen der Beziehung, den Selbstbewußtseinen, und deren Beziehung zueinander geben kann. Siep drückt das folgendermaßen aus: "Anerkennung als doppelsinniges Tun zweier Selbstbewußtseine ist eine Relation, in der Relata sich durch die Beziehung auf den Anderen auf

---

10) Benjamins Analyse des Sadomasochismus zeigt dies sehr deutlich daran, daß die Selbstbeziehung der Subjekte in sadomasochistischen Beziehungen nur gelingt, wenn sie den jeweils anderen als Teil ihres eigenen Selbst wahrnehmen. Die jeweils am Selbst verdrängten Anteile sind im Anderen repräsentiert und werden als Teil der eigenen Selbstbeziehung gedacht; die um die verdrängten Anteile fragmentarisierte Selbstbeziehung kann nur durch die Verleugnung der Trennung vom anderen kompensiert werden.

sich selbst, und durch die Beziehung auf sich selbst sich auf den Anderen beziehen. Und diese Beziehung auf sich selbst bzw. auf den Anderen ist ermöglicht durch die entsprechende Beziehung des Anderen. Dazu gilt, ... daß jedes der beiden Bezogenen selbst die ganze Beziehung in sich enthält, sich auf sich selbst als auf sein Anderes bezieht." (Siep 1979, 137) Nicht nur muß das Tun des Einen Tun des Anderen sein, sondern "jedes tut selbst, was es an das Andere fordert" (Hegel 1983, 146). Die Gegenseitigkeit der Anerkennung »als gegenseitig sich anerkennend« heißt eben nicht nur, sich gegenseitig anzuerkennen, vielmehr bedeutet das Wissen um die Anerkennung des Einen durch den Anderen die darin liegende Selbstnegation auf beiden Seiten zu vollziehen. Erst dann anerkennt jedes sein Anerkanntsein durch den Anderen. Die Selbstnegation des Anderen, dessen Beziehung auf das erste Selbstbewußtsein, wird zur Bestimmung dieses ersten und nur dadurch läßt sich von der vollständigen *Einheit* und Identität unterschiedener Selbstbewußtseine reden, deren Einheit Geist oder soziologisch (auf verkürzter, voraussetzungsvoller intersubjektiver Ebene) Vergesellschaftung ist. Der gedoppelte Vollzug der Anerkennung als Bewegung - Tun des Einen gleich Tun des Anderen und gegen sich selbst zu tun, was das Eine gegen das Andere tut - enthält die beiden entscheidenden Kriterien reiner Anerkennung. Ohne sie ist gegenseitige Anerkennung als sich gegenseitig anerkennend nicht möglich. Plausibel wird dies freilich erst durch die Ausbuchstabierung dieses Vollzugs, die ja bisher unterblieben ist. In welcher Weise wird denn nun die Selbstbeziehung des Einen zur Bestimmung der Selbstbeziehung des Anderen? Von der Beantwortung dieser Frage hängt ja wesentlich ab, wie das Verhältnis von Selbstbestimmung und Fremdbestimmung auf intersubjektiver Ebene charakterisiert werden muß, nicht nur, um als Anerkennungsbeziehung im normativen Sinn zu gelten, sondern um Selbstbewußtsein als solches zu konstituieren. Auch hier müssen wir uns wieder auf wenige Erläuterungen beschränken.

Ausgangpunkt für die Bestimmung des Selbstbewußtseins ist die Einheit von Selbstbeziehung und Gegenstandsbezug. Das heißt genauer, Hegels Untersuchung der Erscheinungsformen des Wissens ist mit der Kategorie Selbstbewußtsein auf einer Stufe angekommen, in der jede Beziehung eines Bewußtseins auf einen Gegenstand (Wissen) Selbstbezug nicht nur impliziert, sondern darin gründet. Die erreichte Bestimmung des Selbstbewußtseins erweist sich allerdings als unhaltbar, da nun zwar die Selbstbeziehung des Selbstbewußtseins ausgewiesen ist, aber die Bestimmung Bewußtsein nicht mehr erreicht wird. Das Selbstbewußtsein hat *sich* zum Gegenstand und kann so aber gar keinen Gegenstand von sich unterscheiden. Es ist diese Problemstellung, die Cramer in seiner Arbeit

"Bewußtsein und Selbstbewußtsein" detailliert herausgearbeitet hat, die argumentativ zur Verdopplung des Selbstbewußtseins zwingt. Es handelt sich also keineswegs, wie J. Benjamin supponiert, beim Selbstbewußtsein um ein "monadisches Ich" im "Zustand der »Allmacht«", dem ein "Bedürfnis nach dem Anderen" fehle (Benjamin 1990, 35). Die vorschnelle Psychologisierung der bewußtseinstheoretischen Problemstellung verstellt die eigentliche Pointe der Verdopplung des Selbstbewußtseins. Nicht weil der "Absolutheitsanspruch" eines Individuums durch ein anderes Bestätigung finden soll und ihn gerade dadurch wieder aufhebt, entwickelt sich die Dramatik der Bewegung der Anerkennung; vielmehr ist "der Widerspruch vorhanden, daß das Selbstbewußtsein die Struktur von Bewußtsein nicht mehr erfüllt, aber doch erfüllen muß, um seiner Nichtigkeit zu entgehen" (Cramer 1979, 224). Dieser Widerspruch bzw. dessen prozessualer Vollzug zwingen zur Verdopplung und zur Entfaltung der Bewegung der Anerkennung. Benjamin kann dagegen nicht plausibel machen, was ein Individuum im Zustand der Allmacht dazu bringen sollte, sich diesen bestätigen zu lassen, es sei denn, sie rekurriert auf eine inhärente Widersprüchlichkeit von "Allmachtsansprüchen". Es geht Hegel ja keineswegs um ein empirisches Argument, sondern um die Explikation einer bewußtseinstheoretischen Voraussetzung der Kategorie Selbstbewußtsein. Die Bestimmung der Kategorie Selbstbewußtsein wird diesem Argument zufolge im emphatischen Sinne nicht auf der Ebene affektiver Bestätigung erreicht, sondern dann, wenn der Andere *als Selbstbewußtsein* für die eigene Selbstbeziehung konstitutiv ist.

Die Bewegung der Anerkennung hat argumentativ ihren Anfang in der Selbstnegation des einen Selbstbewußtseins und entfaltet sich entlang der Auslegung eines »doppelten Doppelsinns« und dessen Implikationen (vgl. die ausführliche Interpretation bei Ritsert 1975, 163ff.). Hegel formuliert: "es ist für das Selbstbewußtsein ein anderes Selbstbewußtsein; ist ist *außer sich* gekommen" (Hegel 1983, 146) und stellt in der Folge die doppelte Bedeutung dieses Außer-sich-kommmens dar. Das Selbstbewußtsein gibt seine reine Identität mit sich auf (Negation), die ja nur im abstrakten Fürsichsein bestand, denn es schaut sich im Anderen an. Es hat damit die Negation, die das Andere für es ist (als absolutem Wesen), zu seiner Bestimmung gemacht, da es sich "als ein *anderes* Wesen" (ebd.) vorfindet. Aber es schaut *sich* im Anderen an, d.h. der Unterschied der Selbstbewußtseine wird aufgehoben bzw. Andersheit wird aufgehoben, da Andersheit nun zu einer inhärenten Bestimmung des einen Selbstbewußtseins wird. Der erste Doppelsinn beinhaltet demnach die Negation des Selbst in die Andersheit und die Negation des Unterschieds, da das Selbstbewußtsein sich selbst *im Anderen* sieht. Schon dieser Schritt darf keinesfalls als zeitliche Abfolge verstanden werden, da subjektive Reflexion sonst gar nicht mehr begründbar wäre. Eine nachträglich einsetzende Reflexion müßte immer schon Reflexion voraussetzen und würde sich so in einen Zirkel begeben. Dieser Schritt legt die Denknotwendigkeit der Kategorie Selbstbewußtsein und deren notwendigem Bezogensein auf ein anderes dar. Er zeigt zudem, daß Identität nur in der Bezogenheit auf den Unterschied Identität sein kann - abstraktes Fürsichsein der Identität könnte ja nicht begründen, wie der Unterschied in der Identität als *Sich*-von-*sich*-unterscheiden zustande kommt -, daß aber auch Identität bewahrt bleiben muß als *sich*-anschauen im Andern, d.h. die Negation immer Selbstnegation ist. Die Selbstaufhebung als Wesen thematisiert so die Aufhebung der eigenen Selbständigkeit. Diese Negation hat folglich wesentlich den Charakter, die Verwiesenheit der eigenen Selbständigkeit auf deren konstitutive Bezogenheit auf ein anderes darzulegen.

Da das Selbstbewußtsein im abstrakten Fürsichsein selbst das Wesen war, diese Bestimmung aber nun unhaltbar wird, weil es sich als Wesen behauptet und gleichzeitig aber als solches negiert ist, zwingt diese Konstellation zur Negation des Andersseins des Selbst und dies wiederum im doppelten Sinne. Der erste Doppelsinn fordert aufgrund seiner widersprüchlichen Verfaßtheit zur Negation seiner und damit zu einem zweiten Doppelsinn, der die logische Voraussetzung des ersten auseinanderlegt. Um sich selbst wesentlich zu sein, muß das Selbstbewußtsein sein Anderssein aufheben und dies wiederum doppelt: um sich als Wesen zu restituieren, muß es das Andere als Selbständiges aufheben bzw. dessen Selbständigkeit zu seinem eigenen Moment machen. Damit hebt es eine ihm wesentlich zugehörige Bestimmung auf, d.h. mit der Aufhebung des Anderen hebt es sich selbst in dieser Bestimmtheit auf und ist sich wieder gleich bzw. identisch mit sich und selbständig. Der zweite Doppelsinn ist in Termini der Anerkennung das sich »freie Entlassen« zweier Selbstbewußtseine als gegenseitig sich anerkennend. Der zweite Doppelsinn vollendet gewissermaßen die Beziehungsstruktur reiner Anerkennung, denn Aufhebung des Andersseins heißt nun Anderssein zum wesentlichen Moment eigener Selbstbeziehung zu machen *und* den Unterschied der Selbstbewußtseine wiederherzustellen als gegenseitiges sich Entlassen. Es muß betont werden, daß die Negation, hier im zweiten Doppelsinn die Negation des Anderen zugleich dessen Selbstnegation oder dessen Vollzug der Selbstbeziehung durch das erste Selbstbewußtsein darstellt. Weil der Unterschied oder die Beziehung auf Anderes bei beiden konstitutiv für die Selbstbeziehung ist, geht es nicht um den Unterschied zwischen den Selbstbewußtseinen als äußerliches Drittes, sondern um den Anderen in der je eigenen Selbstbeziehung als Unterschied zu sich. Reine Anerkennung als das Tun zweier Individuen bedeutet also das Sich-Bestimmen durch den Anderen, so daß Andersheit als Moment der Sichselbstgleichheit nur dann gelten kann, wenn der "Gegenstand", durch den ein Selbstbewußtsein sich thematisch wird, selbst wiederum ein Selbstbewußtsein ist. Die entscheidende Besonderheit der Bewegung der Anerkennung liegt zudem in ihrer Verfaßtheit als *einer* Reflexion bzw. einer Vermittlung; nicht nur, daß die Aufhebung des Anderen zugleich Selbstnegation des Anderen ist ("weil, was geschehen soll, nur durch beide zustande kommen kann" Hegel 1983, 147), sondern jeder einzelne Schritt des Vollzugs setzt logisch den anderen voraus. Die jeweils durch den doppelten Doppelsinn sich auslegenden Momente von Identität und Unterschied setzen sich wechselseitig voraus und konstituieren sich, wie gesagt, in einer Reflexion. Jedes nachträgliche Hinzukommen könnte die *innere Vermitteltheit* des Einen durch den Anderen nicht begründen, sondern könnte nur die äußerliche Verwiesenheit postulieren.

Benjamin verwendet dagegen den Begriff der Anerkennung - das haben wir ausgeführt - überwiegend empiristisch, d.h. sie rekurriert auf subjektive Fähigkeiten, die entlang entwicklungspsychologischer Modelle der Ichbildung und der psychischen Differenzierung bestimmt werden. Sie relativiert jedoch damit die Hegelsche Konstruktion einer gesellschaftskonstitutiven Normativität auf das Modell einer psychischen Paradoxie, in der Selbstbehauptung und Anerkennung als psychische Fähigkeiten sich wechselseitig voneinander auschließen und gleichzeitig einander voraussetzen. Die Auflösung dieser Paradoxie bzw. ihre lebenspraktische Bewältigung faßt Benjamin deshalb als Gleichgewicht zwischen beiden Bestrebungen.

Aufgrund dieser unmittelbaren Umsetzung des philosophischen Gedankens in psychische Fähigkeiten versteht sie den Kampf von Herr und Knecht in Hegels Kapitel zu Herrschaft und Knechtschaft naturalistisch und verkennt damit das wesentliche Argument dieses Textes. Hegel behauptet keineswegs eine Notwendigkeit im Sinne von einem "Gesetz des Lebens" (Benjamin 1990, 34), das zur Herrschaft führt bzw. zum Zusammenbruch der Gegenseitigkeitsbeziehung, sondern weist im »Daransetzen des eigenen Lebens« ex negativo nach, daß im Kampf auf Leben und Tod Anerkennung unerreichbar bleibt. Die Negation des Anderen, so führt Hegel aus, erfüllt nicht den Begriff des Selbstbewußtseins, es erreicht keine Anerkennung und damit wird jede auf Instrumentalisierung des Anderen gehende Vergesellschaftung ihrer Unmöglichkeit überführt. Sowohl der Kampf auf Leben und Tod als auch die abstrakte Selbstbezüglichkeit des Selbstbewußtseins sind argumentative Konstruktionen, um die konstitutive Bedeutung von Anerkennungsverhältnissen nachzuweisen. Benjamin mißversteht die abstrakte Selbstbezüglichkeit des Subjekts bei Hegel und interpretiert es als ein Subjekt, das kein Bedürfnis nach dem Anderen habe und insofern gleiche dieses Subjekt dem monadischen Ich der Psychoanalyse. Es gehe um die Allmacht des Ichs und seinem gleichzeitigen Bedürfnis nach Anerkennung, das in das Paradoxon der Anerkennung münde. Benjamin stellt fest, daß "philosophische Konstruktion und Entwicklungsmodell der Psychoanalyse analog verfahren" (Benjamin 1990, 36) und sieht sich deshalb legitimiert, beides begrifflich unmittelbar auf einer Ebene zu verhandeln. Wie Hegel gehe die Psychoanalyse "vom Individuum im Zustand der Omnipotenz" (Benjamin 1990, 228, FN 50) aus, ein Grund für Benjamin, sich von beiden Modellen zu distanzieren. Sowohl Ausgangs- wie Endpunkt des Modells bei Hegel und in der Psychoanalyse werden von Benjamin aus der Perspektive eines Ideals kritisiert:

"Die ideale Lösung des Anerkennungsparadoxons wäre, wenn es als *konstante Spannung* erhalten bliebe. Eine solche Lösung ist aber bei Hegel nicht vorgesehen und wird auch von der Psychoanalyse kaum in Betracht gezogen." (Benjamin 1990, 38, Hervorhebung im Original)

Beides ist jedoch eine Verkennung der jeweiligen Argumentationsebene. Die Verknüpfung der philosophischen Termini und Kategorien mit psychoanalytischen Gehalten kann selbstverständlich nur durch sehr komplexe Vermittlungsschritte geschehen. Für die philosophisch immanente Argumentation beispielsweise macht Cramer geltend, die Bestimmungen Trieb und Begierde dürfe "man eben wegen der systematischen Aufgabe, die sie ... zu übernehmen haben, gerade *nicht* ohne nähere theoretische Verständigung über die Bedeutung des in ihnen gefaßten Objektverhältnisses die Struktur des »Praktischen« einblasen." (Cramer 1979, 225) Wir wollen dagegen, salopp formuliert, umgekehrt verfahren und psychoanalytischen Modellen bzw. sozialwissenschaftlichen Argumentationen etwas von den dargestellten philosophischen Gehalten einhauchen. Die im Verhältnis von Triebtheorie und Objektbeziehungspsychologie enthaltene Problematik des Zusammenhangs von Selbst- und Fremdbestimmung läßt sich u.E. auf der Folie der Anerkennungsbeziehung sinnvoll diskutieren. Weitergehender gesagt, läßt sich sogar zeigen, daß alle Subjekttheorie die in der Anerkennungsbeziehung verdichtete Problemstellung bearbeiten muß, will sie den Subjektbegriff ernst nehmen. Der Anerkennungsbegriff gibt somit zwar den Maßstab von Vergesellschaftung an, den er der widersprüchlichen Verfaßtheit von Subjektivi-

tät entnimmt, ohne daß mit Hegels Begriff des Geistes als der ideellen
Einheit von Anerkennungsbeziehungen bereits eine Theorie des Verhältnisses von Vergesellschaftung, Individuierung und innerer Natur entfaltet
wäre.

5. Zum Verhältnis von Gesellschafts- und Triebtheorie

Eine gesellschaftstheoretische Rezeption der Triebtheorie als Theorie
innerer Natur kann selbstverständlich nicht unmittelbar auf Freudsche
Konzepte zurückgreifen. Auf die Gefahr der Reduktion auf biologistische
Argumentationsweisen sowie die einer Implizierung nominalistisch ver-
faßter Einzelheit hat die Diskussion hinreichend hingewiesen. Aber
ebenso hat die Diskussion zum Revisionismus (vgl. Adorno 1980a, 20ff.)
und zu der vorschnellen Homologisierung von innerer und äußerer Natur,
d.h. vor einer blanken Soziologisierung der Psychoanalyse (vgl. z.B. Brede
1976) gewarnt. Eine Theorie der gesellschaftlichen Konstitution von
Subjektivität, die zugleich in der Freudschen Triebtheorie konstitutive
Momente von Subjektivität ausmacht, steht demnach vor einem beträch-
tlichen Dilemma. Ein »sowohl als auch«, eine Verhältnisbestimmung nach
dem Muster der Ergänzung, also einer additiven Bestimmung von
Subjektivität, hat das Problem, daß sie letztlich doch immer gesellschaftlich unvermittelte und damit tendenziell biologische Bestimmungen
mitschleppt und damit der theoretischen Konstruktion nach im schlechten
Sinne widersprüchlich verfaßt ist.

Adornos dialektischer Begriff von Subjektivität bezieht gesellschaftliche
Vermittlung und Triebtheorie in einer Weise aufeinander, in der einerseits das Gesellschaftliche am Triebschicksal dechiffrierbar und andererseits das kritische Potential von Subjektivität freigelegt werden kann.
Adornos Arbeit »Zum Verhältnis von Soziologie und Psychologie« folgt
der Vermittlung gesellschaftlicher Widersprüchlichkeit in die Psychodynamik des Einzelnen hinein:

"»Psychodynamik« ist die Reproduktion gesellschaftlicher Konflikte im
Individuum, aber nicht derart, daß es die aktuellen gesellschaftlichen
Spannungen bloß abbildete. Sondern es entwickelt auch, indem es als ein
von der Gesellschaft Abgedichtetes, Abgespaltenes existiert, nochmals die
Pathogenese einer gesellschaftlichen Totalität aus sich heraus, über der
selber der Fluch der Vereinzelung waltet." (Adorno, 1980, 55f.)
Keineswegs bestimmt Adorno hier die Vermittlung von Einzelnen nach
dem Muster einer gesellschaftlichen Determinierung: "so sehr die Individuen Produkte des gesellschaftlichen Ganzen sind, so sehr treten sie als
solche Produkte notwendig zum ganzen in Widerspruch." (Adorno 1980a,

49) Weil Gesellschaft nach Adorno "ihre Einheit daran hat, nicht einheitlich zu sein" (Adorno 1980a, 44), ist sie in ihrer widersprüchlichen Verfaßtheit der *Grund* der zerissenen Einheit des Einzelnen. Adornos Begriff von Gesellschaft und von Vermittlung von Gesellschaft und Individuum mangelt in der Tat, wie Benjamin ihm vorwirft, eine Theorie der Intersubjektivität; dies reflektiert allerdings den Primat gesellschaftlich abstrakter Reproduktion und deren fortgesetzten Zwang in die Psyche des Einzelnen hinein gegenüber der intersubjektiven Sphäre. Die ist kein Votum gegen eine Theorie der Intersubjektivität, vielmehr zeichnet der Begriff der Vermittlung und der von Gesellschaft die Vorgaben ab, die eine Theorie der Intersubjektivität, will sie gesellschaftstheoretisch relevant sein, erst einzuholen hätte.

Wir wollen, um unsere Argumentationslinien deutlich zu machen, zwei grundsätzliche Überlegungen im Anschluß an Adornos Verhältnisbestimmung von Soziologie und Psychologie und Hegels Begriff der Anerkennung weiter ausführen. Einmal wollen wir angeben, in welcher Weise gesellschaftliche Widersprüchlichkeit bei Adorno für die von Subjekten konstitutiv ist; ferner sollen einige Zusammenhänge erläutert werden, die für eine Verbindung von Adornos Vermittlungsbegriff und der Bewegung der Anerkennung maßgebend sind. Anschließend sollen einige Konsequenzen für das Verhältnis von Trieb- und Objektbeziehungstheorie formuliert werden.

Adornos Bestimmung des Verhältnisses von Gesellschaft und Psyche geht es um die "Kritik des antagonistischen Zustands" (Adorno 1980a, 48), um in der "Insistenz auf einem Besonderen, Abgespaltenem, dessen monadologischen Charakter" zu sprengen "und in seinem Kern des Allgemeinen gewahr" zu werden (Adorno 1980a, 51). Aus der Einsicht eines gesellschaftlichen Prozesses totaler Vereinzelung, der die Individuen dazu zwingt, in sich selbst den Antagonismus der Gesellschaft zu wiederholen, konnte Adorno dem von Gesellschaftstheorie isolierten Blick Freuds folgen und gerade dadurch gesellschaftliche Vermittlung am abgedichteten Einzelnen ausweisen. Dem Primat gesellschaftlicher Objektivität folgend, d.h. dem der materiellen Reproduktion unter kapitalistischen Vergesellschaftungsbedingungen und damit der Verwiesenheit der Konstitution von Subjektivität auf Natur und gesellschaftliche Objektivität, zeigt Adorno die innere Vermitteltheit von Einzelnen auf.

Denn die innere Vermitteltheit, das Gesellschaftliche des Individuums, erweist sich Adorno zufolge - die Hegelsche Kategorie des Widerspruchs gesellschaftstheoretisch explizierend - gerade am monadischen Charakter des Individuums. In der »individualistischen Gesellschaft« wird die Monade zum gesellschaftlichen Prinzip und die widersprüchliche Verfaßtheit

des Einzelnen macht gerade am Gesellschaftlichen des Individuums zugleich dessen Aufhebung von gesellschaftlicher Vermittlung offenbar. Dies der Gesellschaftstheorie und dem Leiden des Einzelnen verpflichtete Erkenntnisinteresse darf nicht verwechselt werden mit einer, wie Benjamin nahelegt, ins Belieben gestellten Option für eine Subjekt-Objekt Beziehung gegenüber einer "Beziehung zwischen Subjekt und Subjekt" (Benjamin, 1982, 429). Wenn also, wie Adorno sagt, »Psychodynamik die Reproduktion gesellschaftlicher Konflikte im Individuum ist«, muß sich dies anhand der psychodynamischen Kategorien demonstrieren lassen. Adorno begreift die in der Psychoanalyse gemachten begrifflichen Distinktionen Ich und Es, von "Bewußtsein und Instinkt" und von »Sozialcharakter« und psychologischem als gesellschaftlich vermittelte "Selbstentzweiung" (Adorno 1980a, 66) der Individuen. Der gesellschaftlich geforderte, aber nicht legitimierbare Triebverzicht, nötigt dem Ich die Sonderung und Abspaltung vom Es auf, ohne jedoch darum eine rein andere denn eine triebdynamische Instanz zu sein. Gerade der in der Psychoanalyse Freuds theoretisch nicht auflösbare Widerspruch des Ich, "seelisch und nichtseelisch, ein Stück Libido und der Repräsentant der Welt" (Adorno 1980a, 70) zu sein, macht den "Begriff des Ichs . . . dialektisch" (ebd.).
"Der Widerspruch resultiert aber darin, daß das Ich sowohl als Bewußtsein der Gegensatz zur Verdrängung sein soll wie als selbst unbewußtes die verdrängende Instanz." (Adorno 1980a, 70)
Diese Entzweiung nämlich verleiht dem Einzelnen deshalb seine gesellschaftlich widersprüchliche Selbstheit, weil darin Ichbildung und Triebverzicht nicht nur als sich gegenseitig bedingend und voraussetzend, sondern zugleich als sich gegenseitig negierend gedacht werden. Der Widerspruch der Gesellschaft, die als »fessellos individualistische« gleichzeitig "die Individualität selber eliminiert" (Adorno 1985, 197), wiederholt sich so im Individuum. Nicht nur ist das Ich bei Adorno "kein Unmittelbares sondern selber ein Vermitteltes, Entsprungenes, in psychoanalytischen Termini: von der diffusen Libido-Energie Abgezweigtes" (Adorno 1973, 268), vielmehr ist das Ich Kraft des gesellschaftlichen Drucks wieder Moment der Psychodynamik, selbst also ein auf regressivem Wege unbewußt gewordenes.
Am Widerspruch des Ichs zeigt sich für Adorno die innere Vermitteltheit durch den gesellschaftlichen Antagonismus. Die Konstitution des Ichs entspringt sowohl dem Realitätsbezug des Individuums, dessen Anpassung an gesellschaftliche Rationalität, wie dem Lustprinzip bzw. den Trieben. Während die Gesellschaft das Individuum zwingt, sein Ich der Libido abzuringen und die Psyche zu »strukturieren«, das Es abzuspalten,

muß das Ich zugleich sich auf regressivem Wege anpassen: "Der Differenzierung gebietet die Brutalität des Außen, die gleichmachende totale
Gesellschaft, Einhalt, und sie nutzt den primitiven Kern des Unbewußten
aus." (Adorno 1980a, 83). Adorno spricht von der "Zerstörung des Ich" als
einem "Sieg des Es über das Ich" (ebd.) nicht nur im Sinne einer Verbün-
dung von Gesellschaft und archaischen Regungen gegen das Ich. Weil das
"Ich, als entsprungenes, (. . .) ein Stück Trieb und zugleich ein anderes" ist
(Adorno 1980a, 84) und "im Guten wie im Schlechten gegenüber der
puren Unmittelbarkeit der Triebregungen sich verselbständigt hat" (ebd.),
setzt das Ich selbst mit seiner Genese schon seine Negation.
Nun gilt Adorno keineswegs die gesellschaftliche Vermittlung des Ichs als
pure Verdinglichung; »Entäußerung«, "daß wir aus uns herausgehen, zu
anderen in Beziehung treten" (Adorno 1980b, 146), ist ihm notwendige
Bedingung des Ichs. Verdinglichung offenbart sich vielmehr daran, daß
das Ich als sich vom Es wie vom Unbewußten absondernde Instanz selbst
wiederum Moment der Psychodynamik, d.h. unbewußt wird. Adorno bestimmt Vermittlung jedoch als kritische Kategorie. Das Ich als über Realitätsbezug gesellschaftlich erzeugtes ist beides: entäußertes und ver-
dinglichtes, ohne daß sich beides säuberlich trennen ließe. Weil Entäußerung "wie den Gegensatz zur Verdinglichung auch diese selber in sich"
(Adorno 1976, 126) einschließt, kann Vermittlung als kritische Kategorie
nur in der *Aufhebung der Vermittlung* bestimmt werden. Das wird für die
folgenden Überlegungen entscheidend, da Adornos Vermittlungsbegriff
den Maßstab von Anerkennungsverhältnissen und den Zusammenhang
von Trieben und Objektbeziehungen nicht in einer abstrakt affirmativ zu
setzenden Normativität vorgibt, sondern an den Begriff selbstbewußter
Subjektivität als der Möglichkeit der Aufhebung von gesellschaftlicher
Vermittlung bindet.
Adornos Begriff von Vermittlung, der wesentlich auf der Reflexionskategorie des »Widerspruchs« aus Hegels Wissenschaft der Logik
basiert, heißt ihm ein dialektisches Verfahren, das den Widerspruch der
Gesellschaft erst zur Darstellung bringt (vgl. hierzu: Reusswig, Scharping
1988, 37-65). Dieser Begriff der Vermittlung ist nun unserer These zufolge
sowohl maßgeblich für die Bestimmung der Bewegung der Anerkennung
als auch für die Bestimmung des Verhältnisses von Triebtheorie und
Objektbeziehungspsychologie. Das wechselseitige einander Implizieren in
Form der notwendigen Beziehung auf Anderes in der je eigenen
Selbstbeziehung und -konstitution ist eines der zentralen Momente des
Begriffs der Vermittlung.
"Versteht man unter »Vermittlung« ganz allgemein »Bezogensein auf
Anderes«, dann ist dieser Vermittlungsbegriff durch die spezifische Weise

zu kennzeichnen, worin die darin gelegenen Momente einerseits aufeinander, andererseits auf sich selbst bezogen sind: Eines ist dadurch das, was es ist, weil und indem es sich auf sein Anderes bezieht, d.h. beide implizieren einander in ihrer Selbständigkeit, keines kann ohne das andere gedacht oder ihm als unmittelbar seiend vorausgesetzt werden." (Reusswig, Scharping 1988, 40)

Die Explikation von Selbstbeziehung und Bezogenheit auf Anderes, in Termini der Hegelschen Logik, von Identität und Unterschied, mündet in den Reflexionsbestimmungen des Gegensatzes und des Widerspruchs als den immanenten Weisen der Selbstbeziehung. Wir haben oben schon gesehen, daß diese Explikation in der Logik der Anerkennung enthalten ist: Das Selbstbewußtsein vermag nur durch die Beziehung auf Anderes *in* seiner Selbstbeziehung Selbstbeziehung zu sein. Auch wenn man die Logik der Anerkennung nicht ausschließlich mit der Reflexionskategorie "Widerspruch" auszulegen vermag, so läßt sich doch das Verhältnis von Selbstbeziehung und Beziehung auf Andere der beiden Selbstbewußtseine in seinen wesentlichen Zügen nicht ohne sie verstehen. Zeigt doch die Vermittlung der beiden Selbstbewußtseine, daß jedes Selbstbewußtsein auf die Selbstbeziehung des anderen konstitutiv verwiesen ist, gleichzeitig aber das andere Selbstbewußtsein negieren muß. Der Begriff der Anerkennung geht allerdings insofern über den Vermittlungsbegriff - als Widerspruch im Sinne der Reflexionslogik - hinaus, weil es ihm um die Vermittlung einer selbst-bewußten Subjektivität geht. Was nun die Bewegung der Anerkennung, die Beziehungsstruktur des »doppelten Doppelsinns« mit dem Zusammenhang von Trieb- und Objektbeziehungstheorie verbindet, ist die Verweisungs- und Implikationsstruktur bzw. die Gegensatz- und Widerspruchsbeziehung der jeweiligen Pole. Triebe, Triebdynamik und die Assoziation von Imagines mit Affekten sind Momente, Teilstrukturen des Selbst (im bewußtseinstheoretischen Sinne), die nicht ohne Bezugnahme auf Objekterfahrungen bestimmbar sind: "Triebe, oder sagen wir besser, die Partialtriebe, ihre Schicksale und Fixierungen (sind) Reflexe von Objektbeziehungen" (Loch 1966, 885). Das Verhältnis von Trieben und Objektbeziehungen ist also ebenso im Sinne der Vermittlung zu denken als wechselseitig auseinander hervorgehende Bestimmungen, die jeweils nicht unabhängig voneinander qualfiziert werden können. Das erlaubt es jedoch keineswegs, Individuation oder die Selbstbeziehung des Subjekts rein aus den Regulationsmechanismen von Objektbeziehungen (oder rein aus der Dynamik der Triebe) abzuleiten, wie Benjamin und Chodorow es scheinbar anstreben. Sowenig Subjektivität ohne Beziehung auf Anderes zu denken ist, sowenig läßt sie sich rein aus ihr bestimmen. Die Beziehung auf Anderes als Moment der

Selbstbeziehung bleibt ein Moment des *Sich*-Bestimmens. Für die psychologische Sphäre gilt dies noch im neurotischen Trauma:

"Sie (die Revisionisten, die Verf.) behaupten einen direkten Zusammenhang von Triebleben und gesellschaftlicher Erfahrung. Diese vollzieht sich aber topologisch nur auf jener Außenschicht des Ichs, der Freud zufolge die Realitätsprüfung obliegt. Im inneren der Triebdynamik jedoch wird die Realität in die Sprache des Es »übersetzt«. So viel ist wahr an Freuds Ansicht von der Archaik, wo nicht gar »Zeitlosigkeit« des Unbewußten, daß konkrete gesellschaftliche Verhältnisse und Motivationen nicht unverwandelt, nur »reduziert« in jenes Bereich eingehen. Die Ungleichzeitigkeit von Unbewußtem und Bewußtem ist selbst ein Stigma der widerspruchsvollen gesellschaftlichen Entwicklung." (Adorno 1980a, 60f.)

"Die spezifischen Differenzen des einzelnen sind ebenso Male des gesellschaftlichen Drucks wie Chiffren menschlicher Freiheit." (Adorno 1980a, 50)

Wenngleich es Adorno hier um die gewaltsame Vermittlung von Gesellschaft und der Psyche des Einzelnen geht, so zeigt doch noch die Neurose, daß Vergesellschaftung sich nicht unterhalb des Sich-Bestimmens von Individuen vollzieht. Denn in und als »Sprache des Es« formiert sich auch die Widerständigkeit gegen eine repressive Vergesellschaftung.

Ist also einerseits der Gedanke der Vermittlung dem Begriff der Anerkennung und dem Verhältnis von Trieben und Objektbeziehungen sowie dem abstrakteren von Gesellschaft und selbstbewußter Individuen insofern wesentlich, als darin die wechselseitige Konstitution strukturiert wird als die Bestimmung der Identität eines Pols durch die notwendige Bezugnahme auf den Unterschied zum anderen *in sich selbst*, so ist Vermittlung noch in einer weiteren Bestimmung zentral, nämlich als der *Widerspruch* zum jeweils anderen in sich selbst.

In Hegels Begriff der asymmetrischen Anerkennung und dem des abstrakten Fürsichseins des Selbstbewußtseins, das auf die Vernichtung des Anderes geht, wird die Logik der Beziehung einer Herrschaft, die konstitutiv auf die Unterwerfung des Beherrschten bezogen ist - ein Gedanke, auf den sich Benjamin in der Bestimmung von Herrschaft zentral stützt - dargelegt. Hegel formuliert damit die Kritik an der scheinbaren Unmittelbarkeit des abstrakten Selbstbewußtseins und weist dessen Vermittlung im Sinne der Anerkennung aus. Der Widerspruch des abstrakten Selbstbewußtseins, wie wir ihn anhand von Cramers Überlegungen oben skizzierten, war der Maßstab der Kritik an der Unmittelbarkeit. Hegels Begriff der Anerkennung entnimmt damit den Maßstab von Kritik der widersprüchlichen Verfaßtheit des Gegenstandes. In der Kritik an der Unmittelbarkeit als dem Ausweis von dessen Vermittlung folgt Adorno Hegels Philosophie. Nicht in einer vorweg und abstrakt postulierten Norm, sondern darin, daß Anerkennung negierende Stukturen zu ihrem Bestand noch Anerkennung in Anspruch nehmen müssen, ist die konstitutive Bedeutung von Anerkennung und damit der Maßstab von Vergesellschaftung gegeben. Um einem Mißverständnis vorzubeugen: wir verbinden mit der Triebtheorie keineswegs eine unmittelbare Konnotation von Selbstbestimmung, so als stünden Triebe für Selbst- und Objektbeziehungen für Fremdbestimmung, wie dies allerdings bei Chodorow und Benjamin nahegelegt wird. Weil sich von Trieben nichts sagen läßt, ohne auf Objekterfahrungen konstitutiv bezug zu nehmen und weil es keine Objektbeziehungen ohne erotische, aggressive und narziβtische Besetzungen gibt, weil beide nie choris vorkommen, sind Triebe und Objektbeziehungen im Sinne des Vermittlungsbegriffs von Hegel zu begreifen. Und weil Objektbeziehungen Momente von Vergesellschaftung sind, damit aber der gesellschaftliche Widerspruch maßgeblich für den inneren von Subjekten wird, ist dieser Widerspruch im Sinne Adornos der Bezugspunkt von Gesellschaftskritik.

Die Vermittlung von Trieben und Objektbeziehungen ist - wie gesagt - bei Adorno an den Begriff selbstbewußter Subjektivität gebunden. Adorno macht die Aufhebung von Entfremdung abhängig von der "Fähigkeit der Reflexion" (Adorno 1973, 339); erst in der Reflexion auf die Vermitteltheit von Subjektivität wird ein Zustand denkbar, in dem "der Trieb nicht länger zerstörend sich äußern müßte." (Adorno 1973, 281) Selbstbestimmung ist demnach für Adorno auf die Reflexion der inneren Natur des Subjekts verwiesen, ohne allerdings damit das Naturhafte in Subjektivität aufzuheben: "Keine Empfindung ohne somatisches Moment ... Eine jegliche ist in sich auch Körpergefühl" (Adorno 1973, 193f.). Adorno zufolge ist die Empfindung "ein Stück Natur, das nicht auf Subjektivität sich reduzieren läßt." (Adorno 1981, 160) Selbstbewußte und selbstbestimmte Subjektivität setzt bei Adorno demnach immer die Reflexion auf die innere Natur voraus, ohne sie schlicht in Reflexion aufgehen zu lassen. Die Reflexion auf innere Natur ist zugleich immanente Gesellschaftskritik und als solche kritisiert sie auch die Utopien, die gesellschaftliche Widersprüche in Gleichgewichtsmodellen aufheben wollen. Benjamins Modell von Selbstbehauptung und Anerkennung ähnelt dem, das Adorno an vielen Stellen kritisiert:

"Das Ziel der »gut integrierten Persönlichkeit« ist verwerflich, weil es dem Individuum jene Balance der Kräfte zumutet, die in der bestehenden Gesellschaft nicht besteht und auch gar nicht

bestehen sollte, weil jene Kräfte nicht gleichen Rechtes sind. ... Seine Integration wäre die falsche Versöhnung mit der unversöhnten Welt, und sie
liefe vermutlich auf die »Identifikation mit dem Angreifer« hinaus, die
bloße Charaktermaske der Unterwerfung." (Adorno 1980a, 65f.)
Auch Chodorow scheint in der völligen Ablehnung der Triebtheorie un-
gewollt der Idee einer Harmonisierung des Widerspruchs von innerer
Natur und Gesellschaft zu folgen. Dies wird an der Kritik des Triebbegriffs, die diesen nicht länger als Konfliktbegriff bestimmen kann, deutlich
(vgl. Othmer-Vetter 1989, 104). Sicherlich läßt sich mit Adornos
Vermittlungsbegriff »nur« der methodologische Rahmen formulieren,
innerhalb dessen der kategoriale Zusammenhang von Selbstbewußtsein,
Triebpsychologie und Objektbeziehungstheorie konstelliert ist. Damit sind
allerdings die Grundvoraussetzungen einer Verhältnisbestimmung von
Triebtheorie und Objektbeziehungstheorie angegeben. Auch eine Theorie
der Intersubjektivität muß sich der Problematik des Aufeinanderverwie-
senseins von Psyche und Körperlichkeit stellen, an deren widersprüchli-
cher Verfaßtheit Adornos Gesellschaftskritik ja gerade ihren Ausgang
nimmt.

Literatur

Adorno, Th. W. (1973): Negative Dialektik, Frankfurt

Adorno, Th. W. (1976): Aldous Huxley und die Utopie, in: Prismen. Kulturkritik und Gesellschaft, Frankfurt

Adorno, Th. W. (1980a): Die revidierte Psychoanalyse, in: Schriften Band 8, Frankfurt

Adorno, Th. W. (1980b): Wissenschaftliche Erfahrung in Amerika, in: Stichworte, Frankfurt

Adorno, Th. W. (1981): Zur Metakritik der Erkenntnistheorie, Frankfurt

Adorno, Th. W. (1985): Minima Moralia, Frankfurt

Balint, M. (1987): Regression, München

Balint, M. (1988): Die Urformen der Liebe, München

Benjamin, J. (1982): Die Antinomien des patriarchalischen Denkens. Kritische Theorie und Psychoanalyse, in: Bonß, W., Honneth, A., Sozialforschung als Kritik, Frankfurt

Benjamin, J. (1990): Die Fesseln der Liebe. Psychoanalyse, Feminismus und das Problem der Macht, Basel/Frankfurt

Brede,K.(1976): Interaktion und Trieb, in: Menne, K., Looser, M., Osterland, A., Brede, K., Moersch, E.: Sprache, Handlung und Unbewußtes, Kronberg

Chodorow, N. (1986): Das Erbe der Mütter. Psychoanalyse und Soziologie der Geschlechter, München

Cramer, K. (1979): Bewußtsein und Selbstbewußtsein. Vorschläge zur Rekonstruktion der systematischen Bedeutung einer Behauptung Hegels in § 424 der Berliner Enzyklopädie der philosophischen Wissenschaften, in: Hegel-Studien, Beiheft 19: Hegels Philosophische Psychologie, Bonn

Freud, S. (1972): Abriß der Psychoanalyse. Das Unbehagen in der Kultur, Frankfurt

Görlich, B., Lorenzer, A., Schmidt, A. (1980): Der Stachel Freud, Frankfurt

Hegel, G.W.F. (1983), Phänomenologie des Geistes, Frankfurt

Hegel (1987): Jenaer Systementwürfe III. Naturphilosophie und Philosophie des Geistes, Hamburg

Honneth, A. (1990): Integrität und Mißachtung. Grundmotive einer Moral der Anerkennung, in: Merkur 501

Keller, E. F. (1986): Liebe, Macht und Erkenntnis. Männliche oder weibliche Wissenschaft ? München/Wien

Keller, E. F. (1989): Feminismus und Wissenschaft, in: List, E., Studer, H., Denkverhältnisse. Feminismus und Kritik, Frankfurt

Loch, W. (1966): Studien zur Dynamik, Genese und Therapie der frühen Objektbeziehungen, in Psyche 12/1966

Othmer-Vetter, R. (1989): "Muttern" und das Erbe der Väter, in: Feministische Studien, 2/89

Reußwig, F., Scharping, M., (1988): Hegelsche Argumentationsfiguren in der Soziologie Adornos, in: Ritsert, J., Das Bellen des toten Hundes. Über Hegelsche Argumentationsfiguren im sozialwissenschaftlichen Kontext, Frankfurt

Ritsert, J. (1975): Die Dialektik der Anerkennung in Hegels »Herr und Knecht« - Grundzüge eines kritischen Paradigmas, in: Wissenschaftsanalyse als Ideologiekritik, Frankfurt

Ritsert, J. (1981): Anerkennung, Selbst und Gesellschaft. Zur gesellschaftlichen Konstitution von Subjektivität in Hegels "Jenaer Realphilosophie", in: Soziale Welt, S. 275-312

Ritsert, Jürgen (1988):Das Bellen des toten Hundes. Über Hegelsche Argumentationsfiguren im sozialwissenschaftlichen Kontext, Frankfurt

Siep, Ludwig (1979): Anerkennung als Prinzip der praktischen Philosophie, München

Trescher, H.-G. (1979): Sozialisation und beschädigte Subjektivität, Frankfurt

Regine Mattheis
Ästhetische Bildung und Selbstwerdung

"Ästhetische Bildung" provoziert allerorten, von der wissenschaftlichen Theoriebildung bis zur pädagogischen Praxis, Assoziationen von Realitätsferne und Irrelevanz für das alltägliche und politische Leben. Sie wird beargwöhnt als ein "Tanz im Wind", der leicht vom Boden abhebt. Im Kompositum von Ästhetik und Bildung dominiert der Vorstellungsgehalt einer auf Kunst hin orientierten Bildung für die Welt des "schönen Scheins". Es läßt sich sagen: die aktuelle, werkzentrierte Ästhetik wirft ihren Schatten auf einen mittlerweile außer ihr liegenden Bereich, nämlich den der individuellen Bildungsprozesse vermöge "ästhetischen Verhaltens". Ein kunsttheoretisches Mißverständnis der ästhetischen Bildung hat sich etabliert. Dieses Mißverständnis besteht darin, daß die Werkzentrierung der professionalisierten und spezialisierten Kunstsphäre mit Ästhetik und ästhetischem Verhalten überhaupt gleichgesetzt wird. Kaum einen Menschen verwundert es, daß ästhetisches Verhalten - die Leitkategorie der ästhetischen Bildung - als Handlungsweise nur noch im Umkreis eines Kunstwerks vermutet wird, genauer: im Künstler, der das Werk hervorbringt, und allenfalls noch in dessen Rezipienten als Kunstgenuß, "ästhetische Erfahrung" etc.

Mit dieser Annexion ans professionalisierte Kunstwerk verschwindet jedoch vollends jene allgemeine subjekttheoretische Dimension des ästhetischen Verhaltens, wie sie ursprünglich in der deutschen Klassik begründet wurde und der Konzeption ästhetischer Bildung zugrundelag. Das ästhetische Verhalten war konstitutives Moment jeglicher Bildungs- und Selbstwerdungsprozesse. Hegel und Schiller zufolge galt es nicht nur als eine grundlegende menschliche Verhaltensweise neben dem "theoretischen" und "praktischen" Verhalten und repräsentierte damit einen integralen Bestandteil von Subjektivität überhaupt. Sein Spezifikum bestand gerade im Potential der "Aufhebung" dieser beiden je "einseitigen", weil zweckorientierten Verhaltensweisen in eine Dimension "freien" menschlichen Handelns. Solches "freie" Handeln aber ist nicht nur in der Kunst, sondern etwa auch im Spiel und in anderen spontan-freien Handlungszusammenhängen zu finden. Hegels "liberale Art" eines herrschaftsfreien Umgangs mit Objekten, Menschen und Ereignissen, das "Bestehenlassen" der Gegenstände und Situationen, charakterisiert zentral dieses ästhetisch-freie Subjekt-Objekt-Verhältnis. In der ästhetisch-freien

Erfahrung liegt nämlich nicht nur ein vom herrschaftlich-zweckrationalen Subjekt-Objekt-Verhältnis differenter *Weltbezug*, sondern, damit ineins, ein qualitativ anderer *Selbstbezug* freier Subjektkonstitution: das klassische Telos der ästhetischen Bildung - wie utopisch auch immer dies aus der Retrospektive der "Dialektik der Aufklärung" gefaßt sein mochte. Im folgenden werde ich diese am ästhetischen Verhalten orientierte subjekttheoretische Interpretation der ästhetischen Bildung, die, um es zu betonen, auf die Förderung von Selbstwerdungsprozessen abzielt, im Bezug zur aktuellen Diskussion darstellen. Ich bewege mich dabei im Rahmen aktueller Bildungstheorie, die das Subjekt in dialektischer Einheit von Selbst und gesellschaftlicher Form reflektiert, sowie neueren sozialwissenschaftlichen Ansätzen, die insbesondere Adornos "Ästhetische Theorie" auf ihren gesellschaftstheoretischen Gehalt untersuchen (Vogel, in diesem Band; Ritsert o.J.). Insofern wird ein Bruch mit gewohnten Vorstellungen über ästhetische Bildung vollzogen.[1] In der subjekttheoretischen Tradition soll mit Hegel, Schiller, Benjamin, Horkheimer und Adorno die sinnlich-vernünftige Doppelnatur des Menschen im Kontext gesellschaftlicher Erfahrungen zentral thematisiert werden. Perspektivierend ist dabei der Prozeß der Vermittlung von Sinnlichkeit und Vernunft. In dieser Absicht erörtere ich erstens subjekttheoretisch-ästhetische Positionen der deutsch-idealistischen Klassik am Beispiel von Hegel und Schiller. Dies nicht um unverbindliche Problemgeschichte zu betreiben, sondern weil und soweit diese klassischen Positionen im Kontext der älteren kritischen Theorie wieder aktuell geworden sind. Daran schließt sich notwendigerweise eine Erinnerung an die "Brüche" der Moderne an, die mit der realgeschichtlichen Entwicklung im 19.Jahrhundert die klassischen Positionen verdrängten. Zweitens versuche ich eine Klärung dessen vorzunehmen, was an der Dialektik von Mimesis und Ratio, wie sie in der kritischen Theorie entwickelt wurde, für ein subjekttheoretisches Ver-

---

1. Die Reflexion bewegt sich nicht im ‚kunsttheoretischen Bezugsfeld "ästhetischer Erfahrung" (Bubner 1989; Jauß 1990), gleichwohl hat die Kategorie der Erfahrung eine zentrale Bedeutung; ebensowenig wird in Tradition der Kantschen "Kritik der Urteilskraft" argumentiert, die gegenwärtig besonders unter dem Aspekt einer Ästhetik des Erhabenen (Pries 1990) diskutiert wird. Auf Baumgartens Ästhetik als "Wissenschaft von der sinnlichen Erkenntnis" sowie die"Aisthesis"-Diskussion kann hier nicht eingegangen werden, obwohl gewisse Berührungsbereiche interessant sind; die neueren pädagogischen Reflexionen des Ästhetischen, die auch konstruktive Ansätze im Sinne meiner grundlagentheoretischen Überlegungen enthalten (z. B. Selle 1990, Schneider 1988) müssen aufgrund der nötigen Detailliertheit gesondert abgehandelt werden,

ständnis ästhetischen Verhaltens und ästhetischer Bildung zum Vorschein kommen kann. Drittens wird schließlich der Zusammenhang von ästhetischem Verhalten und individueller Selbstwerdung als ein Kerngehalt dessen zu formulieren versucht, was ästhetische Bildung in einem allgemeinen Sinne heißen kann.

1. Ästhetik als Subjekttheorie - klassische Ursprünge und moderne Brüche

Die subjekttheoretische Konzeption der ästhetischen Bildung war ursprünglich ein Ausdruck der bürgerlichen Emanzipationsbewegung, die erstmals jedes Individuum als potentielles Subjekt in politischer Freiheit begriff. Diese Konzeption stellt einen dialektischen Entwurf in der Auseinandersetzung mit der Doppelnatur des Menschen dar. Sie suchte nicht nur die innere Natur des Menschen in ihrer Gegensätzlichkeit ("Empfinden" und "Denken") zu vermitteln, sondern zugleich das Verhältnis von Individuum und Gesellschaft zur "Versöhnung" zu bringen - eine Grundvoraussetzung menschlicher und politischer Freiheit. Hegels Bestimmung der "Vorstellung Mensch", die nicht zufällig auch in der Einleitung zu den Vorlesungen über Ästhetik zu finden ist, umfaßt die Gegensätze von Sinnlichkeit und Vernunft sowie Körper und Geist, die der Mensch dem Begriff nach in "vermittelter Einheit" in sich hat. D.h. sie existieren nicht als einander gleichgültige Bestandteile und müssen fortwährend "tätig" in ihrer Gegensätzlichkeit aufgehoben werden und sich über das Subjektive hinaus im Objektiven realisieren. Am unmittelbarsten zeigt sich dies in der prozeßhaften Entstehung und Befriedigung körperlicher Bedürfnisse, in der Erfahrung des Mangels und in dessen Aufhebung. Im "reinen Denken", im theoretischen Verhalten allein also, kann der "Mensch nicht aushalten", so wenig er aus rein praktischem Verhalten bestehen kann. Für Hegel bedarf er auch des "sinnlichen Daseins, des Gefühls, Herzens, Gemüts usf."(Hegel 1985,105). Diese Bestimmung, die ich ebensowenig vertiefen kann, wie die folgenden Ausführungen zum theoretischen und praktischen Verhalten, zielt im Zusammenhang der Doppelnatur des Menschen bereits über die einseitig theoretischen und praktischen Verhaltensweisen hinaus, denn beide sind durch ihre spezifischen Objektbeziehungen "endlich" und "unfrei". Die Abstraktheit dieser Idee realisiert sich für Hegel nur in der Betrachtung der Gegenstände als schöne. Wie hier aber alle vereinseitigenden Trennungen von Zweck und Mittel, Sinnlichkeit und Vernunft sowie von Subjekt und Objekt aufgehoben werden, ist ein über die Betrachtung des

Schönen hinausgehender, allgemein-subjekttheoretischer Prozeß, der hier ausschließlich interessiert. Denn nicht nur in der Kunst als dem "sinnlichen Scheinen" der Idee wird die Trennung von Ich und Gegenstand als Beschränkung überwunden. Das Selbst kann, wie Schiller argumentiert, auch in anderen Lebenszusammenhängen dem Gegenstand, indem es diesen frei bestehen läßt, seinerseits frei gegenübertreten. Dieses Gegenübertreten ist "liberaler Art, ein Gewährenlassen der Gegenstände als in sich freier und unendlicher, kein Besitzenwollen und Benutzen derselben als nützlich zu endlichen Bedürfnissen und Absichten,..." (Hegel 1985,120). Ohne von Hegel als solche benannt zu sein - er spricht hier von "Verhältnissen", da es ihm primär um die begriffliche Entwicklung von "Subjektivität" in ihrer Allgemeinheit geht - kann diese Beziehung zwischen Subjekt und Objekt aufgrund der freien Gegenstandserfahrung im Unterschied zum theoretischen und praktischen Verhalten als ästhetisches Verhalten gefaßt werden, wie es später Adorno auch benannte.

Analog zu Hegels subjekttheoretischer Deutung des Ästhetischen hatte Schiller bereits in seinen Briefen "Über die ästhetische Erziehung des Menschen" (Schiller 1979) angesichts des Scheiterns der Französischen Revolution, die These aufgestellt, daß politische Freiheit nur vermittels Schönheit möglich werde, "weil es die Schönheit ist, durch welche man zur Freiheit wandert" (2.Brief). Im Unterschied zu Hegel, der das Problem der Subjektivität in seinen allgemeinen Entwicklungsbedingungen bestimmt, wendet sich Schiller ganz konkret dem lebendigen Subjekt und seiner ästhetischen Erziehung zu. Er entwickelt gleichsam ein "trieb"-theoretisches Konzept der Gegensätze und Vermittlung von Sinnlichkeit und Vernunft (was man freilich nach Freud so nicht mehr benennen kann). Gleichwohl bleibt Schillers eher dichotomisch polarisierender Gegensatz von Sinnlichkeit und Vernunft eine aktuelle Problemstellung, die durch dialektische Fassungen seit der älteren kritischen Theorie erneut aufgegriffen wurde.Wichtig erscheint mir Schillers Modell noch immer deshalb, weil es für eine Fortführung der Problematik von ästhetischem Verhalten über Hegel hinaus eine konkrete Vermittlungssphäre der Gegensätze konzipiert hat: den "Spieltrieb".

Schiller geht von dem Kernsatz aus, daß jeder "empirische Mensch" der "Anlage und Bestimmung" nach einen "reinen idealischen Menschen" in sich trage (4.Brief). Dieser werde repräsentiert durch den Staat, die objektive Form, in der sich die Mannigfaltigkeit der Subjekte zusammenfassen soll. Nun ließen sich zwei Möglichkeiten denken, wie der empirische Mensch mit dem idealischen Menschen "zusammentreffen", bzw.

wie der Staat sich in den Individuen "behaupten" könnte: einmal, indem der idealische Mensch als reines Vernunftwesen den empirischen unterdrücke und der Staat das Individuum in seiner Besonderheit aufhebe - eine autoritäre Lösung der Vermittlung von Individuum und Gesellschaft, die Schiller in kritischer Distanz zur Aufklärung und Französischen Revolution gerade überwinden wollte. Seine Intention zielte vielmehr auf die andere Möglichkeit, gegen die Verstandesbetrachtung von Wollen und Denken die Naturseite des Menschen geltend zu machen, ohne jedoch diese eine Seite der Doppelnatur des Menschen ihrerseits zu verabsolutieren. Seine Idee war, die Einheit von Allgemeinem und Einzelnem, Geistigkeit und Natürlichkeit in der freien Besonderheit der Schönheit zu ermöglichen: der empirische Mensch sollte sich zu einem vernünftigen "veredeln". Die getrennte und einander entgegengesetzte Ausbildung der menschlichen Kräfte, wie sie notwendigerweise im Zivilisationsprozeß zur Entwicklung der mannigfaltigen Anlagen entstanden war - in diesem "Antagonismus der Kräfte" sah Schiller fortschrittsgläubig das "große Instrument" der kulturellen Entwicklung (6.Brief) - schien ihm damit in dieser historischen Epoche aufhebbar. Wie aber sollte die Überwindung der Entgegensetzung von Sinnlichkeit und Vernunft, Körper und Geist möglich sein ?

Nach Schiller wirken im Menschen zwei "Fundamentalgesetze der sinnlich-vernünftigen Natur", die zwei "entgegengesetzte Anforderungen" an den Menschen zugleich richten und sich in zwei "Grundtrieben" präsentieren (11.Brief): zum einen in dem "sinnlichen" oder "Stofftrieb", der sich auf das Leben in seiner Naturhaftigkeit und Endlichkeit, sein "physisches Dasein", bezieht und alle körperlich-sinnlichen Prozesse wie Bedürfnisse, Empfindungen, Begierden, Leidenschaften etc. umfaßt. Der andere Grundtrieb ist der "Formtrieb", der, auf die "Gestalt" gerichtet, das Vernünftig-Allgemeine, das Denken umfaßt. Er geht aus von dem "absoluten Dasein" oder der "vernünftigen Natur" und ist bestrebt, den Menschen in Freiheit zu setzen (12.Brief). Diesen zwei Fundamentalgesetzen der sinnlich-vernünftigen Natur zufolge ist der Mensch also "weder ausschließend Materie, noch ist er ausschließend Geist" (15.Brief). Denn ebenso wie der Formtrieb, der "höher strebende Geist" zur Reproduktion des Lebens in die Sinnenwelt eingebunden ist, bedarf der sinnliche Trieb immer des Formtriebs, d.h. der Vernunft, um Gestalt als ein Besonderes anzunehmen. "Seine Vollkommenheit" liegt in der "übereinstimmenden Energie seiner sinnlichen und geistigen Kräfte" (17.Brief). Dieser Totalität kann der Mensch aber erst dann entsprechen, wenn er die Einseitigkeit der Kräfte und ihre Entgegensetzung

aufgehoben hat, eine Aufgabe, die nach Schiller nur der "Spietrieb" erfüllen kann. Denn: "... der Mensch spielt nur, wo er in voller Bedeutung
des Wortes Mensch ist und er ist nur da ganz Mensch, wo er spielt"
(15.Brief). Der Spieltrieb entfaltet also die Doppelnatur des Menschen,
indem er über die Einseitigkeit der beiden Grundtriebe hinaus auf die
"lebende Gestalt" in ihrer ästhetischen Beschaffenheit, nicht nur in der
Schönheit, gerichtet ist.

Leicht erkennbar kristallisieren sich hier Gemeinsamkeiten mit den oben
erörterten Hegelschen Verhaltensweisen: der "Stofftrieb" bewirkt das ans
Leben gebundene "praktische" Verhalten, der "Formtrieb" das ans formal-
begriffliche Erkennen gebundene "theoretische". Erst der "Spieltrieb"
kann in seiner Zweckfreiheit beide, und jetzt kann ich sagen: als ästhetisches Verhalten, aufheben. Damit wird die Entgegensetzung der beiden
Triebe - Schiller spricht auch von der "Zerstückelung" des Menschen unter dem "großen Idol" des Nutzens - aufgehoben. Mit diesem Entwurf hat
Schiller nicht nur die subjekttheoretische Bedeutung des ästhetischen
Verhaltens für die Vermittlung von Allgemeinem und Einzelnem analog
zu Hegel erfaßt. Er hat darüber hinaus diese Idee als ästhetische Bildung
ins "wirkliche Leben" (Hegel 1985, 70) transformiert: als tätige Aufhebung
des Gegensatzes nämlich von Sinnlichkeit und Vernunft durch das konkret handelnde Subjekt in der Verwirklichung seines "Spieltriebs", d.h.
vermittels ästhetischen Verhaltens. Dieses aktiv-tätige Moment ist dabei
von besonderer Wichtigkeit, denn es begründet die Bedeutung des ästhetischen Verhaltens als Leitkategorie der ästhetischen Bildung jenseits der
ins Passivische gerückten "ästhetischen Erfahrung" im kunsttheoretischen
Zusammenhang. Es konkretisiert den selbsttätig-aktiven Prozeß der Bildung des Subjekts als seiner selbst durch sich selbst. Erst so läßt sich
Schillers Satz unter der notwendigen Korrektur des Erziehungsgedankens
voll verstehen: "... es gibt keinen anderen Weg, den sinnlichen Menschen
vernünftig zu machen, als daß man denselben zuvor ästhetisch macht"
(23.Brief). Wie dieser Satz heute unter Vermeidung der erzieherischen
Objektivierung des Subjekts gelesen werden muß und was, angesichts der
Dialektik von Mimesis und Ratio, unter der Figur des Spieltriebs zu
verstehen ist, wird später genauer ausgeführt.

Diese skizzenhafte Darstellung von Hegel und Schiller diente der
Vergegenwärtigung des ästhetischen Verhaltens im subjekttheoretischen
Sinne von Bildungstheorie. Sie repräsentiert nur einen kleinen Ausschnitt
aus den subjekttheoretischen Konvergenzen der deutschen Bildungsklas-
sik, die in Humboldts "universeller Menschenbildung" ihren stärksten
Ausdruck fand. Freilich kann man diese klassische Konzeption in ihrer

subjekttheoretischen Bedeutung nicht unmittelbar auf die aktuelle Problematik ästhetischer Bildung beziehen, wie ich anhand von Adornos Bestimmungen zeigen werde. Was sich seit den klassischen Ursprüngen gewandelt hat, muß dabei ebenso reflektiert werden wie die ursprünglichen Konzeptionen selber: der Bruch des bürgerlichen Fortschrittsglaubens im 19.Jahrhundert, der den eigentlichen Anbruch der kulturellen Moderne ausmacht. Aus diesem vielschichtigen Prozeß sollen einige wesentliche Phänomene, die für die weitere Erörterung wichtig sind, in Kürze skizziert werden.

Der fundamentale Glauben an mögliche Fortschritte durch die heraufkommende bürgerliche Gesellschaft, deren allgemeine Vernunftideen sich in bürgerlicher Demokratie, freiem Markt und autonomer Kultur entfalten sollten, wurde sehr bald gebrochen. Er war immer weniger zu vereinbaren mit dem Umstrukturierungsprozeß zur kapitalistisch-industriellen Gesellschaft vermittels eines immer ausschließlicher utilitaristisch verfaßten Theorie-Praxis-Verständnisses. Nur noch als ideologischer Schein lebten jene Fortschrittshoffnungen einschließlich umfassender Bildungsideen (Vogel 1983,158f) im Schlepptau des "okzidentalen Rationalisierungsprozesses" (Weber) fort. Spezialisierung und Arbeitsteilung bestimmten nicht nur objektiv immer stärker alle gesellschaftlichen Bereiche, sondern reproduzierten sich vor allem in den Individuen als partikulare Formen "arbeitsteiliger Subjektivität" (Vogel 1983). Auf verschiedenen Ebenen zeichnete sich der von Max Weber beschriebene Übergang vom "Kulturmenschentum" zum "Fachmenschentum" ab.

Die pädagogische Wirklichkeit wurde durch die Bedingungen einer flächendeckenden schulischen Institutionalisierung nach Maßgabe intellektualistischer Theorie-Praxis-Konzeptionen bestimmt. Der neuhumanistische Bildungsgedanke verflüchtigte sich dabei zur unverbindlichen Ideologie gegenüber einer vorherrschenden "Realbildung", die abstrakt einseitige Arbeitsteilungen zwischen theoretischer und praktischer Ausrichtung organisierte. Damit zerfiel der ursprünglich subjekttheoretische Zusammenhang von Bildung und Erziehung, und im Zuge dieses Zerfalls schwand auch das Bewußtsein von der allgemeinen Bedeutung des ästhetischen Verhaltens als integralem Bestandteil der Subjektivität. Es wurde als Unterrichtsfach "Kunsterziehung" schematisch in der Realbildung "ver-ortet" und immer ausschließlicher als kunsttheoretische Vorbereitungsinstanz den sich spezialisierenden, professionalisierten Sphären einer autonomisierten Kunst nachgeordnet. Ein Vorgang, der seit Dada in wiederholten Versuchen einer

"Rückverbindung" von Kunst und Leben seine Spuren hinterläßt (Schmid 1991), der zugleich aber keineswegs ästhetisches Verhalten in spielerisch allgemeinen Formen aus dem Alltag vertreiben konnte. Der schärfste Bruch mit traditionellen Erfahrungen und Vorstellungen vollzog sich im vergesellschafteten Produktionsprozeß als Disziplinierung zum industriellen Arbeiten. Unter der These der "Verdinglichung" initiierte Lukács eine Reflexion der fortschreitenden Unterordnung von Menschen unter rationalisierte Arbeitszusammenhänge (Lukács 1979, 170ff). Damit ist nicht nur die Objektivierung des Menschen im Produktionsprozeß als äußeres Verhältnis gemeint, sondern auch der Aufbau verdinglicht-verdinglichender Strukturen im Menschen selbst (Adorno 1981, Aph.147). Eine Erscheinung, die unter dem Titel von Entfremdung und Selbstentfremdung eine außerordentlich komplexe Debatte bis in die Gegenwart hervorgerufen hat. Diese Entfremdung, die sich nicht von einem anthropologischen "Wesen" her bestimmt, vielmehr als eine historische Entfernung vom menschlichen Potential der sinnlich-vernünftigen Doppelnatur zu erklären ist, äußert sich konkret auf vielfältige Weise: Kraftentfaltung und intelligent-vernünftige Betätigung aller Naturkräfte werden gleichermaßen fremdbestimmt; der menschliche Handlungsumkreis entfernt sich immer mehr von einer körperbewußten Selbstzentrierung und verlagert sich in abstrakt-sachliche Weltbezüge; das Selbst wird gleichsam ent-selbstet, indem Selbsterhaltung zur ausschließlich gesellschaftlich abstrakt bestimmten Prozedur wird. Somit wird die innere Fragmentierung von Sinnlichkeit und Vernunft, Körper und Geist, die in der klassischen Bildungskonzeption gerade aufgehoben werden sollte, als unverzichtbares Komplementärstück zu den äußeren Vergesellschaftungsbedingungen perpetuiert. Entgegen Schillers Aufhebungsutopie der vereinseitigten Entwicklung menschlicher Kräfte, manifestierte sich ihre "entfremdete Entgegensetzung" als "arbeitsteilige Subjektivität" immer stärker.

Diese Auswirkungen des Rationalisierungsprozesses sind nun unter einem Aspekt zu rekapitulieren, der in den älteren Entfremdungsreflexionen keine hinlängliche Berücksichtigung fand und erst in Adornos Dialektik zur Bestimmung kam: der Aspekt des Erfahrungsverlustes. Rationalisierung bedingte mit technischem Wandel und Wertewandel eine ständige Veränderung der Lebensverhältnisse der Subjekte. Die Revolutionierung in Produktionsprozeß, Verkehr, Infrastruktur, Kommunikation und Massenmedien bewirkten und bewirken weiterhin, daß individuell gemachte Erfahrungen in immer rascherer Folge ungültig und wertlos werden. Subjektiv betrachtet, werden die Menschen in diesem Prozeß immer ärmer an unmittelbarer und "mitteilbarer Erfahrung"; das "Vermögen,

Erfahrungen auszutauschen" (Benjamin 1977, 385 ff) verliert an kommunikativer Wirkkraft. Benjamin sprach in diesem Zusammenhang von einer neuen Armut: der "Erfahrungsarmut", d.h. Armut nicht nur an "privaten", sondern "Menschheitserfahrungen" überhaupt. Im Sinne eines "neuen Barbarentums", das keine Verbindung zum bürgerlichen "Bildungsgut" mehr haben kann, sah er in dieser Erfahrungsarmut gleichwohl die Chance für einen nicht-bürgerlichen Menschentypus, "von Neuem anzufangen" (ebd.292) - eine zeitgeschichtlich bestimmte Wunschfigur, die allzu verharmlosend die Realität verkannte: Der erlittene Erfahrungsverlust zerriß in zunehmendem Maß das Band zwischen Selbst- und Weltbezug; er äußert sich inzwischen in realen Ohnmachtserfahrungen, die als solche in weitem Umfang verdrängt werden müssen. Allgemein sich ausbreitende Phänomene wie Außensteuerung des Individuums, Verbreitung des autoritären Charaktertyps, Gleichgültigkeit etc. zeigen, daß die Vormacht des Objektiven eine qualitativ neue Form der Subjektivität nicht aufkommen ließ, sondern eine "Selbsterhaltung ohne Selbst" (Adorno) hervorbrachte. Der individuelle Reproduktionsprozeß korrespondiert analog dazu, indem schon in früher Kindheit die Erfahrungsfähigkeit erheblich eingeschränkt oder partiell verhindert wird (Landauer 1991, 41 ff; Zullinger 1967, 98 u. 131 ff; Rumpf 1988, 43 ff). Bereits im Kleinkind werden damit die Voraussetzungen zu differenziertem Selbst- und Weltbezug gestört. Daß allerdings gerade in dieser Altersstufe dennoch eine große Chance zur Veränderung besteht - im Rahmen ästhetischer Bildung nämlich - wird weiter unten wieder aufgegriffen.

Zusammenfassend kann festgehalten werden: Mit Tendenzen zu arbeitsteiliger Subjektivität, Verdinglichung und Erfahrungsverlust verschwindet die konstitutive Bedeutung des ästhetischen Verhaltens in seiner subjekttheoretischen Allgemeinheit für ein freies Selbst. Es verschwindet hinter dem Horizont einer utilitaristisch verfaßten Gesellschaft, deren Organisationsprinzipien sich, im Unterschied zu den klassischen Entwürfen, nahezu ausschließlich aus praktischen und/ oder theoretischen Verhaltensweisen formieren. Ein Umstand, der der Kultur- und Bildungskritik längst geläufig ist: "Denn was ist das ganze Bildungsgut wert, wenn uns nicht eben Erfahrung damit verbindet?" (Benjamin 1977, 292). Mit dieser Frage problematisiert Benjamin nicht nur die tradierten Bildungsideen vor dem Hintergrund einer fortschreitenden Vergesellschaftung, die durch Erfahrungsverlust und Verdinglichung gekennzeichnet ist. Er weist zugleich auf den grundsätzlichen Zusammenhang von Erfahrung und Bildung hin und stellt damit die Notwendigkeit heraus, die-

222

sen Zusammenhang prinzipiell mitzudenken in aller Reflexion von Bildungsprozessen.

2. Ästhetisches Verhalten und mimetisches Vermögen

In Adornos "Ästhetischer Theorie" ist das subjekttheoretische "Erbe" der klassischen Tradition lebendig geblieben und zugleich auf dem gesellschaftlichen Hintergrund von Erfahrungsverlust und Verdinglichung reflektiert. Theoretische Grundlage bildet dabei eine Dialektik von Mimesis und Ratio, wie sie für den hier besprochenen Zusammenhang in der "Dialektik der Aufklärung" als Entwurf zum "Interesse am Körper" (Horkheimer/ Adorno 1979,2o7 ff) angelegt wurde. Auf die dort umrissene "unterirdische Geschichte" der Beherrschung und Verdrängung des Körperlichen und Mimetischen im Zivilisationsprozeß kann im Rahmen dieser Arbeit freilich ebensowenig eingegangen werden wie auf die in dieser Dialektik herausgebildete "instrumentelle Vernunft" (Horkheimer). Ich erinnere an das oben erwähnte Phänomen des Erfahrungsverlustes, der wohl nicht nur als neuzeitliche Form der Beherrschung und Verdrängung von Mimesis begriffen werden kann. Er muß gleichzeitig als Gipfelpunkt dieses gattungsgeschichtlichen Prozesses überhaupt gesehen werden. Hier gilt mehr als alles andere Adornos Wort "Ratio ohne Mimesis negiert sich selbst" (Adorno 1973, 489) oder, wie es in der "Dialektik der Aufklärung" heißt: "Ratio, welche die Mimesis verdrängt, ist nicht bloß deren Gegenteil. Sie ist selber Mimesis: die ans Tote" (Horkheimer/Adorno 1979,53).

Auf diesem Hintergrund gewinnt nun das ästhetische Verhalten erneut eine höchste Bedeutung für den Bildungsprozeß des Selbst. So heißt es in einem ebenso radikalen wie bisher unbeachteten Gedanken der "Ästhetischen Theorie": "Ästhetisches Verhalten ist das ungeschwächte Korrektiv des mittlerweile zur Totalität sich aufspreizenden verdinglichten Bewußtseins" (Adorno 1973, 488). Mit dieser These bricht Adorno den Bann des kunsttheoretisch verkürzten Verständnisses ästhetischen Verhaltens in der Moderne, indem er es für subjekt- und bildungstheoretische Zusammenhänge neuerlich erschließt. Das Entscheidende daran ist, daß er auf der Grundlage der Dialektik von Mimesis und Ratio das ästhetische Verhalten auf dem Fundament des "mimetischen Vermögens" formuliert. Auf diese rational schwer faßbare Kategorie kann hier nur annähernd und in aller Vorläufigkeit eingegangen werden. Dies muß jedoch geschehen, weil sich, Adorno zufolge, vom ästhetischen Verhalten nicht reden läßt, ohne dessen Verbindung zum mimetischen Vermögen aufzuzeigen. Die Verbindung besteht darin, daß im ästhetischen Verhalten wesentliche Momente des mimetischen Vermögens aufbewahrt sind, die im Zivilisationsprozeß sukzessive aus dem Leben verdrängt wurden: die organische Anschmiegung ans Andere in der Nachahmung sowie ein nicht in der Differenz, sondern in der Ähnlichkeit beruhendes Subjekt-Objekt-Verhältnis. Es wirkt in der Fähigkeit "mehr an den Dingen wahrzunehmen, als sie sind" (ebd.488) - als solche beschreibt Adorno das ästhetische Verhalten in seiner Qualität als nicht-rationalistisches, herrschaftsfreies Subjekt-Objekt-Verhältnis. Jenseits eines theoretischen und praktischen Zugriffs *auf* die Dinge, wird hier der synästhetische Blick *in* die Dinge und, gleichsam in umgekehrter Richtung, in sich selbst beschrieben. Denn das, was synästhetisch an den Dingen "mehr" wahrgenommen wird, ist immer primär idiosynkratischer Ausdruck als Ausdruck seiner selbst und seiner bisherigen Lebenserfahrungen - unabhängig von der reflexiven Instanz des Ich-Bewußtseins. Dieses "Mehr" entspricht in einer rational schwer ergründbaren Form (unbewußten) Erinnerungsspuren, Strömen des Körperbewußtseins, die in freier Phantasietätigkeit metaphorisch zum Ausdruck kommen. So, wie es von Benjamin mannigfaltigst dargestellt und von Adorno als "Erinnerungsspur der Mimesis", die "dem Ich sich entzieht" (ebd., 198) aufs Wort gebracht wurde.

Indem Adorno diese tiefere, vielleicht tiefste Dimension des Ästhetischen im mimetischen Vermögen freilegte, reformulierte er die klassische subjekttheoretische Konzeption. Das ästhetische Verhalten, das "weder Mimesis unmittelbar noch die verdrängte" ist, gilt ihm als "Prozeß, den sie entbindet, und in dem sie modifiziert sich erhält" (ebd.489). Die verdrängte Naturseite des Subjekts wird hier wieder ins Leben geholt - im Medium des ästhetischen Verhaltens nämlich ganz allgemein subjekttheoretisch. Hier gründet die spezifische Rationalität der Kunst, ihr kritisches Potential gegenüber instrumenteller Vernunft ebenso wie jedes spielerische zweckfreie Handeln. Wenn auch das ästhetische Verhalten, wie Horkheimer in "Kunst und Musiksoziologie" festhält, mittlerweile nur ein "Komplement" derjenigen Vergesellschaftung der Menschen ist, "in der sich deren Bestimmung nicht erfüllt" (Horkheimer 1983, 96), erhält sich darin dennoch eine Bildungstradition, die den Menschen ganz allgemein im Potential seiner sinnlich-vernünftigen Doppelnatur erfaßt und einen Weg aufzeigen kann zur "vollen" Rationalität im "Eingedenken der Natur im Subjekt" (Horkheimer, Adorno).

Die folgende bildungstheoretische Reflexion in der methodischen "Wendung aufs Subjekt" (Adorno) - die Bildung ausschließlich mikrologisch "für sich" und nicht "an sich", d. h. im verallgemeinerbaren, kanonisierten und institutionalisierten Rahmen reflektieren kann - konzentriert sich auf die Möglichkeit der Entwicklung jener vollen Rationalität im Medium des ästhetischen Verhaltens. Hier fließen die bereits vorgestellten Ansätze von Hegel, Schiller und Adorno mit bisher unerwähnt gebliebenen von Benjamin und Horkheimer zusammen. Für Benjamin ist nicht nur das Kinderspiel "überall durchzogen von mimetischen Verhaltensweisen", er entfaltet zugleich die Sprache als die "höchste Stufe des mimetischen Verhaltens" (Benjamin 1988,96 ff). Nach Horkheimer gehört zu den Fähigkeiten, "die jeder als biologisches Wesen mitbringt", die der "Angleichung, der Mimesis" (Horkheimer 1985, 183) und er begreift den "ganzen Körper" als ein "Organ des mimetischen Ausdrucks" (ebd., 112). Aus diesen verschiedenen Blickwinkeln insgesamt werden die Voraussetzungen dargelegt, das ästhetische Verhalten als konstitutive Vermittlung zwischen mimetischem und sprachlich-rationalem Verhalten zu fassen. Ausgangspunkt ist dabei das mimetische Vermögen als eine allgemeine Grundlage aller menschlichen Handlungsweisen, von der kindhaft-naturwüchsigen bis zur sprachlich-rationalen. Diese Dimension ästhetischer Bildung als ihr Spezifikum mit Nachdruck hervorzuheben ist deshalb von besonderer Bedeutung, da das Mimetische im allgemeinen keine Berücksichtigung findet, wie zum Beispiel auf reproduzierende "Imitation" zurückgeschrumpfte Bedeutung des Nachahmungsbegriffs zeigt. Daß sich mimetisches Vermögen nur noch im Ästhetischen unzensiert ausdrücken "darf" - man denke hier vor allem an das "Mimenspiel", den Ausdruckstanz und an expressive Malerei - ohne aufs Wort, d.h. in sprachlich-rationale Form zu kommen; daß es gleichermaßen in Wissenschaft und Philosophie so gut wie vergessen ist, ist kein Zufall. Es ist vielmehr markantester Indikator der eingangs beschriebenen Verdrängungsgeschichte, die letztendlich eine Verdrängung des Selbst zugunsten der Herrschaft des Ichs ist. Nicht von ungefähr nennt Adorno den Ausdruck das Menetekel des Expressionismus.

3. Ästhetisches Verhalten und Selbstwerdung

Den Selbstwerdungsprozeß auf der Basis des mimetischen Vermögens und ästhetischen Verhaltens zu beschreiben, stellt im Ganzen den Versuch einer Annäherung an Adornos Idee der "lebendigen Bildung" (Adorno 1970, 40) dar. Mit diesem Begriff wird in allgemeiner Form ausgedrückt, was ästhetische Bildung in vorwiegend pädagogischer Praxisorientierung umschreibt: Selbstwerdung. Diese Orientierung an der Bildung des Selbst - und das heißt primär: durch das Selbst als seines eigenen Bildungssubjekts - zielt auf eine quasi antipädagogische Konstellation ab, die Sozialisationsprozesse im Hinblick auf größere Freiräume zur Selbstwerdung thematisiert. Diese auf den ersten Blick paradox anmutende "antipädagische Pädagogik" soll nun als ästhetische Bildung mit den Schwerpunkten des Erfahrungsprozesses und der Nachahmung erläutert werden.

Ich gehe aus von der dialektischen Wechselbeziehung zwischen Subjekt und Objekt, die Bewußtsein als Denken in bezug auf Realität und Inhalt begreift: in der "Beziehung zwischen den Denkformen und -strukturen des Subjekts und dem, was es nicht selbst ist" (Adorno 1971, 116). Dies bedeutet, daß "Denken" mit der Fähigkeit, "Erfahrungen" zu machen und mit "geistiger Erfahrung" in Zusammenhang gebracht werden muß - ein grundlegender Unterschied zur formalen Denktätigkeit, im Bild innerer Transparenz, Bewegung, Veränderung. Bereits hier deuten sich Momente des mimetischen Vermögens an, die mit Schillers Erfahrungsbegriff noch deutlicher hervorgehoben werden können. Schiller beschreibt die Fähigkeit, Erfahrungen zu machen, als das"Zusammentreffen" der "Offenheit der Sinne" mit der "Energie des Verstandes". Sie setzt das "Vermögen" voraus, "fremde Natur in sich aufzunehmen, sich fremde Situationen anzueignen und fremde Gefühle zu den eigenen zu machen" (13. Brief). Was sich hier so selbstverständlich anhört, ist heute praktisch nicht die Regel. Zeitmangel, Streß und Hektik sowie Reizüberflutung laufen gerade darauf hinaus, die Sinne vor neuen Eindrücken zu verschließen und die Gedanken abzuschalten - von den psychisch bedingten Wahrnehmungssperren ganz zu schweigen: Phänomene der De-Sensibilisierung, die insgesamt die objektive Situation gesellschaftlichen Erfahrungsverlustes kennzeichnen.

Für eine subjekttheoretische Analyse stellt sich also die Frage, wie diese offene Erfahrungsfähigkeit unter gesellschaftlichen Bedingungen von Erfahrungsverlust und Verdinglichung als Konstitutionsmoment des Selbst noch denkbar und möglich sein kann. Denn sie ist nicht nur das zentrale

Moment der Wechselbeziehung von Subjekt und Objekt, sondern zugleich eine innersubjektive Qualität jener geistigen Erfahrung. Zum besseren Verständnis soll diese Wechselbeziehung von Subjekt und Objekt auf der Subjektseite als Erfahrungsprozeß an einer bestimmten Formenfolge veranschaulicht werden.

In einer Art Kreislauf bewegt sich der Erfahrungsprozeß durch die Formen sinnliche Wahrnehmung - Erfahrung - geistige Erfahrung - Selbstbesinnung/ Denken - Ausdruck. Ich nenne dies eine "Art" Kreislauf, weil die Kreisbewegung nicht als geschlossene in ihren Ursprung zurückkehrt, sondern sich beständig, gleichsam spiralenförmig, erweitert, indem neue Eindrücke und Erfahrungen aufgenommen und verinnerlicht werden, in geistige Erfahrung und Selbstbesinnung sowie Denken integriert und in verschiedenen Formen produktiver Nachahmung wieder zum Ausdruck gebracht werden. Für solche Erfahrungen aber stehen der ästhetische Produktionsprozeß und das Spiel auf durchaus gleiche Weise als Beispiele par exellence ein. Im Bildungsprozeß des Selbst werden also mit diesem Eindruck - Ausdruck - Kreislauf immer wieder qualitativ neue Ausgangspunkte erzeugt durch das Selbst in seinem Sich-auf-sich-beziehen vermittels äußerer Beziehungen auf andere(s). Der Äther, der diese Metamorphose der Formen sowohl ermöglicht als auch als Ganzes zusammenhält, ist jenes mimetische Vermögen, von dem oben schon mehrfach die Rede war. Als die Fähigkeit sich einzufühlen, das "sich selbst einem Anderen Gleich machen" (Adorno), Ähnlichkeiten zu erkennen und zu produzieren (Benjamin), also nachzuahmen in einem umfassenden Sinn, be-wirkt das mimetische Vermögen den Erfahrungsprozeß in verschiedenen Formen . Es rmittelt zwischen körperlich-sinnlichen Eindrücken und ästhetischem bzw. sprachlich-rationalem Ausdruck über das Moment reflexiver Selbstbesinnung. Eine strukturelle Explikation des Erfahrungsprozesses auf der Basis des mimetischen Vermögens muß nun auch die "Nachahmung" in der dynamischen Perspektive der Selbstwerdung hervorheben.

Dem Selbstwerdungsprozeß entsprechend, der sich, ontogenetisch betrachtet, aus dem mimetisch-symbiotischen Einssein mit der primären Bezugsperson und der Welt über ein verselbständigtes Körpergefühl, zum Selbstgefühl und schließlich zum Selbstbewußtsein entfaltet, verändert sich auch die Nachahmung von körperlich-sinnlichen Formen zu "unsinnlicher Ähnlichkeit" (Benjamin) auf sprachlich-rationaler Ebene. Wenn Horkheimer von dem "ganzen Körper" als "Organ des mimetischen Ausdrucks" spricht und zwischen "unbewußten Nachahmungen" der ontogenetischen Frühphase sowie den "bewußten Nachahmungen" der

späteren Kindheitsphasen differenziert (Horkheimer 1985, 112), dann
zielt er genau auf diesen Zusammenhang ab. Unbewußte Nachahmungen
sind z.b.: die ganzheitlichen, affektiv-emotionalen Reaktionen auf Wahr-
genommenes mit spontaner Bewegung, mittels derer das Kind vom ersten
Tag an mimetisch seine Umwelt (Nicht-Selbst) in sich aufnimmt und
zugleich sein Selbstsein aufbaut. Die Rede vom "spielerischen Lernen"
drückt dies aus. Ohne auf diese entwicklungspsychologischen Zusammenhänge im Umkreis der coenästhetischen Rezeption und Kommunikation,
des Anthropomorphismus und des prälogischen Denkens eingehen zu
können, soll hier nur allgemein kennzeichnend hervorgehoben werden,
daß "Tiefensensibilität" (Spitz), Ganzheitlichkeit und ein "umfassenderes
Realitätsgefühl" (Erikson) den spezifischen Charakter dieser unbewußten
Nachahmungen der ersten Lebensjahre ausmachen und daß sie eben
nicht logischen Kriterien folgen, sondern physiognomisch-expressiven
(Meyer-Drawe 1988). Erst in den späteren Phasen der Kindheit werden
durch den Aufbau kognitiver und sprachlich-rationaler Strukturen zunehmend die unbewußten durch bewußte Nachahmungen und rationale
Lernmethoden überformt. Das, was für das Kind entwicklungspsychologisch eine Erweiterung des Handlungsspielraums und größere Selbständigkeit bedeutet, erfährt jedoch eine negative Einschränkung von außen: durch die gesellschaftlich-normative Hierarchi-
sierung der höherbewerteten sprachlich-rationalen Formen werden die
physiognomisch-expressiven Ausdrucksmomente unbewußter Nachahmungen abgewertet. Allbekannt sind die erzieherischen Imperative,
denen sich jeder im Heranwachsen mehr oder weniger unterordnen muß:
"nicht kindisch zu sein", "nicht mit den Händen zu reden", "nicht rum-
zuzappeln", "nicht alles nachzumachen", oder gar " nachzuäffen" u.v.a.m..
Unbewußte Nachahmungen werden domestiziert (Rumpf 1988, 13 ff und
43 ff) - ein Prozeß, der von Adorno als das Verdrängen von Mimesis in
ihren "primären Gestalten" (Adorno 1973, 487) bezeichnet wird. Im Zusammenhang mit anderen repressiven Sozialisationsschemata und -bedin-
gungen wird damit der innere Zusammenhang blockiert, der die zur
Selbstwerdung nötige Transformation des mimetischen Vermögens von
körperlich-sinnlichen Formen in sprachlich-rationale ermöglicht.
Auf diesem Hintergrund gewinnt neben entwicklungspsychologischen
Erkenntnissen, die den Zusammenhang zwischen Körpervorgängen,
Denken und Sprechen thematisieren, die Psychoanalyse eine besondere
Relevanz. Quasi ex negativo wird in der Analyse pathologischer Fälle von
Wahrnehmungssperren, Denkblockaden, Ausdruckshemmungen und
Sprachzerstörung (Lorenzer 1976) die Verdrängung mimetischer Quali-

täten im Erfahrungs- und Nachahmungsprozeß problematisiert. Ebenso aufschlußreich ist in der Literatur diese Dimension des Mimetischen in ästhetischer Form und poetischer Sprache mannigfaltig zum Ausdruck gebracht, z.B. mit Prousts "memoire involontaire des membres". Mit Benjamins Sprachtheorie schließlich, die explizit das Ausdrucks- und Nachahmungsmoment wieder-erinnert und die Sprache jenseits abgeklärter Darstellungs- und Informationszusammenhänge als "psychologisches Band" zwischen Außenwelt und Selbst auf der Grundlage des mimetischen Vermögens begreift, wird die Bedeutung der Dialektik von Mimesis und Ratio für die Reflexion von Selbstwerdung und ästhetischer Bildung im Sinne einer vollen Rationalität zugänglich gemacht. Aufs Ganze zurückblickend kann damit festgehalten werden, daß man heute unter ästhetischer Bildung im subjekttheoretischen Kontext zentral und ganz allgemein die Förderung des mimetischen Vermögens verstehen muß. Dies hat seine wesentlichen Gründe darin, daß die für die Selbstwerdung notwendige offene Erfahrungsfähigkeit und mimetische Nachahmungskraft jenes ungeschwächte Korrektiv ausmachen, das Adorno gegen fortschreitenden Erfahrungsverlust und Verdinglichung gefordert hat. Denn der oben skizzierte Eindruck - Ausdruck - Kreislauf ist eine zentrale Stelle für Selbstwerdung überhaupt.

Das, was das Kinderspiel als eine Manifestation eines "Spieltriebs" erscheinen läßt, ist das mimetische Vermögen. Es ist eine veränderbare "natürliche Mitgift" des Menschen, die sich sowohl im Lebenslauf transformiert als auch gesellschaftlich und historisch formiert wird. Uns Erwachsenen stellt sich im Zusammensein mit Kindern immer wieder die Herausforderung, sich auf die in uns schon längst vergessenen Äußerungsformen dieses mimetischen Vermögens einzulassen. Es erscheint uns vielfach als allzu phantastisch, was für das Kind in Wirklichkeit physiognomisch-expressive Nachahmung ist: eine spielerische Weise der aktiven Vermittlung des sich bildenden Ichs zwischen dem werdenden Selbst und sozialen Ansprüchen.

Die pädagogische Kunst bestünde also im Wesentlichen darin, diese eigentümlich wirksamen Regungen einfühlsam zu unterstützen, um so die naturwüchsigen Formen des mimetischen Vermögens in ästhetische und sprachlich-rationale Ausdrucksformen sich wandeln zu lassen. Damit kann allmählich ein Selbstbewußtsein entstehen, das sich nicht gegen seine Körperlichkeit und Gefühlssphäre verhärtet und abdichtet, sondern sie zur Einheit des Selbst insgesamt integriert.

Der Schillersche Satz, "... es gibt keinen anderen Weg, den sinnlichen Menschen vernünftig zu machen, als daß man denselben zuvor ästhetisch macht", kann damit folgendermaßen aktualisiert werden: es gibt keinen anderen Weg, den sinnlichen Menschen vernünftig werden zu lassen im Sinne einer vollen Rationalität, als sein mimetisches Vermögen zu fördern und in ästhetisch-freiem Handeln zum Ausdruck kommen zu lassen. Eine Selbstbesinnung der Erwachsenen eröffnet den Blick in mannigfaltige Möglichkeiten und Gelegenheiten, auf diese Weise Kindern neue Entfaltungs- und Erfahrungsräume zu erschließen.

Literatur

Adorno,Th.W. (1971): Erziehung zur Mündigkeit. Frankfurt/Main

Ders. (1973): Ästhetische Theorie. Frankfurt/Main

Ders. (1981): Minima Moralia. Frankfurt/Main

Benjamin,W. (1977): Illuminationen. Frankfurt/Main

Ders. (1988): Angelus Novus. Frankfurt/Main

Bubner,R. (1989): Ästhetische Erfahrung. Frankfurt/Main

Erikson,E.H. (1978): Kinderspiel und politische Phantasie. Frankfurt/Main

Hegel,G.W.F. (1985): Ästhetik I. (West)Berlin

Horkheimer,M./Adorno.Th.W. (1979): Dialektik der Aufklärung. Frankfurt/Main

Horkheimer, M. (1983): Soziologische Exkurse. Frankfurt/Main

Ders. (1985): Zur Kritik der instrumentellen Vernunft. Frankfurter/Main

Jauß, H.R. (1982): Ästhetische Erfahrung und literarisch Hermeneutik. Frankfurt/Main

Landauer,K. (1991): Theorie der Affekte. Frankfurt/Main

Lorenzer,A. (1976): Sprachzerstörung und Rekonstruktion. Frankfurt/Main

Lukacs,G. (1979): Geschichte und Klassenbewußtsein. Darmstadt und Neuwied

Meyer-Drawe, K. (1988): Der Leib als vorpersonale und vorreflexive Dimension menschlichen Handelns und Wissens. In: Schneider 1988 a.a.O.

Pries,Ch. (1989): Das Erhabene. Weinheim

Ritsert,J. (o.J.): Ästhetische Theorie als Gesellschaftskritik. Frankfurt/Main

Rumpf,H. (1988): Die übergangene Sinnlichkeit. Weinheim und München.

Schiller,F. (1970): Öber die ästhetische Erziehung des Menschen. Stuttgart

Schmid,W. (1991): Kunst und Leben. In: Merkur Heft 1/91

Schneider, G. (1988) (Hg.): Ästhetische Erziehung in der Grundschule. Weinheim und Basel

Selle, G. (1990) (Hg.): Experiment ästhetische Bildung. Reinbek

Spitz,R.A. (1989): Vom Säugling zum Kleinkind. Stuttgart

Vogel,M.R. (1983): Gesellschaftliche Subjektivitätsformen. Frankfurt/New York

Zullinger,H. (1967): Heilende Kräfte im kindlichen Spiel. Frankfurt/Main

Hinweise zu den Autoren

Andrea Bambey, Diplom-Soziologin, ist wissenschaftliche Mitarbeiterin der SPD-Fraktion im Landtag Rheinland-Pfalz

Christoph Görg, Dr. phil., arbeitet in einem Drittmittelprojekt zur Theorie des Fordismus am Fachbereich Gesellschaftswissenschaften der Universität Frankfurt.

Franz Grubauer, Diplom-Soziologe und Diplom-Pädagoge, ist wissenschaftlicher Mitarbeiter der evangelischen Trägergruppe für Erwachsenenbildung und der Arbeitsgemeinschaft für außerschulische Jugendbildung/ Frankfurt. Er promoviert am Fachbereich Gesellschaftswissenschaften der Universität Frankfurt.

Hans-Walter Gumbinger, Diplom-Soziologe, arbeitet im Projekt für psychoanalytische Sozialarbeit in Offenbach/ Main

Regine Mattheis, Diplom-Pädagogin und Diplom-Soziologin, promoviert am Fachbereich Gesellschaftswissenschaften der Universität Frankfurt

Fritz Reusswig, Dr. phil., erstellt z. Zt. eine Studie über Lebensstile für das Institut für sozial-ökologische Forschung/ Frankfurt.

Jürgen Ritsert, Prof. Dr. phil., lehrt Soziologie am Fachbereich Gesellschaftswissenschaften der Universität Frankfurt.

Albert Scherr, Prof. Dr. phil., lehrt Soziologie und Jugendarbeit am Fachbereich Sozialpädagogik der Fachhochschule Darmstadt.

Martin Rudolf Vogel, Prof. emerit. Dr. phil., lehrt am Fachbereich Gesellschaftswissenschaften der Universität Frankfurt und arbeitet an Fragen einer kritischen Subjekttheorie.

Kontakte zu den Autoren über
Fachhochschule Darmstadt
Fachbereich Sozialpädagogik
Prof. Dr. Albert Scherr
Adelungstr. 51
W-6100 Darmstadt

Winfried Marotzki/Heinz Sünker (Hrsg.)

Kritische Erziehungswissenschaft – Moderne – Postmoderne

Band I
(Studien zur Philosophie und Theorie der Bildung, Bd. 14)
1992. IV, 334 S. DM 48,–
(3 89271 312 X)

Band II in Vorbereitung
(3 89271 344 8)

Vor dem Hintergrund des gegenwärtigen Problembewußtseins über die Konstitutionsbedingungen von Erziehungswissenschaft, damit auch über Verhältnisbestimmungen von Gesellschaft und Pädagogik, wollen die Bände zum einen disziplininterne Diskurse, die zur Formulierung einer Position *Kritischer Erziehungswissenschaft* geführt haben, rekonstruieren und im weiteren – damit die bisherige Diskussion überholend – die Vermitteltheit dieser Diskurse mit dem Projekt *Moderne* nachzeichnen sowie sie auf ihre modernitätsaffirmativen aber auch modernitätskritischen Elemente hin befragen. Dabei gilt

es, sich der Frage zu stellen, was und mit welchen Folgen eine *Kritische Erziehungswissenschaft* aus den Diskussionen um Kritik und Selbstkritik der *Moderne* lernen kann. Aus diesem Grunde nehmen sich die Bände der Auseinandersetzungen um *Moderne* und *Postmoderne* an: In der Folge aktueller sozialwissenschaftlicher und philosophischer Debatten ist es geboten, sich dem Problem zu nähern, inwieweit postmoderne Konzepte eine Herausforderung für heutiges erziehungswissenschaftliches Denken und pädagogisches Handeln darstellen. Herausforderungen können sich vor allem auf einer grundlagentheoretischen Ebene ergeben: Auf dem Spiel stehen dann Fragen nach der Haltbarkeit grundlegender Kategorien wie Fortschritt, Vernunft, Rationalität, Subjektivität, Erfahrung, Kausalität, Lernen, Erziehung, Bildung. Ein Nachdenken bzw. Neudurchdenken dieser Kategorien bedeutet nicht zwangsläufig das Ende von Erziehungswissenschaft und Pädagogik, vermag aber vielleicht doch einen Gestaltwandel anzudeuten.

DEUTSCHER STUDIEN VERLAG

Postfach 100154
6940 Weinheim

Preisänderung vorbehalten / DSV_250

Walter Bender

Subjekt und Erkenntnis

Über den Zusammenhang von Bildung und Lernen in der Erwachsenenbildung.
(Studien zur Philosophie und Theorie der Bildung, Bd. 11)
1991. 157 S. Br DM 32,–
(3 89271 254 9)

Die Entwicklung und Unterstützung der persönlichen Erfahrungs- und Erlebnisfähigkeit des Individuums gilt in teilnehmer- oder subjektorientierten Ansätzen als ein zentrales Ziel und Mittel der Bildungsarbeit mit Erwachsenen – oft in Entgegensetzung zu einer »bloßen« Verstandesbildung. Der Autor weist dagegen nach, daß die Anstrengung des Lernens eine notwendige Bedingung von Bildungsprozessen darstellt. Er entwickelt einen bildungstheoretisch wie bildungsphilosophisch fundierten Lernbegriff, der auf eine reflexive Auseinandersetzung des Individuums mit der sozialen Wirklichkeit zielt. Für die Erwachsenenbildung ergibt sich daraus die Aufgabe, auf Lebensweltkontexte einzugehen und diese gleichzeitig einer wissenschaftlichen Überprüfung und Erklärung zu unterziehen. Argumentative Hilfen zu einer »Selbstaufklärung« der Individuen beabsichtigen in diesem Verständnis die Aufdeckung der gesellschaftlichen Ursachen, die sich im bewußten Handeln der Menschen ohne deren Wissen und Absicht – quasi hinter ihrem Rücken – durchsetzen.

DEUTSCHER STUDIEN VERLAG

Postfach 100154
6940 Weinheim

Preisänderung vorbehalten / DSV_251